新时代原材料工业
智能优化制造的发展战略研究

钱 锋 编著

科学出版社

北 京

内 容 简 介

本书是原材料工业智能优化制造发展战略的综合研究著作。本书系统梳理了石化、钢铁、有色、建材等主要原材料制造行业所面临的问题以及原材料工业智能优化制造亟待突破的基础理论方法和关键核心技术,总结了近期及远期发展的重点任务和路线图,给出了原材料智能化发展的政策性建议。

本书可为原材料工业相关的科研人员、工程技术人员、金融投资人员及各级政府决策人员提供参考。

图书在版编目(CIP)数据

新时代原材料工业智能优化制造的发展战略研究 / 钱锋编著 . —北京:科学出版社,2023.8
ISBN 978-7-03-073087-9

Ⅰ.①新… Ⅱ.①钱… Ⅲ.①原材料工业-智能制造系统-制造工业-工业发展战略-研究-中国 Ⅳ.①F426.1

中国版本图书馆 CIP 数据核字(2022)第 165712 号

责任编辑:孙伯元 / 责任校对:崔向琳
责任印制:吴兆东 / 封面设计:蓝正图文

科 学 出 版 社 出版
北京东黄城根北街 16 号
邮政编码:100717
http://www.sciencep.com

北京虎彩文化传播有限公司 印刷
科学出版社发行 各地新华书店经销
*
2023 年 8 月第 一 版 开本:720×1000 B5
2023 年 8 月第一次印刷 印张:13 3/4
字数:263 000
定价:128.00 元
(如有印装质量问题,我社负责调换)

前　言

　　原材料工业是国民经济的基础和支柱产业。其发展水平直接影响着制造业发展质量。我国正处在碳减排和制造业转型升级的关键期。原材料工业发展洁净化、数字化、多元化的大趋势,迫切需要推动以人工智能为代表的数字经济产业与原材料工业深度融合,构建原材料工业数字化智能化发展新格局。开展原材料工业智能优化制造战略研究,有助于解决原材料行业资源紧缺、能源消耗大、环境污染等问题,并可促进原材料行业的管理模式变革,推动原材料行业高效化、绿色化和智能化发展,对传统工业转型升级,提升原材料工业及下游产品的国际化经营能力和水平,构建竞争新优势,具有重大意义。

　　原材料工业主要包括石化、钢铁、有色、建材等高耗能行业,是我国国民经济的支柱产业,也是制造业供给侧结构性改革的先行领域和绿色发展的主战场。经过数十年的发展,我国已成为世界上门类最齐全、规模最庞大的原材料工业制造大国,原材料行业产能位居世界前列。然而,在高速发展的同时,原材料工业面临着资源紧缺、能源消耗大、安全环保压力大、高端制造不足等严峻问题,正处于新旧动能转换的关键时期。因此,原材料工业必须紧密结合"推进制造业高质量发展"和"新一代人工智能"国家战略,以推进传统制造业转型发展为主攻方向,利用现代信息技术和人工智能技术,从生产、管理以及营销全流程、全生命周期优化出发,推进以高端化、绿色化和智能化为目标的智能优化制造,进而推动我国原材料工业产业升级和技术进步。本书的第一部分(第 1 章)从石化、钢铁、有色、建材四大高耗能行业运行情况、存在的问题以及发展态势三个角度剖析原材料工业的发展现状,总结新形势下原材料工业高质量发展面临的挑战,凝练智能优化制造的战略思想和目标。本书的第二部分(第 2 章)结合工业互联网的发展现状,讨论原材料工业智能化发展的迫切性以及亟待突破的共性基础理论方法与关键技术。本书的第三部分(第 3~6 章)以石化、钢铁、有色、水泥四大原材料工业作为切入点,结合中国石化、宝钢集团等行业龙头企业的实际案例,从行业自身特点出发,提出各行业智能优化制造的重点任务,描绘了近期和远景的发展路线图。本书的第四部分(第 7 章)结合原材料工业的战略地位,提出未来产业导向和智能优化制造发展的政策性建议。

　　本书针对原材料工业资源紧缺、能源消耗大、安全环保压力大、高端制造不足等问题,以石化、钢铁、有色、建材(水泥)四大高耗能行业为切入点,系统梳理了我国原材料工业的发展现状、面临的主要问题及总体发展态势,并从各行业的自身特点出发,以行业龙头企业的实地调研结果为依据,提出原材料工业智能优化制造亟待突破的基础理论方法与关键核心技术,凝练了近期及远期发展的重点任务及路线图。在此基础上,给出了推进原材料智能优化制造发展的政策性建议。

本书依托中国工程院战略咨询研究重点项目"新时代原材料工业智能优化制造的发展战略研究",由钱锋院士组织华东理工大学、东北大学、中南大学、中国科学院沈阳自动化研究所等单位的专家、学者进行编写。钱锋院士负责本书总体框架结构的设计,钟伟民、堵威和卢静宜负责全书的统稿,写作组其他成员包括:赵玲、奚桢浩、陈晓方、刘强、孔令丞、王鹏、邵明军、朱远明等。衷心感谢中国工程院化工、冶金和材料工程学部在本书文稿写作和出版过程中给予的关怀和大力支持,感谢中国石油化工股份有限公司镇海炼化公司、中国石油化工股份有限公司九江分公司、宝山钢铁股份有限公司、鞍山钢铁集团有限公司、中国铝业集团有限公司、安徽海螺集团有限责任公司等企业对本书写作组所开展调研工作的大力支持,感谢袁晴棠院士、袁渭康院士、孙优贤院士、柴天佑院士、王国栋院士、陈丙珍院士、王基铭院士、钱旭红院士、桂卫华院士、陈芬儿院士、陈建峰院士、毛新平院士、邵安林院士、谢在库院士以及于海斌、李德芳、何承发、牟善军、孙彦广、李劼、阳春华、丁进良、邵之江、陈延信等专家学者在本书撰写过程中提供的指导和帮助。

由于作者水平有限,书中不足之处在所难免,欢迎读者批评指正。

目　　录

第1章　我国原材料工业智能优化制造的需求与战略目标

1.1　我国原材料工业的制造现状

原材料工业主要包括石油、化工、钢铁、有色、建材等高耗能行业,是我国国民经济的支柱产业和实体经济发展的根基,也是制造业供给侧结构性改革的先行领域和绿色发展的主战场。经过数十年发展,我国已成为世界上门类最齐全、规模最庞大的原材料工业制造大国。钢铁、有色、水泥等行业的产能均居世界第一;十种有色金属总产量连续十多年居世界第一;石油加工能力、乙烯产量位居世界第二。目前我国原材料制造工业部分工艺、设备国际先进,总体情况并不落后,但行业总体效能与国际先进有一定的差距。我国是原材料工业制造大国,但非制造强国。我国原材料工业的发展正面临资源紧缺、能源消耗大、安全环保压力大、高端制造不足等问题。原材料工业是高耗能、高污染行业,石油、化工、钢铁、有色、建材等工业的能源消耗、CO_2排放量以及 SO_2 排放量巨大;原料的对外依存度不断上升,资源和能源利用率与国外先进水平相比有一定的差距;同时,我国石化、钢铁、有色、建材等行业的高端产品严重依赖进口,"卡脖子"现象严重。为解决资源、能源与环保等问题,我国原材料工业正从局部、粗放的生产模式向全流程、精细化的生产模式发展,取得了显著的阶段性成果。但是转型发展还不够充分,必须深度融合现代信息技术,通过智能优化制造实现我国原材料工业的高效化和绿色化高质量发展。高效化和绿色化生产是指在市场和原料变化的情况下,通过优化资源配置,增强工业生产全流程的安全性和可靠性,提高产品性能、品质和附加值,实现能源与资源高效利用和污染物大幅减排。

原材料工业属于流程工业,与离散工业存在显著区别。离散工业为物理加工过程,产品可单件计数,制造过程易数字化,强调个性化需求和柔性制造。原材料工业过程的原料组成复杂,运行过程往往伴随复杂的物理化学变化,耦合性强,难以建立完备的数学模型、难以数字化;加工过程包含多个工序组成的不可拆分的物理化学过程,物质流和能量流相互耦合,某一工序出现问题,会影响整个流程的生产效能。原材料工业智能优化制造要在企业内外部环境变化情况下自适应地转化生产模式,达到生产经营全过程的高效化与绿色化。因此,以"工业 4.0"为代表的离散工业智能制造模式不适用于原材料工业,为实现原材料工业高效化和绿色化,必须自主创新适合我国原材料工业的智能制造模式。

从全球产业发展趋势来看,发达国家正利用在信息技术领域的领先优势,加快制造工业智能化的进程。为响应国家加快实施"制造强国""新一代人工智能发展规划"等重大战略,以"创新、协调、绿色、开放、共享"发展理念为指导,我国原材料工业正处在推进供给侧结构性改革并实施"智能制造、绿色制造和高端制造"的关键时期。针对原材料工业在资源、能源和环境约束下结构性产能过剩、自主创新能力较弱、高端产品不足(卡脖子)等问题,必须以加强供给侧结构性改革为出发点,以转型升级、提质增效、节能环保为主线,着力提高自主创新能力,重塑产业链、供应链、价值链,改造提升传统动能,使之焕发新的生机与活力,提升原材料工业及下游产品的国际化经营能力和水平,构建竞争新优势。

下面以典型原材料工业为例阐述其制造现状。

1.1.1　我国石化行业的制造现状

1. 石化行业总体运行情况

石油是重要的能源和原材料,石油和化学工业是重要的基础性产业,其发展程度已经成为衡量一个国家工业化和现代化水平的重要标志。石油和化学工业可为农业、能源、交通、机械、电子、纺织、轻工、建筑等工农业和人民日常生活提供燃料、肥料、药品和合成材料,在国民经济中占有举足轻重的地位,是我国国民经济和社会发展的支柱产业,也是我国制造业供给侧结构性改革的先行领域和绿色发展的主战场。

近年来,在世界范围内以石油、天然气、煤炭为主的能源消费量不断增长,其中,我国主要以煤炭和石油为主,石油排在首位。进入 21 世纪,我国石油石化工业有了很大的发展,成功实现了从石化弱国到石化大国的历史性转变,在市场规模和历史增速上都位居世界前列,石化市场以总额近 2 万亿美元居全球首位(是北美地区 2 倍以上),年均增长速度近 10%,整体工业化水平已经跻身世界前列。《2019中国能源化工产业发展报告》统计数据显示,2018 年我国一次能源消费总量为32.76 亿吨油当量,增速为 3.8%,其中石油、天然气、煤炭等化石能源的消费占比为 86.45%,石油对外依存度高达约 70%;2018 年国内石油消费超过 6 亿吨,成品油表观消费量为 3.22 亿吨,其中千万吨级炼油生产基地二十多个,原油加工能力占全国总加工能力(8.13 亿吨)的 70%以上,全国年均增长率达到 6.3%,原油加工量、乙烯产量居世界第二位,化学品产量位居世界第一;全国石油和化学工业规模以上企业主营业务收入达到 12.4 万亿元,利润总额 8393.8 亿元,分别占全国规模以上工业主营收入和利润总额的 12.1%和 12.7%,其中甲醇、化肥、农药、烧碱、纯碱、电石、合成树脂、合成橡胶等产品产量稳居世界第一[1]。

中国石油和化学工业联合会发布的《2018 年中国石油和化学工业经济运行报告》(下称《报告》)显示,2017 年全行业规模以上企业(年主营收入在 2000 万元及以上企业)减少 1494 家,利润总额为 8393.8 亿元,进出口总额达 7543.4 亿美元,利润总额同比增长 32%,大幅领先于全国规模工业利润平均增速(10.3%)。《报告》显示,2017 年全国主要化学品总产量增速仅 2.3%,为历史最低增幅之一。此外,2017 年全行业投资增速只有 6%,低于 6.5% 的全国工业投资平均增幅,行业投资回升动力明显不足。

从产业结构来看,国内石油和化学工业主要以基础和大宗原料生产为主,处于产业链中低端。在 2018 年全行业主营业务收入中,高端制造业和战略性新兴产业所占比例不足 10%;从产业发展效率来看,2018 年全行业销售收入利润率仅 6.8%,百元销售成本高达 81.3%,行业人均利润不到 10 万元;从创新能力来看,我国已拥有自主开发的催化裂化、加氢裂化等六大炼油核心技术,以及百万吨级乙烯和芳烃生产等五大成套技术,但石化产业总体效能与产品质量与国际先进水平有一定的差距,总资产平均回报率不足 2%,远低于国际化工巨头巴斯夫、埃克森美孚、杜邦等(均高于 5%),产业一体化、智能化水平偏低,资源、能源和环境约束下的创新水平不高。石油和化学工业主要面临以下问题:产业布局不尽合理,资金密集产业资源对外依存度高,产品同质化、结构性过剩依然严重,原油加工产能利用率不到 70%;能耗、物耗高,安全环保压力大,"三废"问题突出;高端制造(装备、工艺、产品)创新能力不足,清洁油品、高端聚烯烃等国产化技术仍有待进一步提升,部分产品供给存在结构性短缺,在高性能分离膜材料、高性能纤维、工程塑料和特种工程塑料、特种涂料、新型特种黏胶剂、超纯电子化学品等领域仍存在较多技术空白,对位芳纶、聚苯醚、高端碳纤维等一批国防军工、航空航天用材料几乎全部依赖进口,"无材可用、有材不好用、好材不敢用"现象十分突出,电子、航空航天、国防用高端材料卡脖子现象严重,供应-产业-价值链缺乏协同优化。

当下是我国石油和化学工业转型升级,迈入世界石油化工制造强国的关键时期,为解决资源、能源与环保的问题,提高生产制造水平和效能,由"制造大国"向"智造强国"转变,我国石油和化学工业必须从局部、粗放的生产与管理模式向全流程、精细化生产与管理模式发展,强化主导产业链关键领域创新,提高石化生产制造水平和效能,推动系列新技术、新产业、新业态加快成长,不仅要重点强化炼化一体化和高端材料创新制造,发展精细化工品及有机化工新材料,推广先进石油清洁生产技术,更要实现石油和化学工业过程与装备的智能化,实现制造流程、操作模式、供应链管理的自适应智能优化,依托优势创新培育新材料领域新兴产业,开发化学和化工新作用,携手可持续发展势在必行。

2. 石化行业发展存在的问题

石油和化学工业是典型原材料工业,涉及原料复杂,存在高温、高压、腐蚀、污染等安全环保问题;生产过程存在多相态等复杂物理化学过程,耦合性强,难以实现准确的模型化和数字化;石化企业底层感知、全流程控制优化以及顶层的智慧决策技术存在不足;国际化经营水平低,抗风险能力弱,特别是在当前以技术为核心的安全、绿色等贸易壁垒下,国内企业处于竞争劣势[2]。国际知名咨询机构科睿唯安最近评出的 2018—2019 年度全球创新百强企业,其中有 15 家化工企业,全部是日本、美国、德国、法国等发达国家的企业,国内没有一家企业入选。

目前,我国石油和化学工业的产业结构主要集中在技术低端的三个层次[3],即石油、天然气和化学矿产开采业占我国石油和化学工业结构的 28.3%;基础化学品制造业占 19.3%;一般化工产品加工业(包括化肥、合成材料、专用化学品、橡胶等)占 46.4%。高端制造和战略新兴产业两个高端层次的产业几乎都是空白。尽管近几年我国石油和化学工业在高端化工产品技术上也取得一些突破,如在现代煤化工技术(煤制烯烃、煤制芳烃等)、新材料技术(聚氨酯、异戊橡胶等)领域都产生了一些领先世界的技术,但从石油和化学工业的整体结构来看,我国产业结构还都是低端的、落后的。我国石化工业目前还是大而不强、大而不优,产业一体化水平偏低,总体效能与国际先进有一定的差距,资源、能源和环境约束下的创新水平不高,具体如表 1-1 所示。

表 1-1　我国石油和化学工业结构层次占比

行业名称	2015 年主营业务收入/万亿元	2015 年占比/%	2020 年占比/%	预计 2030 年占比/%	结构层次
石油和天然气开采业	0.95	7.2	9	8	
精炼石油产品制造业	2.94	22.4	19	17	第一结构层次
化学矿开采业	0.06	0.4	0.3	0.2	
基础化学原料制造业	2.46	18.7	18	16.2	第二结构层次
肥料制造业	0.95	7.2	5	4	
橡胶制品业	1.02	7.7	7	5.5	
合成材料制造业	1.26	9.6	9.8	9.3	
专用化学产品制造业	1.9	14.5	14.9	13	第三结构层次
化学农药制造业	0.31	2.4	2.2	1.5	
涂料、油墨、颜料产品制造业	0.52	4	4.5	4.8	
专用设备制造业	0.35	2.7	3	5.5	

行业名称	2015 年主营业务收入/万亿元	2015 年占比/%	2020 年占比/%	预计 2030 年占比/%	结构层次
高端制造业	0.28	2.1	4.8	10	第四结构层次
战略性新兴产业	0.14	1.1	2.5	5	第五结构层次

1) 产品结构性矛盾较为突出

2018 年,我国原油消费量超过 6 亿吨,对外依存度达 70% 左右,产能利用率约 70%,过剩严重。同样,电石、烧碱、聚氯乙烯、磷肥、氮肥等传统产品普遍存在产能过剩问题,行业规模以上企业的亏损面达 14%,亏损额超过 1700 亿元,其中大型企业的亏损额超过 1000 亿元,约占全行业亏损总额的 60%。下游的石油基高分子材料总体面临产品同质化、产能严重过剩、企业盈利能力不高、产品竞争力不强等诸多难题。在三大合成材料中,合成纤维的产能过剩已使我国相关产业亏损多年;合成橡胶全行业开工率低于 60%,全行业亏损,然而进口量持续增长,已超 200 万吨,且主要是高端产品;国内乙烯聚合工艺中通用料占 95% 以上,多牌号切换能力差,合成树脂中聚氯乙烯、聚甲醛和聚乙烯醇等行业已严重亏损,聚乙烯和聚丙烯产能已超过 4000 万吨,但每年仍需进口约 1000 万吨的高性能聚烯烃材料,且以通用料为主。

在成品油、基础化学品等大宗石化产品过剩的同时,高端石化产品短缺的矛盾仍十分突出。高技术含量的化工新材料、高端专用化学品,如高端聚烯烃、工程塑料、聚氨酯、高性能橡胶、高性能纤维、功能性膜材料等自给率仍然不足,部分产品未实现大规模工业化生产,卡脖子现象严重。尤其是在电子化学品领域,光刻胶、硅晶体、高纯磷烷特气、化学机械抛光(chemical mechanical polishing)材料等关键材料完全依赖进口。尽快补齐产业结构的短板,是石油和化学工业产业结构优化调整的首要任务。

2) 行业创新能力不足

石油和化学工业的高端制造(装备、工艺、产品)能力不足,前瞻性原始创新能力不强,缺乏前瞻性技术创新储备,达到国际领先水平的核心技术较少;核心工艺包开发、关键工程问题解决能力不强;新一代信息技术的应用尚处于起步阶段,数字化、智能化水平较低;科技成果转化率较低,科技创新对产业发展的支撑较弱。其原因主要在于:行业科技投入整体偏低,原始创新驱动力不足,科技成果转化不顺畅,需政府政策面支持推动;公众谈"化"色变,石化行业人才供给遇冷、人才库见底,人才短缺的问题已成为限制石化行业创新的突出因素;自动化控制系统与信息管理系统在石化行业中已普遍配置,但在涉及装置运行与生产管理核心技术的智能化方面仍与国外先进水平存在差距,未能充分发掘智能化对于提升石化行业价值链的优势作用。

3)安全环保压力较大

对于石油和化学工业来说,安全生产是提升生产效率的基本前提。随着城市化快速发展,"化工围城""城围化工"问题日益显现,加之部分企业安全意识薄弱,安全事故时有发生,行业发展与城市发展的矛盾凸显,"谈化色变"和"邻避效应"对行业发展制约较大。近年来,我国的化工企业发生安全事故而造成人员伤亡的数目每年达到上千人,所造成的经济损失和人员伤亡损失达上亿元。据不完全统计,2018年1月—7月,全国化工厂发生事故65起,死亡101人;仅7月就发生安全事故6起,死亡31人。石化行业生产制造涉及光气化、电解、氯化、硝化、合成氨、裂解裂化、氟化、加氢、重氮化、氧化、过氧化、胺基化、磺化、聚合、烷基化等数十种不同工艺,生产过程使用了大量有毒有害的原料、催化剂或溶剂等,且排放了大量有毒有害废弃物。此外,随着环保排放标准不断提高,行业面临的生态环境保护压力不断加大,环境问题也从常规污染向特征污染发展,从单一污染向复合污染发展。因而,从源头上消除污染、发展本质安全的化学品绿色制造过程和技术是解决行业资源能源和环境问题的关键,需加快提升石化行业制造水平和产业发展,形成绿色石化产业体系;另外,需健全"源头控制-过程减排-末端治理-环境修复"全过程检测技术、监控网络和控制方案的综合解决方案,提升以人工智能驱动的危险化学品精准溯源和本质安全管理的信息化、智能化和标准化水平。

4)产业布局不尽合理

石化和化学工业企业数量多、规模差异大、产能分布分散,部分危险化学品生产企业尚未进入化工园区。同时,化工园区"数量多、分布散"的问题较为突出,部分园区规划、建设和管理水平较低,配套基础设施不健全,存在安全环境隐患。特别地,区域范围内各园区之间类似于"各自为战",缺乏全方位一体化建设与管理,园区内企业之间生产装置还未完全做到相邻互联、上下互供、管道输送和规模匹配,整体园区到区域范围内普遍缺乏供应链-产业链-价值链的协同优化。

5)企业个体核心竞争力不足

当前我国石油和化学工业的企业发展现状、结构、布局和效率,特别是具有国际竞争优势的企业培育和发达国家相比有巨大的差距,竞争优势与跨国公司相比也有不小的距离。我国石化企业的总资产平均回报率不足2%,远低于国际化工巨头。2015年我国石油和化学工业世界500强的五个企业同九个世界跨国公司相比(表1-2),可以明显看出我国公司在人均收入、人均利润、营业收入利润率和资产利润率方面的巨大差距,企业每单位产品能耗是美国、日本同类企业的4倍以上。其原因主要在于涉及石化行业工艺装置运行与生产管理核心技术的智能化方面仍与国外大型炼化企业相比存在差距,主要体现在:①信息的集成共享程度和深入挖掘程度不够,信息的共享不规范造成引用和维护的复杂度过大;②顶层生产计划(PIMS)、中层资源调度(ORION)和底层装置操作(Aspen/KBC)三个层级存在数据散断,现有的信息系统相对独立,层级间严重缺乏有效的协同机制,不能满足企业运营的信息化需求;③计划、调度、操作一体化协同依靠人工知识衔接,没有真正贯通生产管控全流程,缺乏全流程、全生命周期的智能优化制造技术;④生产运行与设备的安全环保(简称"安环")监控实时性与精准性不够等。加快提升企业核心竞争力,加快培育具有竞争优势的企业和集团,是我国石化行业必须大力补齐的一块短板。

表 1-2　中外不同石化企业盈利能力比较(2015 年)

公司名称	总资产/亿美元	营业收入/亿美元	净利润/亿美元	职工人数/万人	人均收入/万美元	人均利润/万美元	营业收入利润率/%	资产利润率/%
中国石油天然气集团有限公司(简称"中国石油")	6212.4	2992.7	70.9	158.95	—	0.45	2.37	1.14
中国石油化工集团有限公司(简称"中国石化")	3170.1	2943.4	35.9	81.05	36.32	0.44	1.22	1.13
荷兰皇家壳牌集团(荷兰)	3401.6	2721.6	19.4	9	302.4	2.15	0.71	0.57
埃克森美孚公司(美)	3367.6	2462	161.5	7.56	325.67	21.36	6.56	4.8
英国石油公司(英)	2618.8	2259.82	−64.8	7.89	283.19	−8.12	−2.87	−2.48
巴斯夫欧洲公司(德)	769.4	781.5	44.2	10.8	72.36	4.1	5.66	5.75
中国海洋石油集团公司(简称"中国海油")	1790	678	46.1	11.02	61.52	4.18	6.8	2.57
中国中化集团公司	546.1	606.6	−0.6	5.34	113.59	−0.1	−0.09	−0.1
拜耳集团(德)	802.9	524.4	45.6	11.68	44.89	3.9	8.9	5.68
陶氏化学公司(美)	880.3	487.8	76.9	4.95	98.54	15.53	15.76	8.73
中国化工集团有限公司(简称"中国化工")	573.7	414.1	−1.3	12.98	31.9	−0.1	−0.32	−0.23
沙特基础工业公司(沙特)	874.5	394.8	50	4	98.7	12.51	12.67	5.72
三菱化学集团株式会社(日)	361.4	318.5	3.9	6.9	46.15	0.56	1.21	1.07
杜邦公司(美)	411.7	279.4	19.5	5.2	53.73	3.76	6.99	4.74

3. 石化行业发展态势分析

加快提升自主创新能力,不断提升产业结构层次,是世界各国石油和化学工业发展的一个显著趋势[4]。英国化学创新公司发表的《化学创新战略报告》确定了英国未来化学工业的四个创新重点:产品设计、可持续化学、生物基产品和创新制造。美国 2015 年更新的《国家创新战略》详细制定了九大优先发展领域:先进制造、精密医疗、大脑计划、先进汽车、智慧城市、清洁能源和节能技术、教育技术、太空探索和高性能计算。2017 年,《日本再兴战略》明确提出要充分利用物联网、大数据、人工智能、机器人技术,大力推动第四次产业革命,创造超越企业组织边界的大数据平台和共享经济。

我国石油和化学工业位列原材料工业之首,在结构调整、产业升级、可持续发展等重要目标上有机会扮演先驱作用,但也需要面对产能过剩、能源转型、绿色环保等挑战,具体包括以下几点[5]。

(1)绿色制造过程的强化与智能化。包括清洁油品生产关键工艺技术、油品在线检测与调和优化控制技术、低碳烃高效分离及利用技术、化学品的绿色高效与智能优化调控技术等。

(2)化工新材料的高值化制造。包括面向国家安全、人类健康和清洁能源等的高端材料制造技术,如高性能聚合物柔性制造技术、聚烯烃高值化制造关键技术、特种高性能聚合物新材料的规模化制备技术、高性能聚合物制备与加工关键装备技术等。

(3)园区环境与安全风险溯源与控制。包括高风险污染物风险评估技术、工业区污染精准溯源与动态监控技术、园区"三废联治"综合治理技术、危险化学品安全监管与突发事件应急管理技术等。

(4)石化行业智能制造优化(供应链-产业链-价值链集成与优化)。依托现有信息物理制造系统,通过大数据、云计算、物联网、虚拟制造等信息集成和处理技术,融合过程机理和数据信息,深刻贯彻安全环保为主旨,以知识自动化为主线,实现绿色高效装备与过程技术提升,并实现智能检测和传感,推动全流程精准建模和分析;打造贯穿生产、管理以及营销全流程的一体化控制和决策平台,实现了区域/园区/企业生产、管理和营销全过程的智能化、绿色化、安全化为目标的石化行业智能优化制造,推进我国石油化工行业智能制造、绿色制造和高端制造,提升企业经济效益和社会效益,最终实现石化行业升级转型。

赢创、科思创、巴斯夫、陶氏、三井化学等跨国石化公司在创新发展和结构调整的战略和理念上,都在追求把创新发展和结构调整的重点放在未来技术的制高点、终端市场的需求及舒适生活的追求上。此外,这些石化公司还有十分先进的研发平台和与智能技术紧密结合的研发手段,特别是高水平的研发装备和大数据统领的智能系统,表现为:建立在机器人和高效率分析仪器仪表基础上的高强度、高精度数据采集手段;高水平图像捕捉、识别和数据处理的理化分析设备;基于互联网和大数据技术的智能工厂。跨国石化公司在智能化的结合上具有三大特点[6]。

(1)以霍尼韦尔公司为典型代表的"物联工厂技术",基于云平台的虚拟物联工厂将是建设智能工厂的基础。

（2）集成了移动互联网技术和设备的新一代分布式控制系统（distributed control system，DCS），可实现人和工厂、决策和操作更加高效便捷和深度融合。

（3）基于大数据、互联网技术和自动化技术的先进化工微反应技术。数字化及其高端应用已成为制造强国的核心。当前，石化行业每天产生大量数据，然而在实际的分析和管理之中只利用了其中的1%。充分挖掘未被利用数据的价值，打通从采购、生产到销售的各个环节，实现基于大数据分析的精准运营，将为原料波动频繁、成本竞争激烈、规模效应显著的石化行业带来巨大的经济价值。因此，数字化发展以及"工业4.0"可为传统石化行业带来端到端的全价值链效率提升。

1.1.2　我国钢铁行业的制造现状

1. 钢铁行业总体运行情况

钢铁行业是以从事黑色金属矿物采选和黑色金属冶炼加工等工业生产活动为主的产业，包括金属铁、铬、锰等矿物采选业、炼铁业、炼钢业、钢加工业、铁合金冶炼业、钢丝及其制品业等细分行业。

钢铁工业是全球工业化的支柱产业之一。作为含碳量0.02%～2.11%的铁碳合金，钢铁的强度与可塑性较好且成本适中，是目前应用最普遍的材料之一。钢铁下游约55%分布在建筑类，30%分布在工业应用类，钢铁的发展历史某种程度上就代表了全球工业化演变的缩影。钢铁工业在保障国家重大工程建设、促进工业转型升级、带动国民经济增长等方面起着不可替代的作用。据统计，2018年，我国共生产生铁7.71亿吨、粗钢9.28亿吨、钢材11.06亿吨。经过几十年发展，我国钢铁工业通过自主创新、集成创新和引进技术消化吸收再创新，不断扩大规模，逐步优化产业结构，突破关键技术，基本形成结构优化、资源节约、清洁安全、质量效益好的现代工业体系，有效支撑了下游用钢行业和国民经济的平稳快速发展。

数据显示，至2018年底，我国钢铁行业规模以上企业达5138家，前十家钢铁企业产业集中度只有34.51%。根据国家统计局初步统计数据显示，2018年钢铁行业规模以上企业实现主营业务收入达64006.5亿元。2015年以来，钢铁行业利润总额呈现增长态势。据国家统计局初步统计数据显示，2018年全年钢铁行业利润总额达到4029.3亿元。如图1-1所示。

2. 钢铁行业发展存在的问题

尽管我国占据了世界钢铁产量的半壁江山，是毫无疑问的钢铁大国，但钢铁行业产能过剩、结构失衡、能源制约趋紧等现象仍较为突出。我国钢铁行业整体水平距离钢铁强国的目标还有很长距离，就钢铁行业发展现状而言，存在如下问题。

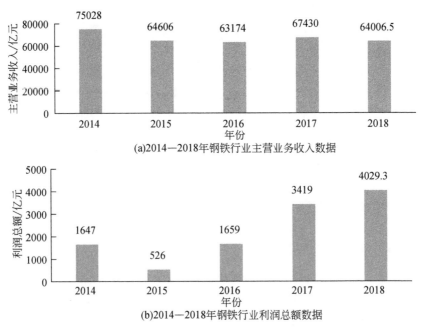

(a)2014—2018年钢铁行业主营业务收入数据

(b)2014—2018年钢铁行业利润总额数据

图1-1　2014—2018年钢铁行业收入及利润总体情况

（1）发展不均衡。目前我国钢铁工业机械化、电气化、自动化、信息化并存，不同企业发展差异大，宝钢集团等先进企业已达"工业3.0"阶段，并向"工业4.0"探索迈进，但还有大量钢铁企业仍然处于"工业2.0"阶段。

（2）行业基础薄弱。智能制造整体处于起步阶段，智能制造的标准、工业软件、信息安全基础薄弱，缺少行业标准，共性关键技术亟待突破。

（3）投资回报率难以量化，智能化尚未成为主要生产模式。在企业投资意愿方面，国有钢铁企业基础设施较好，智能化改造热情较高，但中小钢铁企业，尤其中小民营企业基础设施较差，人工作业比例较高，在钢铁去产能及环保监管的大背景下资金压力较大，企业智能化改造升级的动力不足。

（4）核心知识产权掌控不足，原始创新应用比例不高。在研发方面尚未形成以产学研用为主的创新研发体系，原始创新研发积极性不高。

我国钢铁工业已进入结构调整、转型升级为主的发展阶段，这是钢铁工业结构性改革的关键阶段。钢铁行业需要积极适应、把握、引领经济发展新常态，落实供给侧结构性改革，以全面提高钢铁工业综合竞争力为目标，以化解过剩产能为主攻方向，坚持结构调整、坚持创新驱动、坚持绿色发展、坚持质量为先、坚持开放发展，加快实现调整升级，提高我国钢铁工业发展质量和效益。为了有效应对市场竞争环境中对钢材品种、规格多样化的外部需求以及提质增效的内在动力，我国有必要在钢铁行业中推进智能优化制造模式，借助云计算、大数据和人工智能等技术，通过以智能制造转变生产管理模式,实现敏捷制造和精细化管理,进而推动钢铁行业的转型升级,以及钢铁企业在高质、高效、低碳几个方面的高质量可持续发展,进军国际高端市场。

钢铁行业智能优化制造是建立全产业链的运行管理生态、多工序多目标协同的制备流程一体化排程与调度,以及全流程产品质量管理优化的重要途径,已成为钢铁工业发展的重要推手。

3. 钢铁行业发展态势分析

当前资源和环境问题对实现全球可持续发展的约束日益凸显,“可持续发展”、“绿色制造”和“低碳经济”的发展理念被越来越多的国家所接受。近几年,钢铁行业“产能过剩”的问题引起人们的注意。“十三五”规划明确指出“去产能、增效益”是钢铁行业发展的重点,其核心就是钢铁工业的高质量发展。在钢铁行业发展的政策方面,我国已出台《钢铁工业调整升级规划(2016—2020 年)》等多项政策措施,充分发挥市场配置资源的决定性作用,更好发挥政府作用,着力推动钢铁工业供给侧结构性改革。以全面提高钢铁工业综合竞争力为目标,以化解过剩产能为主攻方向,促进创新发展,坚持绿色发展,推动智能制造,提高我国钢铁工业的发展质量和效益。加快推进钢铁制造信息化、数字化与制造技术的深度融合发展,支持原材料工业智能制造、大规模个性化定制等有关的产业发展与技术研究。钢铁行业智能优化制造研究开发过程将充分对上述资源进行整合和利用。

同时,在工信部组织修订的《产业关键共性技术发展指南(2017)》中,智能化相关技术在“基于大数据的钢铁全流程产品工艺质量管控技术”“钢铁定制化智能制造技术”和“钢材高效轧制技术及装备”等方向得到了全面覆盖,已经以“积极做好相关产业关键共性技术的研究开发引导工作”的形式得到了政策支持。以智能制造助力钢铁行业,成为钢铁行业转型升级的主攻方向。

钢铁工业要实现转型升级,必须深化供给侧结构性改革,着力产能优化,推进产能布局调整、兼并重组及工艺结构调整。建设创新型钢铁,应在体系建设、能力提升、质量升级及智能制造等方面有所突破。在钢铁产业转型的关键期,增强自主创新能力,将钢铁工业的发展融入制造强国、网络强国的建设中。加大创新投入,注重产品研究开发和技术引领;强化协同合作创新,通过与产业内其他产业及上下游企业合作,解决制约行业发展的共性前沿技术,提升服务价值;着力加快质量升级和智能制造发展,不断提升产品质量和智能制造水平。

钢铁行业积极落实国家推进供给侧结构性改革,巩固化解过剩产能成果,努力保持钢铁行业平稳运行,促进行业向高质量发展转变。从总体情况看,目前市场供需基本平衡,钢价水平总体平稳,企业效益持续向好,为钢铁行业高质量发展打下坚实基础。但也存在着经济下行压力加大、产量增长较快、环保压力上升、国际贸易形势趋紧等不利因素,行业总体经营形势仍较严峻。受供给侧结构调整、环保督察、市场需求旺盛等因素共同作用,粗钢产量再创历史新高、钢材出口继续显著下降、钢材价格总体高位运行、行业经济效益创历史最高水平,钢铁行业高质量发展的需求迫切。

我国钢铁企业开展智能制造工作以来,为提高自动化水平而对设备进行技术改造,为产业转型升级而普及数字化、网络化,所以基本上不存在"一哄而起""盲目跟进"的现象。整个行业智能制造在平稳有序地进行。钢铁行业根据技术水平整体可分为三个档次:设备自动化水平低、年限长、资金薄弱的钢铁厂;设备较先进、设备自动化水平较高的钢铁厂;具有成套自动化生产线和较高生产管理水平的钢铁厂。总体而言,我国钢铁产业的整体装备水平和国外差距不大,甚至一些企业的装备要优于国外企业,具有较好工业化和信息化的基础,已初步建立了由决策级、计划调度级、过程控制级和设备控制级实现以宏观决策到具体操作的企业信息化系统。"十三五"以来,我国主要钢铁企业装备达到了国际先进水平,智能制造在钢铁生产制造、企业管理、物流配送、产品销售等方面的应用不断深化,关键工艺流程数控化率超过65%,企业资源计划(enterprise resource planning,ERP)装备率超过70%,信息化程度得到跨越式发展。

从我国整个钢铁产业链来看,发展严重失衡,矿和钢发展不同步,产业链下游的钢铁产能明显过剩,而作为上游原料的铁矿石产能有效供给严重不足,国产矿成品矿产量远跟不上钢铁产能的扩张,铁矿石对外依存度逼近90%的历史最高点。国际铁矿石贸易呈现出高度垄断局面,我国作为世界第一钢铁大国和铁矿石消费大国,却没有市场话语权。国际矿价上涨,在整个产业链上附加值低、产业链短的采矿环节几乎吞噬全产业链利润,导致我国钢铁行业全行业亏损,严重威胁产业经济安全。

实际上,我国并不缺铁矿资源,铁矿石探明储量居世界第四,但由于资源禀赋差,我国铁矿资源开发利用工程技术复杂,采矿、选矿和综合利用难度大,绝大部分资源无法利用,可利用资源不足5%,已利用资源精矿品位低,生产成本高,环境影响大。长期缺乏贫矿规模绿色高效开发利用的有效技术,使得大量资源无法利用,开发利用率较低。同时,钢铁行业顶层设计也存在问题。整个行业缺少有效的战略研究、系统规划和产业监管,导致铁矿资源保障体系缺失,一方面对国外资源的掌控能力明显不足,另一方面国内资源产业发展滞后。铁矿资源保障体系缺失,矿业行业管理缺失,产业集中度低,产业政策错配,忽视全球资源布局,导致产业发展滞后。上游资源保障体系缺失和下游产能过剩的双向挤压,使钢铁业面临健康持续发展和产业经济安全的双重挑战。

从中长期发展的态势来看,钢铁行业成本压力上升,行业提高效益水平更加困难。一是随着环保政策持续完善、实施力度不断加大,钢铁行业环保投入和运行成本仍会进一步增加;二是原燃材料价格呈现稳中有升的态势。铁矿石、废钢需求和采购成本会继续上升,煤炭和焦炭价格也会保持高位波动;三是钢铁行业资产负债率仍然偏高,去杠杆难度仍然较大,行业融资难、融资贵的问题还没有明显改观;四是钢铁企业在物流、人工、科技投入等方面的成本继续呈上升趋势。面对复杂严峻的外部环境和经济下行的内部压力,国家推动制造业高质量发展方面加大改革和调控力度,钢铁行业进入高速增长向高质量发展阶段。

(1)提高钢铁产业供给体系质量,满足高质量的需求。深化供给侧结构性改革,促进供需在更高水平实现再平衡,通过敏捷产业链来满足下游用户个性化需求,进一步提高产品质量稳定性,满足质量上的供需平衡。

(2)推动高质量的循环制造。进一步拓展钢铁生产、能源转换和消纳处理社会废弃物功能。提高钢铁生产过程中铁素资源等有价组分的利用效率;能源结构优化和水资源梯级利用,实现能源高效利用和水资源节约利用;开展资源综合利用并构建钢铁产业链,建设循环经济生态园;充分消纳处理废钢铁、废塑料、废轮胎、废催化剂(含合金元素)等社会废弃物。

(3)实现高质量的综合效益。通过企业效益、成本、能源等多目标决策,实现高质量的综合效益。

近年来钢铁企业面临的市场竞争环境发生了巨大的改变,客户对钢材的品种、规格(如板材的宽度、厚度、镀层和机械性能指标等)需求越来越多样化,对产品的质量和交货期要求也越来越高。钢铁产能过剩,人工成本不断提高,用户的小批量、多品种、个性化、高质量、高稳定性需求和准时交货等要求的提高,使得钢铁企业必须创新思路、降低生产成本、调整生产经营组织模式来满足用户的需求。而传统钢铁企业工艺过程的"惯性"较大,因此如何适应对产品需求的多样化,是企业面临的十分严峻的挑战,必须通过提高工厂的信息化应用水平,解决钢铁工业规模化生产与用户个性化需求的矛盾。铁矿采选矿业、炉料制备过程(包括烧焦过程和烧结过程)的数字化和信息化为基础的过程控制、质量与能源优化,钢铁制造过程的全产业链运行管理生态,多工序多目标协同的制备流程一体化排程与调度,全流程产品质量管理优化,成为促进钢铁行业"可持续发展""绿色制造"和"低碳经济"的有效途径。国际上一些先进的钢铁冶金企业为适应竞争的需要,在全球生产制造集成化和信息化潮流的推动下,开始应用先进的生产与经营管理系统,在企业乃至整个行业的技术改造和管理创新中起到了很好的效果,并造就了一批具有较强竞争力的钢铁企业,如韩国的浦项制铁集团公司、加拿大的 Dofasco 等。

1.1.3　我国有色行业的制造现状

1. 有色行业总体运行情况

有色金属是指除铁、锰、铬三种黑色金属之外的铜、铝、铅、锌、镍、锡等 64 种金属元素。行业一般将上述 64 种金属分为铜、铅、锌等重金属,铝、镁等轻金属,钛、钼、钨等稀有金属(含稀土金属),以及金、银、铂等贵金属产品四大类。其中体量大、用途广的主要有铜、铝、铅、锌、镍、锡、锑、镁、钛、汞十种有色金属。在《国民经济行业分类与代码(GB/T 4754—2017)》中,有色金属行业(简称"有色行业")包括有色金属矿采选业和有色金属冶炼及压延加工业两大类行业,其中有色金属矿采选业包括有色金属矿采选、贵金属矿采选、稀有稀土金属矿采选等三个种类行业;有色金属冶炼及压延加工业包括常用有色金属冶炼、贵金属冶炼、稀有稀土金属冶炼、有色金属合金制造、有色金属压延加工等五个种类行业。

　　有色金属及其合金具有耐蚀性、耐磨性、导电性、导热性、韧性、高强度性、放射性、易延性、可塑性、易压性和易轧性等各种特殊性能,是经济社会和国防军工发展的战略物资,是发展国民经济、提高人民生活和维护国家安全的基础材料,具有十分重要的战略地位。作为重要的功能材料和结构材料,有色金属广泛应用于人类生活的各个方面,航空、航天、汽车、机械制造、电力、通信、建筑、家电等绝大部分行业都以有色金属材料为生产基础。随着现代工业、农业和科学技术的突飞猛进,有色金属在社会发展中的地位越来越重要,用途日益广泛,成为实现制造强国的重要支撑[7]。

　　目前我国有色金属产业已经成为具有一定规模和竞争力、有发展优势的产业,在国民经济发展中发挥着重要作用且发展迅速,占据着国民经济较大的份额,2002年以来,我国已成为世界最大的有色金属生产和消费国。2017 年,我国十种有色金属总产量达 5501 万吨,消耗量达 5255 万吨,均占全球 40%以上[8];2018 年,产量为 5702.7 万吨,同比增长 3.7%。其中,精炼铜产量 902.9 万吨,同比增长0.7%,占世界总产量的 36.02%;原铝产量 3580.2 万吨,同比增长 7.5%,占世界总产量的 57.33%;精铅产量 511.3 万吨,同比增长 9.8%,占世界总产量的47.82%;锌产量 568.1 万吨,同比下降 3.2%,占世界总产量的 45.87%。六种精矿金属量 595.3 万吨,同比下降 2.4%。其中,铜精矿金属量增长 3.9%;铅精矿金属量下降 5.9%;锌精矿金属量下降 4.9%。氧化铝产 7253.1 万吨,同比增长9.9%。铜材产量 1715.5 万吨,同比增长 14.5%;铝材产量 4554.6 万吨(初步测算,铝材产量数据中存在企业间重复统计量约 1000 万吨),同比增长 2.6%[9]。

　　2. 有色行业发展存在的问题

　　进入新世纪以来,我国有色金属工业发展迅速,基本满足了经济社会发展和国防科技工业建设的需要。但与世界强国相比,在产业结构、质量效益、绿色发展、资源保障、技术创新等方面仍有一定差距。

　　1)高端产品比重偏低,新旧动能转换总体缓慢

　　随着我国经济进入新常态,有色金属需求增速放缓,规模扩张阶段已经结束。

产业需求萎缩问题进一步显现,有色金属行业发展速度由高速转为中高速,铜、铝、铅、锌等主要品种消费增速将由高速转为中低速。价格波动趋势受各国货币政策分化影响大于市场供需的影响,企业决策难度加大,产业运行总体压力明显上升,控产能、调结构、提质增效,推进供给侧结构性改革将是行业发展的主要任务。

同时,有色行业高端需求潜力巨大,有效供给水平亟待提高。有色行业深加工实现产量、效益双增长,高端精深加工装备达到世界先进水平,但由于产品质量均一性差、智能化水平低,大飞机、集成电路用关键材料仍依赖进口。战略性新兴产业和国防科技工业的快速发展,以及消费产品的个性化、高端化发展趋势对有色金属增品种、提品质、创品牌提出更高要求。有色金属作为重要支撑材料依然存在较大发展空间,高端精深加工将成为推动行业发展的主要增长极,实现高端供给"补短板"将是行业提质增效的主攻方向。

当前,有色金属工业由低端向高端、由高速发展向高质量发展转型已成为必然选择,并取得初步成效。有色金属工业新旧动能转换有一些亮点,新能源汽车的需求带动了有色金属钴、锂等新材料的发展,轨道交通和汽车用铝的产量和用量持续增长,进一步促进了高端运输铝材的应用。一批民用飞机、汽车用铝板带项目建成投产,支持了大飞机、铝结构汽车等高端制造业的发展。光伏、动力电池的发展为多晶硅、动力电池材料发展提供了新动能。2018 年,有色金属冶炼及加工业增加值增幅高于十种常用有色金属产量增幅 1.8 个百分点。但这些高端材料和新材料在产业体系中所占比例不高,新旧动能转换总体缓慢。从创新能力看,我国有色金属工业原始创新偏少、基础共性关键技术、精深加工技术和应用技术研发不足,与国外发达国家相比,有色金属产品附加值低,铝铜金属进口及出口差价明显。2018年,我国进口铝材平均单价为每吨 6803 美元,比出口单价多 3889 美元,是出口单价的 2.3 倍[10];我国进口铜材平均单价为每吨 107141 美元,比出口单价多 23472美元,是出口单价的 1.3 倍[11],如哈氏合金等镍基耐腐蚀性合金钢有少量国产,但国产合金品质与国外仍有较大差距,大部分合金仍依赖进口;铝加工几百个常用牌号,我国自己研发的却很少,大多数是国外牌号的翻版;有色金属高端产品质量的一致性较差,纯度、稳定性与国外同类型产品差距较大,降低产品附加值的同时也损害了下游用户的信心。

2)资源对外依存度大,资源可持续发展任务艰巨

矿产资源是有色金属行业生存和发展的物质基础。我国有色金属矿产资源丰富,但是禀赋条件较差,大型有色企业主要依赖进口矿原料进行生产。例如,随着我国铜矿资源开发利用水平的提高以及优质资源逐步开发殆尽,铜矿出矿品位呈明显下降趋势,2018 年,铜矿出矿品位为 0.74%,低于赞比亚等地矿山的尾矿品位。2018 年,我国矿产铜总供应量为 734 万吨,其中进口铜矿含铜量 493 万吨,进口粗铜 90 万吨,资源对外依存度为 79.43%。我国铝土矿储量不到世界总储量的

5％,而电解铝产能却达到全球的50％以上。2018年,我国进口的铝土矿和氧化铝折合为一次铝资源后,对外依存度达45％,较2017年提高5个百分点。铅精矿资源自给率由80％下降至2018年的46.6％;锌精矿自给率由可完全实现自给下降至2018年的55.9％。近年来,受资源出口国政策变化、法律约束和基础设施薄弱等影响,进口资源面临新的不确定因素,特别是我国铝行业发展受到国际社会的普遍关注。我国已经成为全球最大的有色金属矿产进口国,对国外的资源依赖度越来越大,形成矿产原材料、关键核心技术依赖进口的"两头在外"格局。境外开发资源受所在国家政治、经济、文化等影响较大,困难多,风险高。如何支持资源开发国际合作,完善支持境外资源开发的税收政策,鼓励具有实力的企业参与国际资源开发和并购,突破资源约束,保证国家资源供应安全,对于行业可持续发展意义重大。

3)节能环保初见成效,但环保压力巨大,绿色发展任重道远

有色金属行业对国民经济发展的重要性不言而喻,但此行业也是我国能源资源消耗和污染物排放的重点行业之一。当前,国际气候变化和碳排放形势日益严峻,绿色发展已经成为新时期国家战略,是生态文明建设的实施途径,更是有色金属行业可持续健康发展的永恒主题。有色行业发展面临尾矿及赤泥等冶炼渣治理难、重金属污染防治以及城区企业环保搬迁等突出问题,必须通过科技创新努力缓解能源资源约束和生态环境压力,任务艰巨。

近年来随着大批生态环保项目的顺利实施,有色企业的环保水平和资源利用效率显著提高,比如中铝山东有限公司实施了大气污染综合防治、高温窑熟料窑脱硝、热电厂干煤棚改造、锅炉超低排放等项目,确保环保达标。中铝瑞闽股份有限公司将工业固体废料回收与利用、生产与流通有机结合,从源头减少能源资源消耗和废弃物排放,实现了生态环保。祥光铜业有限公司凭借过硬的技术,全面实现废气回收制酸、废渣再选再用、废水循环利用、余热高效利用等绿色发展模式。索通发展股份有限公司成功开发应用了煅烧烟气余热梯级利用技术,大幅提升了余热的回收利用水平。鑫联环保科技股份有限公司致力于可再生资源利用和节能环保产业,对有色等行业生产中产生的尘、泥、渣等进行减量化、无害化处理及资源综合利用。锦联公司严格执行建设项目污染源自动监控系统建设,实现了对电解铝生产及污染物排放情况的人员操作、设备运行、环保数据的全过程、无死角监管。与此同时,单位产品能耗亦有所降低。2018年,原铝综合交流电耗为13577千瓦时/吨,同比减少22千瓦时/吨;铜冶炼综合能耗下降到230.7千克标准煤/吨[①],同比减少9.3千克标准煤/吨;铅冶炼综合能耗下降到341.5千克标准煤/吨,同比减少34.4千克标准煤/吨。随着战略性新兴产业发展规划的深入落实和结构调整的不

---

① 1千克标准煤=29307kJ。

断推进,有色金属能耗有望进一步降低,将支撑有色金属行业平稳发展[12]。

但也应该认识到,有色金属品类众多,原料来源复杂。我国有色金属矿产资源呈现四多、四少的特点,即小矿多,大矿少;贫矿多,富矿少;共伴生矿多,单一矿少;难选冶矿多,易选冶矿少。由此造成有色金属冶炼工艺特殊、生产流程长,资源利用率低,单位产品能耗高、水耗大、三废产生量大等问题。我国常用有色金属的资源回收率比发达国家低,高效综合利用国内的低品位共伴生矿产资源刻不容缓。有色金属工业各企业技术水平参差不齐,导致有色金属工业污染的防控难,环保水平的提升成为有色金属工业整体技术水平提升的主要方向之一。资源、能源、环保问题已经成为制约我国有色金属工业发展的瓶颈,资源节约型、环境友好型的绿色冶金也成为目前国内外有色冶炼行业发展的趋势。有色行业智能制造水平的提升必将提高工艺全流程物料管控精度,进一步提高资源利用率,源头削减“三废”的产排,可提高有色行业绿色制造程度。

4)行业科技进步成果显著,但生产装备自动化和智能化水平相对落后

在总量需求趋于饱和的新常态下,有色行业依靠低要素成本和高投资驱动的发展方式已难以为继,创新将是引领行业发展的第一驱动力。近年来,我国有色金属工业通过引进消化、技术吸收再创新、集成创新和自主创新,技术装备及自动化水平取得了明显提高[13]。铜、铝、铅、锌等主要有色金属的冶炼工艺和生产装备已达到国际先进水平。

虽然有色金属冶炼工艺及装备科技成果显著,但有色金属工业装备自动化、生产过程控制技术、智能决策和管理水平与发达国家尚有差距。国外许多冶炼企业针对自身生产需求开发了相应的专家调度系统,对冶炼过程进行优化和管理。如德国杜伊斯堡的密闭鼓风炉铅锌冶炼生产厂家通过确定最佳的烧结块和焦炭粒级分布,改善了密闭鼓风炉的透气性,稳定了鼓风炉的生产,可延长鼓风炉休风周期1周左右。而在我国,尽管不少规模以上有色企业装备了DCS,但由于冶炼过程复杂,影响因素众多,生产目标难以直接控制等,尚缺乏先进的控制及优化技术支持,导致工艺装备难以达到设计运行指标。有色冶炼工艺流程中状态反馈数据具有定性、定量、半定量多种模态,往往使得单一的优化技术、专家优化系统难以应对处理。未来有色金属工业智能化进程需要将多个模型、多种方法结合并集成,突破从数据感知到数据分析再到全流程优化的理论方法和工程技术,从而大幅提高有色金属智能制造水平。

3. 有色行业发展态势分析

有色金属行业是最早进行市场化改革的大宗工业原材料生产行业。随着我国社会主义市场经济体制的确立,计划经济体制下的工业部门管理体系已经不存在,取而代之的是对行业的宏观调控机制。近年来,有色金属行业遵循“稳中求进”的

总基调,积极推进有色金属工业发展方式转变和结构调整,国家陆续出台了一系列淘汰落后产能、节能减排、调整产业结构、扶持稀有金属及新兴领域发展等相关政策。

1)行业发展规划

《有色金属工业发展规划(2016—2020 年)》依据《中华人民共和国国民经济和社会发展第十三个五年规划纲要》《国务院办公厅关于营造良好市场环境促进有色金属工业调结构促转型增效益的指导意见》(国办发〔2016〕42 号)编制,成为"十三五"指导有色金属工业持续健康发展的指导性文件。有色金属工业"十三五"发展规划坚持"创新、协调、绿色、开放、共享"发展理念,以供给侧结构性改革和扩大市场需求为主线,着力构建以"高端、智能、绿色、服务"为方向的新型制造业,从技术创新、转型升级、资源保障、绿色发展、两化融合等五方面提出引导性发展目标。

2)淘汰落后产能政策

产能过剩问题是我国有色金属行业的一个顽疾,近年来国家不断坚定地推进淘汰落后产能的各项政策,综合运用产业政策、用地指标、环境容量和资源配置等手段严格执行国家宏观调控政策,加快有色金属行业淘汰落后产能的步伐,其中电解铝、铜冶炼、铅锌冶炼等是淘汰落后产能的重中之重,《节能减排"十三五"规划》《十六部门关于利用综合标准依法依规推动落后产能退出的指导意见》(工信部联产业〔2017〕30 号)《国务院办公厅关于营造良好市场环境促进有色金属工业调结构促转型增效益的指导意见》(国办发〔2016〕42 号)《关于畅通举报渠道强化落后产能和产能违规置换查处的通知》(工信厅产业〔2018〕55 号)等先后出台。

3)行业标准化和准入政策

依照《深化标准化工作改革方案》和《国家智能制造标准体系建设指南》(2015年版),围绕有色金属新材料、信息化与智能化、节能减排、安全生产、生态保护和扩大应用等领域,对现有标准进行梳理和升级,形成与国际标准接轨的有色金属行业标准化体系。2012 年以来,工信部、生态环境部等部门先后颁布了铅蓄电池、钼、再生铅等行业准入条件、铜铝等有色行业规范及准入条件,明确行业规范,鼓励并引导行业转型升级,提高技术、能耗、环保等门槛。

保持正常的连续性和稳定性是当前行业发展的内在要求。有色金属工业的市场化程度已经很高,运行主要靠市场机制进行调节,所以总体上我国有色金属工业将坚持目前的政策导向。从长远看,通过政策导向推动产业结构调整、促进高端产品的开发应用、推进循环经济发展、高效利用境外资源和国际市场、进行矿山矿产税费改革是有色金属行业政策调节的方向。

我国有色行业总体运行情况与态势情况如下。

1)原料、产品进出口市场贸易总体平稳

中美贸易摩擦对有色金属进出口贸易市场的直接影响尚未明显显现,2018

年,有色金属进出口贸易额较 2017 年明显上升。2018 年,我国有色金属进出口贸易总额(含黄金首饰及零件贸易额)1605.3 亿美元,同比增长 19.1%。其中,进口额 1151.6 亿美元,同比增长 18.3%;出口额 453.7 亿美元,同比增长 21.1%[14]。

2018 年,有色金属出口额增幅为 21.1%,其中铝材出口量增幅为 23.4%,在铝材出口的前五个国家中除对美国出口下降外,对其他四国出口均大幅度增长。我国已成为有色金属矿山原料进口大国,2018 年,进口矿山原料实物量达 1.6 亿吨[14]。常用有色冶炼产品除精炼铜仍需大量进口,金属镁、锑品出口外,其余金属品种基本是有进有出的格局。中美贸易摩擦造成市场恐慌,以及下游相关行业出口下降,导致有色金属消费增幅放缓、价格下跌。从中期看,中美贸易摩擦对有色金属企业营收和利润形成拖累;从远期看,更值得担心的是贸易摩擦范围的扩大,对于有很强金融属性的有色金属而言,其受到的冲击将影响未来的行业走势。

2)规模以上有色企业盈利能力有待提升,降本增效任务艰巨

规模以上有色工业企业盈利能力与钢铁、石油化工、建材等原材料行业相比存在差距。前期有色金属工业企业盈利能力相对低的因素主要如下。①综合经营成本费用增加。例如,2018 年有色金属企业百元收入中的成本费用高达 96.61 元,同比增加 0.6 元。其中铝冶炼企业百元收入中的成本费为 97.95 元,同比增加 2.9元。由于煤、电、氧化铝、碳素等原材料价格普遍上涨,2018 年国内生产电解铝综合成本在 14300 元左右,增幅达 10%;国内铝现货平均价为 14262 元/吨,同比下降 1.8%。②国际贸易摩擦加剧、下游消费行业增速放缓以及下游企业需求信心不足。如房地产业对铝型材的需求放缓,电线电缆、发电及输变电设备需求放缓等,导致铜、铝材企业无法向下游转移涨价因素。2018 年,铝加工企业百元收入中的成本高达 96.99 元,同比增加 1.13 元[15]。③有色金属企业环保治理力度加大,环保治理成本明显增加。④库存及资金周转放缓,资金占用成本增加。2018 年,8395 家规模以上有色金属工业企业(包括独立黄金企业)实现主营业务收入53672.2 亿元,同比增长 8.4%,增幅比上年收窄 5.5 个百分点;实现利润 1816.8亿元,同比下降 7.1%,实现利润由上年增长 27.5% 转为下降 7.1%[16]。

随着战略性新兴产业发展规划的深入落实和结构调整的不断推进,有色金属深加工有望保持较快增长,支撑有色行业平稳运行。

1.1.4　我国建材(水泥)行业的制造现状

1. 建材(水泥)行业总体运行情况

建材是我国重要的基础原材料工业,在工业化、城镇化进程中发挥着重要作用。经过多年的快速发展,我国建材工业已成为门类齐全、规模庞大、体系完整、产品配套能力强、具有明显国际竞争力的重要原材料和制品工业,在国际市场中占举

足轻重的地位。我国主要建材产品的工艺装备技术、产品质量接近或达到世界先进水平,有些领域工艺装备技术达到了国际领先水平。

随着全球经济增长放缓,我国社会固定资产投资增速开始呈现下行趋势。此阶段的建设任务不再以满足数量增长为主要目标,而是转向满足人们对建筑物品质提升和功能增加方面的需求。建筑业朝着建筑工业化、绿色化、智能化方向转型升级,对建筑材料提出了更高的要求。我国建材工业面临资源、能源短缺,环境压力增大,企业治理成本大幅增加,产能严重过剩,企业利润空间大大压缩等问题,其发展由"增量扩张"转向"提质增效"已成必然。本书主要以水泥工业为例来阐述建材行业的制造现状。

我国从 1985 年开始成为世界第一水泥生产大国,随着经济的飞速发展和对水泥需求的不断增加,我国水泥产量自 2006 年起开始占到世界水泥产量的一半以上,而全球第二大水泥生产国印度所占的比例则只有 9%。表 1-3 为 2009—2018 年我国水泥工业年总产量的变化及增速,可以看出,我国水泥产量发展十分迅速。

表 1-3　2009—2018 年我国水泥产量变化情况表

年份	水泥产量/亿吨	增速/%
2009	16.44	15.5
2010	18.82	14.5
2011	20.99	11.5
2012	22.10	5.3
2013	24.19	9.5
2014	24.92	3.0
2015	23.59	−5.3
2016	24.10	2.2
2017	23.31	−3.3
2018	22.36	−4.1

在我国建材工业三十多年的发展过程中,受经济发展和市场需求的刺激,全国各省、市区域的水泥生产项目不断上马,水泥产量不断提升。早期,在发展过程中逐渐暴露出诸多问题,各种水泥企业数量众多、规模小,布局分散,产业集中度低,总体产能过剩,能源消耗高,环境污染严重,原料资源浪费大,生产效率低,产品质量不高,严重影响到我国建材工业的科学、可持续发展。而目前,通过多年行业内的并购重整,产业集中度逐步提高,前十家水泥集团占比 60% 以上。整个水泥行业主要划分为东北、华北、西北、华东、中南及西南六大区域。从区域市场来看,水泥消费增长呈现"南高北低"的特点。近年来,六大区域的固定资产投资均呈现出一定程度的增长,其中华东、中南、华北三大区域的固定资产总投资处于较高水平,

未来处于这三个区域的水泥企业下游需求将有所回暖。从水泥企业分布来看,华东地区企业数量众多,竞争较为激烈,市场相对成熟、产能淘汰开始较早,区域供给较稳定;西北地区近年来新增产能大量投产,产能过剩问题逐步显现,市场竞争加剧。在经济欠发达地区,企业数量较少,价格离散程度较低;经济发达地区的竞争激烈,价格离散程度较高,表明在产业集中度较高的地区,价格波动幅度较小。

针对这些问题,国家有关部门也相继出台了一些政策、法规和标准来引导、规范建材工业的发展,如工信部发布了《水泥行业准入条件》。2019年4月9日,国务院发布了《国务院关于落实〈政府工作报告〉重点工作部门分工的意见》。该意见围绕推动制造业高质量发展,强化工业基础和技术创新能力,针对加快建设制造强国,提出了"智造"要求,即打造工业互联网平台,拓展"智能+",为制造业转型升级赋能。大力推进智能制造对我国制造业升级意义重大,并已成为全球范围的共识和热点。水泥行业作为传统工业,如何积极抓住向智能化转型的机遇,从创新驱动、强化基础、智能转型、绿色发展等多方面谋篇布局显得至关重要。

此外,还有许多与水泥生产管理直接相关的政策文件被颁布实施,表1-4列出了近年来我国水泥产业主要政策。

表1-4　近年来我国水泥产业主要政策

序号	政策	颁布时间
1	《工业和信息化部关于做好"十三五"期间重点行业淘汰落后和过剩产能目标计划制订工作的通知》(工信部产业〔2014〕419号)	2014年
2	《国务院办公厅关于促进建材工业稳增长调结构增效益的指导意见》(国办发〔2016〕34号)	2016年
3	《十六部门关于利用综合标准依法依规推动落后产能退出的指导意见》(工信部联产业〔2017〕30号)	2017年
4	《工业固体废物资源综合利用评价管理暂行办法》(工信部〔2018〕26号)	2018年

总体来说,目前我国建材工业的发展现状可概括为以下几点。

1)经济发展进入新常态

随着我国经济发展速度逐步放缓,经济发展也进入"新常态"。开发新的需求,向高端发展延伸产业链和向国外发展成为转型升级的新趋势。《国家新型城镇化规划(2014—2020年)》实施后,新农村建设房屋材料和交通设施建设的需求增加,产能合作和走出去步伐加快,为水泥产业的产品、装备、水泥制品以及水泥服务业发展提供了较大的市场空间。

2)技术装备创新提升,行业结构逐步转型升级

"第二代新型干法水泥"技术装备研发攻关以瞄准世界领先水平为目标,完成率已达到70%以上,80%以上的研发项目或部分子项已经进入工程化应用验证阶

段。新型粉磨(无介质粉磨)技术、高能效烧成技术(高效燃烧器、第四代冷却机等)、燃料替代技术、水泥窑氮氧化物减排等关键技术装备,以及高性能保温耐火材料工艺技术装备取得重大突破并得到推广应用;水泥行业大型化生产工艺技术装备的国产化水平进一步提升,为实现超越引领世界水泥工业发展奠定了基础。

3)节能减排取得进展,加快了低碳绿色发展

随着经济发展和生态文明建设的推进,我国对节能降耗、环境保护的要求越来越高,对水泥工业绿色发展提出了更高的要求;行业发展所面临资源、能源和环保约束力日益加强,行业必须实现清洁生产方式,发展循环经济,以废弃物替代资源能源,提高资源综合利用水平,推进水泥行业处置城乡垃圾、废弃物,成为既能生产物质资料,又能成为净化、美化环境的产业。提高资源能源效率、提升技术装备水平并减少低标号水泥比例,提高功能品位向高端发展,向节能减排和绿色低碳发展,成为行业追求的主要目标。

4)国际化步伐加快,"走出去"模式成为新增长点

国际化战略实施,为我国水泥行业广泛参与国际产能合作提供了市场机遇。我国水泥工业在国际上已经形成一定的产业优势。水泥建设工程项目占全球市场份额60%以上,服务总包和投资建设的国外水泥生产线熟料产能超8000万吨。水泥企业在境外收购、投资建厂步伐明显加快,已经在国外建成10000吨熟料生产能力。目前,全球最先进的日产万吨新型干法水泥生产线有31条,其中20条是我国建造。水泥企业和水泥装备制造企业正在形成"产能＋投资＋服务业"的复合型发展道路。

5)海洋工程领域需求,"补短板"向高端方向发展

海洋强国战略已成为我国和平发展战略的重要组成部分,特别是海洋工程的建设,如岛礁建设、港口建设等海洋工程建设,会带动各种特殊环境和领域的特种硫酸盐水泥和特种工程材料的研发和应用,同时,也将带动海上建设、海面运输船舶和海工作业所需的特种水泥材料、高性能新型水泥复合材料和功能材料的开发与使用。

补短板着重要解决水泥产品结构以及开发新的需求,改变用途结构,推动开发满足新需求的低碳绿色新产品。增加适应特种工程特点要求和面向更广领域应用的高端产品、高附加值产品、精品与多功能制品等。短板既是已有的短缺又是未来的短缺,这是行业结构调整的象征,也是行业发展方式转变的重要标志。为此,提升、扩展、开发新需求,既对水泥行业提出了新的挑战,又为行业发展提供了新的空间。

2. 建材(水泥)行业发展存在的问题

国内经济发展进入新常态,水泥市场需求和建材工业发展环境正发生深刻的

变化。环境和业态发展的新变化,为建材工业,尤其是水泥工业的发展带来机遇,但同时又面临严峻的挑战。

1)能源消耗高

水泥是耗能大户。水泥生产能耗包括热耗和电耗两部分。电耗主要用于原料的破碎、均化和粉磨,熟料的煅烧与冷却,水泥的粉磨、包装和发送。热耗则主要用于原燃料的烘干与脱水、碳酸盐原料分解和熟料的烧结。我国水泥工业的能源结构以燃煤为主,煤炭占水泥生产所消耗能源的80%左右。

同一生产工艺过程,随着技术的进步,在不同时期的能耗和电耗也有所差异。尤其是干法悬浮预热预分解工艺,近些年随着整个工艺系统的优化和一些节能技术的使用,其热耗和电耗较20年前有了极为显著的改善。

表1-5为我国水泥工业单位产品能耗与国际先进水平的比较。同国际先进水平相比,我国水泥工业在能耗方面依然存在一定的差距。表1-6为我国水泥行业总能耗及其占全国工业总能耗的比例。

表1-5 我国水泥工业单位产品能耗与国际先进水平的比较

指标名称		我国平均水平	国际先进水平
吨水泥熟料烧成标准煤耗/(千克标准煤/吨)	4000t/d以上规模	104.3—123	<97.3
	2000—4000t/d规模	110.9—132.3	
	1000—2000t/d规模	~133.3	
吨水泥综合能耗/(千克标准煤/吨)		103.8	<100.7

表1-6 水泥行业能源消耗量及占全国工业能耗比例

年份	能源消耗总量/亿吨标准煤	占全国工业能耗比例/%
2009	1.71	7.06
2010	1.95	7.79
2011	2.18	8.42
2012	2.29	8.84
2013	2.51	9.09
2014	2.59	8.63
2015	2.45	8.75
2016	2.50	—
2017	2.42	—
2018	2.29	—

2)工业废物(气、液、固)排放量大

由于国家对建材工业淘汰落后力度的加大和建材工业本身的技术进步,水泥工业的污染物排放量并没有随着水泥产量的大幅度增加而增加,并且 SO_2、粉尘和废水排放量自 2006 年起开始呈逐年下降趋势,尤其是废水排放量,在国家大力推广新型干法生产后,废水排放量迅速减少。但是随着环保管控力度的加大,工业废弃物的减排压力日益增大。

3) 工业 CO_2 排放量大

水泥行业是工业领域中的 CO_2 排放大户,存在两种直接产生 CO_2 的排放源。一种排放来源于水泥生产过程中的碳酸盐分解,属于工艺过程排放;另一种排放则来源于化石燃料的燃烧,属于能源燃烧引起的排放。此外,水泥生产过程还要消耗大量的电力,并由此产生较大数量的 CO_2 间接排放。

(1) 水泥生产工艺过程的 CO_2 排放。

水泥熟料生产工艺过程中的碳酸盐分解是工业生产中最大的非能源 CO_2 排放源。

2005 年,全国水泥熟料产量 7.57 亿吨,碳酸盐分解排放的 CO_2 约 3.86 亿吨;2013 年,全国水泥熟料产量 13.6 亿吨,碳酸盐分解排放的 CO_2 约 6.93 亿吨。2005—2013 年,水泥行业生产工艺过程排放的 CO_2 增长 79.5%,年均增长幅度 9.94%。

(2) 源燃烧引起的 CO_2 排放。

根据水泥行业燃煤消耗情况以及相应的 CO_2 排放因子(标准煤燃烧产生的 CO_2 排放因子为 2.46 吨二氧化碳/吨标准煤),计算结果为:2005 年水泥行业能源燃烧引起的 CO_2 排放 2.61 亿吨;2013 年为 3.88 亿吨。2013 年水泥行业能源燃烧引起的 CO_2 排放比 2005 年增长 48.7%;年均增长幅度 6.09%,远低于同期的水泥产量增长幅度(15.73%)。

(3) 产用电引起的二氧化碳间接排放。

根据水泥行业生产用电消耗情况以及相应的 CO_2 排放因子(0.86 千克二氧化碳/千瓦·时),计算结果为:2005 年水泥行业生产用电引起的 CO_2 间接排放 0.8 亿吨;2013 年为 1.46 亿吨。2013 年水泥行业生产用电引起的 CO_2 间接排放比 2005 年增长 82.3%;年均增长幅度 10.3%,低于同期的水泥产量增长幅度(15.73%)。

(4) 氧化碳排放总量及分析。

2005 年,水泥行业 CO_2 排放合计(以下暂称总排放)7.27 亿吨,平均吨水泥排放 0.703 吨 CO_2。2013 年,水泥行业 CO_2 总排放 12.27 亿吨,其中,工艺排放占总排放的 56.5%,燃烧排放占 31.7%,间接排放占 11.9%。平均吨水泥排放 0.508 吨 CO_2,其中,直接排放 0.448 吨,间接排放 0.06 吨。2005—2013 年,水泥行业 CO_2 总排放增长 68.78%,年均增长幅度 8.6%。2013 年,平均吨水泥 CO_2 排放量比 2005 年下降 27.74%。具体如表 1-7 所示。

表 1-7　水泥行业 CO_2 排放情况　　　　（单位：亿吨）

年份	工艺排放	燃烧排放	间接排放	排放合计
2000	2.17	1.63	0.45	4.25
2005	3.87	2.73	0.98	7.58
2008	5.16	3.64	1.31	10.11
2010	6.82	4.81	1.73	13.36
2012	8.01	5.64	2.03	15.68
2014	9.03	6.36	2.29	17.68
2016	8.73	6.15	2.21	17.09
2018	8.00	5.64	2.03	15.67

4) 建材工业与其他行业及社会的生态链接问题

建材工业是目前国内消耗各种废弃物最多的行业,其中以水泥工业最具独特的利废优势,最为典型且消耗量最大。根据水泥生产的特点,通过将工业废渣磨细后作为混合材直接掺加在熟料粉中配制成水泥,或作为掺和料大掺量替代水泥配制成高性能混凝土,可实现其他工业固体废弃物(矿渣、转炉钢渣、粉煤灰、磷渣、赤泥和电石渣等)的综合利用,成为建材工业综合利废、保护资源、节能降耗、变废为利的一条有效途径。预计 2020 年后,建材工业将与社会(社区)及其他工业构建起多种生态链接。

(1) 建材工业与社会:生活垃圾和城市污泥成为水泥生产的替代燃料,废弃建筑混凝土和废弃砖石可以作为再生骨料,用于生产相应强度等级的混凝土、砂浆或制备诸如砌块、墙板、地砖等建材制品。

(2) 建材工业与冶金:突破利用钢渣、赤泥、金属尾矿等作为水泥生产的替代原料技术。

(3) 建材工业与电力:突破利用沸腾炉渣作为水泥生产替代原料的技术,同时,北方地区的粉煤灰作为建筑陶瓷生产原料使用,可有效解决南方陶瓷生产基地原材料日渐短缺的问题。

(4) 建材工业与石化:石化生产排放的润滑油、污泥等成为水泥生产的替代燃料。

(5) 建材工业与化工:煤化工排放的煤矸石成为生产建筑陶瓷的替代原料;同时探索捕集水泥生产过程中排放的 CO_2 作为化工生产原料的技术。

(6) 建材工业与轻工:石蜡、废轮胎成为水泥生产的替代燃料。

总体而言,我国水泥企业在使用工业固体废弃物替代水泥熟料方面呈良好的发展趋势。

3. 建材(水泥)行业发展态势分析

国内水泥工业经过最近十余年的高速发展,在装备发展领域取得了丰硕的成果,能耗和污染物排放量大幅度降低。但是,一方面水泥工业技术升级仍然存在较大空间,另一方面庞大的基数决定了水泥工业能耗和污染物排放总量仍然巨大。总结起来,目前我国针对水泥工业发展的政策引导、调控目标在于六个方面。

(1)通过淘汰落后产能、严格限制新增产能来抑制产能过剩,实现水泥产能的总量控制。由于我国水泥工业已经出现严重产能过剩,国家相关产业政策要求全国和各区域总的生产能力必须限制在合理范围,使之与全国和各区域的市场需求量及经济发展保持一致。

(2)实现产业结构调整、优化与生产升级,提高产业集中度。由于我国水泥产业发展不平衡,产业集中度低,水泥企业数量过多,产业结构调整的首要目标是减少行业企业数量,提高产业集中度。具体措施包括通过提高行业准入条件,淘汰生产规模小、生产技术落后、能源消耗高、环境污染严重、原料资源浪费大、生产效率低、产品质量低的落后产能,推广新型干法水泥生产技术,鼓励、支持行业内的兼并重组,培育大型水泥企业集团,以实现产业结构升级。按照产业布局,2020 年前后淘汰日产 2000 吨熟料生产线,2021 年前后淘汰日产 2500 吨生产线及日产 1000 吨以下特种水泥生产线。

(3)实现水泥工业的生态发展。长期以来,我国建材工业对环境的污染比较严重,相关政策针对这一问题专门出台了具体规定和措施,如淘汰污染高的水泥企业,对新建水泥项目要求安装在线排放监控装置和高效污染治理设备,未经环保部门评价验收不得投产等。例如,目前水泥工业污染物治理的核心在于氮氧化物治理。从氮氧化物生成机理而言,窑内温度过高是重要原因,若能通过智能化手段将窑炉温度稳定控制,将可以从源头大幅度降低氮氧化物的生成,对于水泥厂实现超低排放甚至近零排放具有重要意义。另外,在氨回收方面,智能技术的应用也可以大幅度减少水泥厂氨水的用量。

(4)实现水泥工业的资源节约和能源节约式发展,推广循环经济。一直以来,我国建材工业总体上对石灰石、黏土、煤炭、电力等资源和能源的消耗较高。现有产业政策开始有意识向发达国家水平看齐,要求企业采用新型干法水泥生产技术,对资源消耗和能源消耗指标的要求更严格,鼓励对现有水泥生产线进行低温余热发电、粉磨系统节能、变频调速等节能减排的技改投资项目。在能耗方面智能制造带来的帮助同样大,除了整个生产线流程的优化升级以外,更稳定的生产工况,更集约化的智能管理模式将真正地实现水泥生产能耗的最大幅度降低。以专家控制系统为例,其可以根据生产线烧成系统运行情况,依据大数据对用煤量、风量等参数进行实时调整,使降低水泥能耗不再是难题。

(5)推动 CO_2 捕集与资源化利用技术,实现水泥工业绿色发展。CO_2 捕集、利用与封存技术是一项新兴的、具有大规模削减 CO_2 排放潜力的技术,有望实现化石能源的低碳利用,被广泛认为是应对全球气候变化、控制温室气体排放的重要技术之一。当前,制约该技术商业化应用的主要因素是能耗和成本较高。该技术主要瓶颈是系统复杂,富氢燃气发电等关键技术还未成熟,而新型规模制氧技术和系统集成技术是降低能耗的关键,也是现阶段该技术发展的瓶颈。CO_2 利用涉及石油开采、煤层气开采、化工和生物利用等工程技术领域。在利用 CO_2 开采石油方面,国外已有 60 年以上的研究与商业应用经验,技术接近成熟。我国利用 CO_2 开采石油技术尚处于工业扩大试验阶段。在利用 CO_2 开采煤层气方面,国外已开展多个现场试验,而适合我国低渗透软煤层的成井、增注及过程监控技术是研究重点。在 CO_2 化工和生物利用方面,日本、美国等在 CO_2 制备高分子材料等方面已有产业化应用。我国在 CO_2 合成能源化学品、共聚塑料、碳酸酯等方面已进入工业示范阶段。规模化、低成本转化利用是 CO_2 化工和生物利用技术的研究重点。在 CO_2 矿化固定方面,欧盟、美国等正在研发利用含镁天然矿石矿化固定 CO_2 技术,处于工业示范阶段。我国 CO_2 捕集及资源化利用技术链各环节都已具备一定的研发基础,但各环节技术发展不平衡,距离规模化、全流程示范应用仍存在较大差距。

(6)提高劳动生产率、产品质量和竞争能力,实现水泥工业的高质量发展。提高水泥工业智能制造水平,提高产品质量、实现精益生产、生产透明化和提高生产执行能力。

1.2　我国原材料工业存在的问题与面临的新形势

1.2.1　宏观产业层面存在的问题

原材料工业是国民经济的基础和支柱产业,其发展水平直接影响着制造业发展的质量和效益。在当前错综复杂的国内外经济形势下,原材料工业存在的主要问题如下。

(1)产能过剩突出,落后产能占相当大的比例。2018 年,全国焦炭产量约 43820 万吨,占全球焦炭总产量的 68.6% 左右,钢材累计产量 101292 万吨,占全球总产量 51.3%。总体上,钢铁和焦炭产能等过剩矛盾突出,落后产能仍占有相当大的比例。资源要素消耗大,环境污染较重,产能淘汰任务依然艰巨,不仅给节能减排、改善生态环境质量带来巨大的压力,而且影响经济发展的质量和效益。

(2)全行业的产业布局不合理,矛盾突出。虽然近年来国家实施的五年计划有了一些布局的调整,但是随着新兴市场和中西部区域发展,原料和市场也发生了变化,几个大工业的布局仍然存在问题,以我国的中小型钢铁、煤炭企业为例,厂址布点不合理,各种布局类型都存在。在地区分布上属于高度分散的状态,工厂远离原料、燃料产地或成品消费中心,使运费大增,生产成本高,企业亏损严重。

(3)原材料工业质量有待提升。除了落后产能问题,原材料工业还饱受低端产品过剩、高端产品供给不足问题困扰,低端产品仍占一定比例,产品质量参差不齐,导致产品同质化竞争严重。以钢铁产品为例,通过产品实物质量达到国际同类产品水平认定的钢材产品比例只有40%左右;量大面广的通用钢材产品质量和性能波动较大,稳定性差距突出;部分高性能钢铁品种质量的批量稳定性不能满足下游厂商需求。

(4)原材料行业给资源以及生态环境带来了巨大压力。钢铁、有色、化工、建材等原材料工业能源消费量大,污染严重仍是突出问题。大部分的工业企业仍然是"高耗能、高污染、资源性"的行业。原材料工业生产过程中工业固体废弃物排放量大,给资源能源以及生态环境带来了较大压力。近年来,钢铁、有色、化工、建材等原材料工业对环境破坏较重,特别是带来了日益严重的雾霾污染,原材料工业成为政府重点监控对象。

近年来我国信息技术产业崛起,企业发展智能制造的积极性不断提升,智能制造业发展有了较大进步,制造过程智能化的发展面临重要战略机遇期,也面临的众多挑战,当前国内外形势日趋错综复杂,使得我国智能制造发展的短板和瓶颈不断凸显。

1. 自主创新能力不足,核心技术发展滞后

智能制造产业发展的关键在于是否具有技术优势。我国推动制造过程智能化发展方面更加侧重于技术引进,芯片制造、高端装备等关键核心技术和基础研究能力相对不足,缺乏原始的自主创新。据统计,我国对于关键技术及基础研究的研发投入由2011年的411.8亿元增加到2018年的1118亿元,研发投入年增长率大约为15%,虽然在逐年增加研发投入,与经济合作与发展组织(Organization for Economic Co-operation and Development,OECD)成员国普遍维持在20%的水平相比仍具有很大差距。制造过程智能化研发投入不足,长期靠引进技术等发展思路,导致我国在原始制造过程智能化创新能力不足,关键智能装备及高端智能制造系统等受制于人。

关键核心技术及装备对外依存度高,核心技术发展滞后,竞争力不强。我国智能制造装备和应用系统创新能力较弱,智能制造核心技术依赖国外,芯片、高端数控机床、中高端机器人、核心工业软件绝大部分依赖进口,造成智能制造成本高、产品竞争力低的困境。如我国半导体自给率虽然从2010年的4.5%提升至2017年的11.2%,但是半导体核心芯片仍然受制于人,严重依赖进口。计算机系统中的

服务器、通用电子系统中的数字信号处理设备与可编辑逻辑设备、半导体存储器和显示及视频系统国内企业市场占有率几乎是零,能够实现国产替代的多数集中在电源、半导体分立器件、集成电路封装等中低端产品。在智能制造核心应用软件方面,SAP 和 IBM 等国外企业的产品占据了我国核心工业软件的设计、试验验证、生产流程信息化管理等重要环节。

2. 制造业智能化转型升级成本难以消化

首先,制造过程智能化在本质上是通过智能制造技术改变现有的生产方式及经营模式,在进行智能化转型升级的过程中,不管是使用智能制造技术还是更换智能制造设备,必然会产生技术学习或更换机器设备等成本问题,成本过高会降低企业智能化改造的积极性,给制造业企业智能化转型升级带来较多的阻力。

其次,我国制造业长期体现出低成本优势,特别是传统的制造行业大多集中生产工业附加值低的产品。长期的低成本策略使得制造业企业的组织形式、人员结构、盈利能力及资金能力等与新型智能制造在短期内发展不相符。通过技术引进等方式进行制造业智能化转型,将面临技术匹配问题,如大型技术供应商所提供的技术服务方案成本高,小型技术供应商难以提供高匹配度的技术服务方案,同时,还存在寻找技术源困难等问题。

3. 智能制造相关人才供给结构不平衡

我国智能制造业人才结构性过剩和短缺矛盾突出,专业人才和领军人物不足。随着智能制造的快速发展,传统岗位需求减少,造成传统岗位人员过剩;而数字化建模、高精密测量、智能化等新型智能制造人才相对缺乏,难以满足智能制造的发展需要。我国高等教育专业划分过细,职业培训发展滞后,造成复合型人才稀缺,导致我国智能制造重要领域存在严重的人才缺口。

4. 缺少商业化产业基金和专业孵化器支持,产品商业化能力弱

近年来,部分欧美国家对我国以国家产业基金扶持产业的发展模式与海外并购的限制增加,导致企业持续性经营存在较大的不确定性。另外,由于缺乏商业化、市场化产业基金和专业孵化器的支持,产品商业化转化能力不强。制造过程智能化属于资本高密集型行业,项目实施周期长。在我国去杠杆的背景下,中小企业和民营企业普遍存在融资难融资贵的困境,在融资租赁担保、商业化产业基金发展滞后的背景下,制造企业单纯依靠自有资金进行制造过程智能化升级难度大、时间长、见效慢。由于需要高投入、高试错成本,且对供应链有较高要求,智能制造对于产品从技术到商业化要求需要有专业孵化器的需求。而我国绝大部分专业孵化器与市场、企业联系不够紧密,难以发挥资源协调能力,运营效率不高。

5. 制造过程智能化配套服务业发展滞后

制造过程智能化的实质是制造业与其他高新技术产业、现代生产性服务业的高度融合,从初始的工艺和产品研发,到智能生产与智能物流,都离不开现代生产性服务业的重要支撑。美国、日本、德国等发达国家的生产性服务业占 GDP 的40%—50%,而我国生产性服务业发展相对比较滞后,仅占 GDP 的 15% 左右。如果从地域分布来看,东部沿海发达地区智能制造配套服务业比重较高,中西部等内陆省份偏低。劳动密集型基础部门生产性服务业与智能制造互动效率较高,而技术密集型与知识密集型部门间互动效率偏低。

1.2.2　高质量发展面临的新形势

党的十八大以来,党中央统筹推进"五位一体"总体布局、协调推进"四个全面"战略布局,作出了经济发展进入新常态的重大判断,提出引领未来发展的新理念。强调要持续推进供给侧结构性改革,明确了深入推进"三去一降一补",着力振兴实体经济等重点工作。在当前高质量发展新形势下,原材料工业正处于发展阶段转变以及新旧动能转换的关键时期,面临的内外环境依然严峻。

1. 产能过剩和需求不足共存,市场供求矛盾突出

2018 年,原材料工业通过严控新增、淘汰落后、扩大需求等措施,提高了产能利用率。但产能从总体水平来看,仍处于高位。如 2018 年,我国生铁、粗钢、钢材和电解铝累计产量分别为 7.71 亿吨、9.28 亿吨、11.06 亿吨和 3650 万吨,原材料产量居高不下而价格持续低迷、经营压力加大,原材料行业面临亏损境地。2015年,我国开始实施新的环保法和排放标准,相当一部分钢铁和水泥企业不能满足要求标准,国内原材料产能过剩和需求不足共存,市场供求矛盾突出将长期存在,倒逼钢铁、石化、有色、建材等行业加快转型调整。

2. 环境和安全约束增强,市场竞争环境亟待规范

2017 年,我国实施新的环保法和排放标准,相当一部分钢铁和水泥企业不能满足要求,钢铁企业达标排放吨钢环保投资需增加 13%。尤其是京津冀、长三角等特别排放限值地区,企业环保监管将更加严格。原材料工业企业投入大、资金占用多,普遍面临融资难、融资慢、融资贵的问题,以及市场竞争等问题。一些地方还存在执法不严、企业不运行环保设施、生产销售伪劣产品等情况。

3. 部分关键材料保障能力不足

原材料工业带来的关键材料保障能力不足是制约当前战略性新兴产业的突出

问题。随着我国社会经济的发展,国防科学等行业对高端金属结构材料、特种功能材料的需求日益增强,国内一些省份如湖南、江苏、广东等相继出台了专项资金,鼓励企业研发投入,但是,这种短期投入并不能解决当下问题,国内新材料产业还有较大差距,大量关键材料依赖进口局面没有根本改变。如 8 代、8.5 代液晶面板生产线已顺利投产,但偏光片、超薄玻璃基板、液晶材料等关键材料自给率均不超过10%;海洋勘探和采油平台等需要的高强特厚钢板基本依赖国外。

1.3　我国原材料工业智能优化制造的战略思想和目标

1.3.1　智能优化制造的战略思想

智能优化制造基于互联网和信息物理系统(cyber physical system,CPS),实现生产营销和管理模式的变革,重塑产业链、供应链和价值链,实现智能化、绿色化、高端化生产和服务。智能优化制造的发展历经三个基本范式:数字化制造、数字化网络化制造、数字化网络化智能化制造[17]。新一代人工智能技术高速发展,智能优化制造必将与其深度融合,贯穿于生产、管理、营销全流程及全生命周期[17,18]。

智能优化制造给制造业带来一种崭新的理念与模式,原材料工业中以高效化、绿色化和智能化为主题的智能制造,就是要在工程技术层面实现"四化",即数字化、智能化、网络化和自动化;同时,在企业生产制造运行层面实现"四化",即敏捷化、高效化、绿色化和安全化。在"智能+"时代,工业智能优化制造的思想目标是在已有的物理制造系统基础上,充分融合人的知识,大数据、云计算、物联网、人工智能、网络(移动)通信和人机交互的知识型工作自动化,以及虚拟制造等现代信息技术。从生产、管理及营销全过程优化出发,推进以高效化、绿色化和智能化为目标的原材料工业智能优化制造,不仅要实现制造过程的装备智能化,而且也要实现制造流程、操作方式、管理模式的自适应智能优化,要求制造企业具备良好的信息化基础,同时实现企业内部的信息集成和过程集成,最终实现企业经济效益和社会效益最大化。

原材料工业智能优化制造应用是一个长期阶段性的渐进过程,不是一蹴而就的项目工程,未来智能优化制造以物联网、云计算、人工智能、大数据等技术的综合集成,制造智能管理引擎、可视化与用户界面等都是智能制造发展必须攻克的难题;需要政府、产业界、学术界等多方面的联合和共同努力,以推动原材料工业的智能优化制造为主攻方向,以满足经济社会发展和国防建设的需求为目的。

1.3.2　智能优化制造的战略目标

近年来,我国原材料工业在工艺装备、运行技术与管理决策层面都取得了长足的进步,但在全流程和全生命周期数据感知、知识驱动的制造过程决策自动化、制造过程多尺度多目标智能自主调控、全生命周期安全环境足迹监控与风险溯源分析等方面还存在很多亟待解决的难题。其中,资源紧缺、能源消耗大、环境污染问题突出已成为制约我国原材料工业发展的瓶颈。为解决资源、能源与环保的问题,我国原材料工业制造过程必须从局部、粗放的生产与管理模式向全流程、精细化的生产与管理模式变革,高效化、绿色化和智能化是我国原材料工业智能优化制造的终极目标。

目前,我国原材料工业正处于新旧动能迭代更替的关键时期:面临传统领域产能过剩和新的增长点尚未形成支撑的困境,制造业下行压力不断加大,产业转型升级步伐缓慢。因此,我国必须紧密结合"推进制造业高质量发展"和"新一代人工智能"国家战略,以推进传统制造业转型发展为主攻方向,利用现代信息技术和人工智能技术,从生产、管理以及营销全流程、全生命周期优化出发,推进以高端化、绿色化和智能化为目标的智能优化制造,这对推动我国原材料工业产业升级和技术进步,并推动自动化、人工智能、工业软件、网络等新兴技术产业的快速发展,具有重要的现实意义。

以高效化、绿色化和智能化为目标的智能优化制造,就是要在工程技术层面实现"四化"。

(1)数字化。结合过程机理,采用大数据技术建立原材料工业企业的数字化工厂,实现虚拟制造。

(2)智能化。充分挖掘机理知识和专家知识,采用基于知识型工作自动化技术来实现企业的智能生产和智慧决策。

(3)网络化。依托物联网和(移动)互联网技术,发展基于 CPS 的智能装备,实现分布式网络化制造。

(4)自动化。采用现代控制技术,实现自动感知信息,主动响应需求变化,进行自主控制。

同时,在企业生产制造运行层面也要实现"四化"。

(1)敏捷化。对市场变化作出快速反应,实现资源动态配置和企业的柔性生产。

(2)高效化。实现企业生产、管理和营销的全过程优化运行,实时动态优化生产模式。

(3)绿色化。对工业生产的环境足迹和危化品实现全生命周期的监控,实现能源的综合利用和污染物的近零排放。

(4)安全化。保证生产流程的本质安全和企业信息安全,实现生产制造过程的安全运行。

在"推进制造业高质量发展"和"新一代人工智能"等国家战略的指导下,在"智能+"时代,原材料工业智能优化制造愿景如图1-2所示。在已有的物理制造系统基础上,充分融合人的知识,以及大数据、云计算、物联网、人工智能、网络(移动)通信和人机交互的知识型工作自动化和虚拟制造等现代信息技术,从生产、管理、营销三个维度的全过程优化出发,实现制造流程、操作方式、管理模式的自适应智能优化,实现企业经济效益和社会效益的最大化。

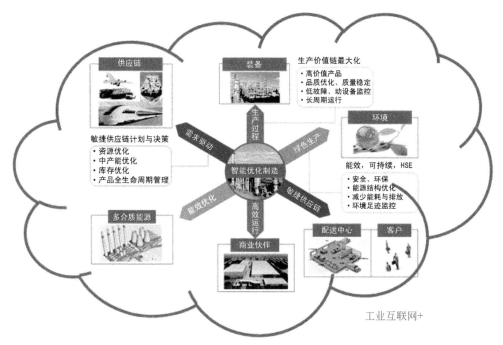

图1-2 原材料工业智能优化制造愿景

2015年,我国政府明确提出以"创新驱动、质量为先、绿色发展、结构优化、人才为本"为基本方针,立足现实,力争通过"三步走"实现制造强国的战略目标。为了实现上述原材料工业智能优化制造的愿景,以下分别阐述2025年、2035年的原材料工业智能优化制造发展水平。

1. 2025年

到2025年,我国将进一步巩固原材料制造业大国地位,石化、钢铁、有色、建材等行业信息化水平大幅提升,数字化、网络化、智能化取得明显进展,尤其在全流程信息智能感知与集成、生产过程计划与管理决策、全流程协同控制与优化、全生命周期安环足迹监控与风险控制等领域掌握一批重点领域关键基础理论、方法、关键技术与系统,企业生产、管理、经营能力显著提升。原材料工业生产企业工业增加值能耗、物耗以及污染物排放明显下降,达到世界先进水平。

2. 2035 年

到 2035 年,新一代智能优化制造技术将在全国原材料工业生产企业实现大规模推广应用,形成一批具有自主知识产权的软件和系统,突破原材料工业智能优化制造领域"卡脖子"关键技术。在石化、钢铁、有色、建材等行业建立一批原材料工业智能车间和智能工厂,完成从局部、粗放的生产与管理模式向全流程、精细化的生产与管理模式变革,实现我国原材料工业的转型升级,原材料工业总体达到世界先进水平,部分领域处于世界领先水平。

1.4　我国原材料工业智能优化制造亟待突破的重点领域与方向

针对原材料工业智能优化制造存在的难点和问题,以需求驱动、应用导向为主导,从信息感知、生产运行、能效安环和经营决策等四个层面,亟须突破四个重点领域与方向。

(1)在以信息流为主的信息感知层面。物料属性和加工过程部分特殊参量无法快速获取,大数据、物联网和云计算等技术在物流和产品流通轨迹监控、生产和管理优化中的应用不够,亟须工业物联网扩充信息资源以深度认识复杂的工业过程。

(2)在以物质流为主的生产运行层面。资源和废弃资源缺乏综合利用,运行过程依靠知识工作者凭经验和知识进行操作,精细化优化控制水平不高,面向高端制造的工艺流程构效分析与认知能力不足,缺乏虚拟制造技术。

(3)在以能量流为主的能效安环层面。多介质能源综合利用技术有待发展,能源管理与生产运行缺乏协同,单位产量能效水平亟须提高。高危化学品、废水、废气、废固的全生命周期足迹缺乏监管和溯源,危化品缺乏信息化集成的流通轨迹监控与风险防范。

(4)在以资金流(商流)为主的经营决策层面。供应链采购与装置运行特性没有紧密关联、产业链分布与市场需求存在不匹配,知识型工作自动化水平低,缺乏快速和主动响应市场变化的商业决策机制。

围绕上述重点领域与方向,我国原材料工业智能优化制造存在以下四个重点工程科学问题。

(1)生产与经营全过程信息智能感知与协同计算。

原材料工业生产过程优化调控和经营管理优化决策需要大量的实时信息,重点是如何实现从原料供应、生产运行到产品销售全过程与全生命周期的资源属性和特殊参量的快速获取、信息集成与协同计算。原材料与产品属性的快速检测、物流流通轨迹的监测以及部分关键过程参量的在线检测与处理是实现原材料工业智能优化制造的前提和基础。

（2）知识驱动的制造过程决策自动化。

该工程科学问题的核心是如何深度融合市场和装置运行特性知识进行管理模式的变革。企业生产计划的不确定因素众多，原料采购价格和市场需求多变，给企业生产运行和经营管理的决策带来难题。同时目前企业的原料采购与装置运行特性关联度不高，产品生产与市场需求脱节。以大数据、人工智能、物联网、知识型工作自动化等为代表的现代信息技术为制造过程决策自动化带来了契机。

（3）制造过程多尺度多目标智能自主调控。

原材料工业制造过程通常采用由经济优化层、计划调度层、先进控制层、基础控制层等不同功能层组成的分层递阶结构。虽然解决了部分产销、管控衔接等关键技术难题，但现有分层模式进行操作优化的前提是"稳态假设"，因此如何根据实际过程的动态实时运行情况，从全局出发协调系统各部分的操作，成为生产过程智能自主调控的核心。解决该问题，需要将物质转化机理与装置运行信息进行深度融合，建立过程价值链的表征关系，实现生产过程多尺度多目标智能自主调控。

（4）全生命周期安全环境足迹监控与风险溯源分析。

原材料工业产生大量化学污染物，以废水、废气、废渣甚至危化品等形式排放到环境中。然而，目前我国在危化品监管方面的措施落实不到位，导致危化品事故频发，其核心就是缺乏生产制造全生命周期安全环境足迹监控与风险控制的手段。鉴于此，如何通过传感、检测、控制以及溯源分析等新方法和新技术，突破原材料工业安全环境足迹监控与溯源分析及控制的基础理论和关键技术，是实现智能制造、绿色制造、高端制造的迫切需求。

第 2 章　智能优化制造基础支撑技术的发展战略

原材料工业企业信息化和网络化支撑系统按照 ISA-95 标准的分层结构构建，包括工业控制系统和企业管理系统。其中，工业控制系统由工业控制网络和控制器构成，主要支撑运行优化、过程控制和安全监控等；企业管理系统主要由计算机、数据库、服务器、商用以太网构成，并与外网相连，主要支撑生产计划、调度，经营决策、维修等业务。

随着新一代信息通信技术发展，信息处理和网络连接能力不断增强；同时，原材料工业企业开展智能优化制造，对网络互联、信息集成和智能计算需求也日益迫切。因此，充分利用新一代信息与通信技术，打通工业控制系统和企业管理系统之间过多的层次，构建信息物理一体化的开放、扁平、对等的新一代原材料工业企业信息网络系统成为可能。特别是工业互联网及其云平台，充分借鉴其开放、扁平、共享的架构特征，是未来原材料工业企业生产管理与控制系统发展的重要趋势。

为此，本部分以工业互联网为主，综合介绍工业云平台、工业互联网、新一代信息化系统等相关发展趋势，研究其目标与愿景规划、发展思路与重点任务、需突破的基础理论方法和关键技术及系统、发展策略与路线图等。

2.1　需求分析

原材料工业是典型的传统产业：传统要素比重多，转型升级任务重；产业链长、业务面广，产业链上下游协同难度大；能耗物耗高、安全环保压力大。正因为如此，国家历来重视原材料行业网络化、信息化升级改造，原材料行业一直是我国两化融合的关键领域。

实施工业互联网战略以来，我国原材料工业企业信息化建设迈上了新台阶。随着国家和地方层面产业、科技政策不断出台，原材料企业参与热度持续高涨，一批体现原材料行业特点的试点示范项目和解决方案逐渐形成，有效地探索了工业互联网技术体系和新模式。在 2019 工业互联网峰会上，时任工信部部长苗圩表示，我国工业互联网发展已从概念普及步入实践生根阶段。其中，石油石化、钢铁冶金等典型原材料行业位居前两位。

但是也要看到，相比离散制造，原材料行业数字化、信息化水平仍旧不高，内部各具体行业发展水平参差不齐。作为传统行业，原材料企业更熟悉材料、工艺、生产等传统领域，对于技术趋势变化快，新名词和新概念层出不穷的新一代信息通信技术的理解、认识和掌握不足。在企业中,交叉融合技术、复合型人才、可复制推广的解决方案等缺失严重。部分企业在工业互联网这一从未涉足的全新领域,遇到了"盲目建设""走弯路""投入产出不明""信心不足"等难题。整体而言,工业互联网对原材料行业的巨大推动作用还未充分发挥,推进工业互联网与原材料行业深度融合,还有很长的路要走。

为此,本部分首先从原材料行业自身特点出发,分析原材料行业开展信息化、网络化建设的必要性和迫切性;其次介绍原材料行业开展工业互联网建设的现状;最后总结原材料行业智能化发展需求。

2.1.1　原材料行业信息化和网络化发展的必要性和迫切性

作为典型传统行业,原材料行业产业结构中劳动力、投资、资源等传统要素的占比极高。然而,随着我国经济进入新常态,制造业发展速度放缓,原材料行业的传统优势不再,发展进入瓶颈期,单纯依靠劳动力、资源环境等传统要素投入,已经难以维持原材料行业继续发展。迫切需要通过网络化、信息化、智能化寻找新出路,推动产业与信息通信技术深度融合,为原材料行业高质量发展提供新动力。

第一,原材料行业是典型的依靠人力资源发展的行业。原材料生产过程复杂,生产现场大量岗位不得不依靠人工作业;我国幅员广阔,行业原料类型多、品质繁杂,生产工况波动严重,高度依赖人的知识经验干预和参与,即企业经营决策、管理、生产控制等过程需要人工经验和知识干预才能顺利进行。然而,我国人口结构已发生根本性转变,原本依靠人口红利进行规模扩张的粗放发展模式难以为继。随着老龄化进程的加剧,用工成本不断上升,人口红利正在逐渐消失。一方面,原材料企业岗位大多条件艰苦,对劳动力的吸引力明显低于离散制造业;另一方面,劳动力成本却在不断上升。因此,从长远来看,在人力资源成本不断提高的背景下,企业依靠信息化、自动化技术,提升生产效率意义重大。

第二,原材料行业是典型的产业链长、业务面广的行业,产业链协同难度大。我国原材料产业结构性过剩一直是行业发展的老大难问题,其根本原因在于产业链上下游企业发展缺乏协同。以钢铁冶金行业为例,自 2014 年起,我国钢铁行业出现了产业链协同不畅、产能严重过剩的问题:下游高端产品需求迫切、但上游企业供给严重不足;上游低端产品产能过剩、严重积压,下游企业却无法有效消纳。这些问题导致钢价一路走低、企业损失严重。自 2016 年开始,我国高度重视钢铁产能过剩问题,出台政策积极消纳过剩产能,累计消纳过剩产能超过 1.2 亿吨,钢铁行业形势得以明显改观。可以看出,我国原材料行业目前主要依靠外部强政策手段实现上下游协同,产业自身协同调节能力严重不足。原材料行业真正实现产业链协同,必须依靠网络化、信息化手段支撑企业智能决策,推动全行业的生产、管理和营销模式从粗放式向敏捷化、精益化、高效化、协同化转变。

第三,原材料行业也面临巨大的能耗、物耗、安全和环保压力。我国原材料行业是资源、能源消耗大户,且安全事故居高不下。依靠网络化、信息化手段对生产全流程进行监测、感知,实现能源、物质的精细管控,是原材料行业实现绿色节能降耗运行的重要手段。

正因为如此,我国历来重视传统行业的两化融合发展,坚持以信息化带动工业化、以工业化促进信息化,走新型工业化道路。两化融合成为进入 21 世纪头一个十年我国新型工业建设的核心主题,特别是作为典型传统产业的原材料行业,长期以来一直是两化融合发展的重中之重。

经过十余年的两化融合建设,原材料工业企业基本上形成了以生产计划、生产调度、运行优化和过程控制等为核心的业务集合。长期以来,以计算和网络技术为代表的信息通信技术不断发展,逐渐推动实现上述业务的基础载体——生产管理与控制系统的发展。根据企业系统与控制系统集成国际标准 ISA-95 模型(图 2-1),典型的生产管理与控制系统,通过多类型、多层级的互联网络,将 ERP、制造执行系统(manufacturing execution system, MES)、数据采集与监视控制系统(supervisory control and data acquation, SCADA)和可编程逻辑控制器(programmable logic controller, PLC)等为代表的各类计算机系统互联,全面覆盖了通常是长流程、多环节的原材料工业企业。

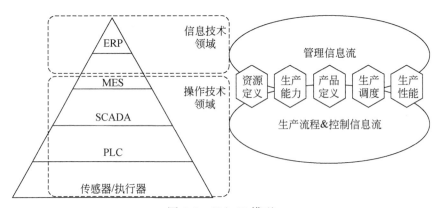

图 2-1　ISA-95 模型

在两化融合战略的推动下,我国原材料工业企业基本普及了生产管理与控制系统。但是也应看到,我国原材料企业行业分布较广、发展不均衡,系统建设水平也参差不齐。某些发展水平较高的原材料企业,如宝钢集团、中国石化等,已经开始探索基于工业互联网的下一代企业生产管理与控制系统,如建立全新的扁平化、服务化生产管控架构,探索管理与控制实时闭环优化。但是,某些企业业务范围覆盖较大,部分领域工艺水平较低,网络化、信息化系统部署成本偏高,部分自动化水平尚待提升,网络覆盖范围不足,企业级平台业务支撑能力、数据处理能力与先进企业相比较差距明显。

2.1.2　我国原材料领域工业互联网发展现状

进入 21 世纪第二个十年,随着互联网、云计算、大数据的发展,新一代信息通信技术与工业融合程度进一步加深。美国通用电气公司于 2012 年首先提出了工业互联网的概念,并迅速得到美国及全球的响应。

我国也及时跟踪这一技术发展新趋势,学术界、行业组织、产业界通过前期实践探索,逐渐意识到工业互联网的重要作用,自下而上不断推动我国工业互联网发展,最终使工业互联网建设上升为国家战略。

2017 年 11 月,国务院印发《国务院关于深化"互联网+先进制造业"发展工业互联网的指导意见》,明确了我国工业与互联网融合的长期发展思路,成为我国工业互联网建设的行动纲领。进入 2018 年后,国家层面又出台数项与工业互联网高度相关的产业政策。工信部相继发布了《工业互联网 APP 培育工程实施方案(2018—2020 年)》《工业互联网发展行动计划(2018—2020 年)》《工业互联网专项工作组 2018 年工作计划》及《2018 年工业互联网创新发展工程拟支持项目》;同时在国家制造强国建设领导小组下正式设立工业互联网专项工作组,统筹协调工业互联网发展的全局工作,表明国家对于工业互联网的重视程度明显提升。

工信部也在具体工作方面加大工业互联网建设步伐。首先是设立工业互联网专项,2018 年 6 月,工信部公布了工业互联网创新发展工程,拟支持的 93 个项目,项目配套研发经费,围绕 11 大任务方向,对工业互联网核心技术攻关进行支持;2018 年 11 月,工信部发布 2018 年 72 个工业互联网试点示范项目名单,包括网络化改造集成创新应用试点示范项目 17 项、标识解析集成创新应用试点示范项目 7 项、平台集成创新应用试点示范项目 40 项、安全集成创新应用试点示范项目 8 项;2019 年 2 月,工信部公示了 2018 年 89 个工业互联网 APP 优秀解决方案名单。

与此同时,地方政策快速跟进。在国家层面的政策助推下,多个省市相继出台了一系列政策措施,以推动工业互联网落地,预计后续还将有更多地方加入到支持工业互联网发展的行动中。2017 年以来,上海、广东、江苏、山东、湖南、湖北、贵州、内蒙古等地纷纷出台了各自的工业互联网及"企业上云"的实施方案或行动计划。整体来看,在国家部委的推动下,地方响应的积极性普遍较高,各省市根据自身制造业和信息产业发展情况,制定了相应工业互联网推广计划、企业上云补贴政策、标杆示范企业奖励政策一系列行政举措。

在国家、部委、地方政策和具体专项行动推动下,原材料工业企业也积极行动,投入工业互联网建设,并涌现出一批重点项目、试点示范和典型行业解决方案。在 2018 年 93 个工业互联网创新发展工程项目中,原材料行业占 8 个(表 2-1),其中钢铁行业 3 个、石油石化行业 2 个、工控和安全等共性技术行业 3 个。由于此次是工信部首次公布工业互联网相关项目,且配套经费支持关键技术攻关与新模式示范,能够入选该名单,标志着这些原材料企业在工业互联网关键技术前期积累方面,走在了同类企业的前列。

表 2-1　入选 2018 年工业互联网创新发展工程项目的原材料行业

序号	项目名称	所在单位
1	流程行业(钢铁)工业互联网平台试验测试	北京东方国信科技股份有限公司(简称"东方国信")
2	石油和化工工业互联网平台(ProMACE)试验测试	石化盈科信息技术有限责任公司(简称"石化盈科")
3	钢铁行业工业互联网平台试验测试	上海宝信软件股份有限公司
4	流程行业(石油化工)工业互联网平台试验测试	北京中油瑞飞信息技术有限责任公司
5	面向流程行业的控制机理模型和微服务工业互联网平台测试床	北京和利时系统工程有限公司
6	典型行业工业网企业级集中化安全监测平台建设	上海工业自动化仪表研究院有限公司
7	昆钢工业互联网企业级集中化安全监测平台建设	昆明钢铁控股有限公司
8	工业控制系统内建安全核心技术能力提升及应用	浙江中控技术股份有限公司

2018 年工信部公布的 72 个工业互联网试点示范项目中,原材料行业占 9 家(表 2-2),包括石油化工行业 3 家、钢铁冶金行业 3 家、有色金属行业 1 家、水泥矿山行业 2 家。入选这一系列,标志着项目通过前期的试点先行、示范引领,已经具备了可推广可复制的经验,对推进工业互联网发展起到了重要作用。

表 2-2　原材料行业入选 2018 年工业互联网试点示范项目

序号	项目名称	所在单位
1	电解铝智能制造技术开发应用及智慧工厂建设项目	云南云铝润鑫铝业有限公司
2	石油和化工工业互联网平台(ProMACE)试点示范	石化盈科信息技术有限责任公司
3	水泥"互联网+"供应链资源协同云平台	唐山冀东水泥股份有限公司
4	中钢邢机轧辊可视化远程运维云服务平台	中钢集团邢台机械轧辊有限公司
5	矿山工业互联网智慧生产平台	鞍钢集团矿业有限公司
6	智能钢铁产业一体化工业互联网平台	上海找钢网信息科技股份有限公司
7	钢铁行业工业互联网平台	上海宝信软件股份有限公司

序号	项目名称	所在单位
8	磷化工全流程工业互联网集成应用	贵州开磷集团股份有限公司
9	面向油库安全运营的工业互联网态势感知系统	中国石油天然气股份有限公司西北销售分公司

2018 年 89 个工业互联网 APP 优秀解决方案中,原材料行业占 10 个 (表 2-3),其中石油化工行业 5 家、钢铁冶金行业 2 家、有色金属行业 1 家、水泥矿山行业 2 家,入选这一系列,标志着经过一年左右建设,这些企业在关键解决方案方面已经有所积累,对应用模式的认识和理解高于同类企业。

表 2-3　原材料行业入选 2018 年工业互联网 APP 优秀解决方案

序号	项目名称	所在单位
1	东杰科技矿山行业工业互联网 APP 应用解决方案	吉林市东杰科技开发有限公司
2	常州霍思金信息技术有限公司冷轧工艺优化 DELAB 四维仿真工业互联网 APP 应用解决方案	常州霍思金信息技术有限公司
3	化工安全环保工业互联网 APP 应用解决方案	绍兴安瑞思网络科技有限公司
4	基于 JIT＋C2M 平台的南京钢铁股份有限公司工业网 APP 应用解决方案	南京钢铁股份有限公司
5	北京中油瑞飞信息技术有限责任公司工业互联网 APP 应用解决方案	北京中油瑞飞信息技术有限责任公司
6	海外风险预警平台工业互联网 APP 应用解决方案	中国石油集团安全环保技术研究院有限公司
7	基于工业移动物联网生产辅助管控应用解决方案	中国石化九江分公司
8	中国石化镇海炼化智能工厂工业互联网 APP 应用解决方案	中国石化镇海炼化分公司
9	鞍钢矿业工业互联网移动应用平台	鞍钢集团矿业有限公司
10	电解铝智能制造解决方案	中铝视拓智能科技有限公司

但是,与机械、家电、航空航天等离散制造行业相比,原材料行业入选上述项目名单的数量占比较少,特别是关键技术攻关的创新工程项目,原材料行业占比极低。因此,目前原材料行业工业互联网发展仍不足以满足行业转型升级需要。原材料领域各细分行业发展水平、智能化需求各不相同,为此,以下分别介绍石化、钢铁、有色、建材等四大行业的工业互联网建设现状。

1. 石化行业

石化行业是国民经济的重要支柱,具有产业链条长、产品覆盖面广、设备资产密集的特点。

我国石化行业信息化建设走在前列,石化行业出现了较为先进的专业石油化工工业互联平台,这些专业平台在行业应用中取得了一定成果。从工艺特点来说,石油化工属于高危生产行业,在安全和环境方面,工业互联网可基于对生产过程、装置的深度感知,在安全生产方面起到重要作用。我国石化行业生产运行主要依赖已知经验,知识的积累和传承缺少相应的工具,工业互联网 APP 的发展,对经验知识的沉淀、挖掘、复用、传播等具有重要作用。

1)工业互联网平台在石化行业领域内有较好应用

石化盈科 ProMACE 平台采用"平台+应用"的云架构、云服务模式进行建设和应用。基于公有云架构的 ProMACE 在智能工厂、智能油气田、智能研究院、智能物流领域开发了几十种智能化应用。ProMACE 平台解决了石化行业共性平台面临的四大问题:石化行业现场数据难以集成并快速处理问题;石化生产过程中海量事件的预测、响应、分发、处置问题;石化行业经验知识的积累传播问题;面向石化行业的生态构建问题。

自建设应用以来,ProMACE 有效推动了企业生产方式、管控模式变革,提高了企业安全环保、节能减排、降本增效、绿色低碳水平,促进了劳动效率和生产效益提升。2015—2017 年,全国被评为国家智能制造试点示范的单位中,共有十余家属于石油和化工行业。石化盈科承建了 5 家企业,包括中国石化九江分公司(简称"九江石化")、中国石化镇海炼化公司(简称"镇海炼化")、中煤陕西榆林能源化工有限公司(简称"中煤陕西公司")、中国石化茂名石化公司(简称"茂名石化")、中国石化中原油田普光分公司。2016 年、2017 年连续两年承担国家石化/煤化工智能工厂标准编制工作。2017 年 6 月,《石化行业智能工厂解决方案》入选工信部 2017年制造业和互联网融合发展试点示范。2017 年 11 月,石化盈科入选全国"第一批智能制造系统解决方案供应商推荐目录"。截至 2017 年年底,ProMACE 已成为国内外主流的 26 个工业互联网平台之一,入选工业互联网产业联盟的《工业互联网平台白皮书》。

2)工业互联网推动石化行业安全管理

石化行业是高危行业,具有高温高压、有毒有害、连续作业的特点,一旦发生重大事故,会对社会和环境造成严重危害。传统方法主要通过传统信息技术或人工方式进行安全管控、风险识别。基于工业互联网平台的解决方案,通过一体化安全管理工作平台,可推进系统的高效协同,随时了解企业安全管理的运行状态,提高安全预警水平,缩短应急响应时间。基于工业互联网的广域覆盖和深度感知的能力,可进行石油化工危化品的全流程跟踪与溯源,实现安全管理。

油库是石油工业安全的重中之重。工业互联网安全防御与态势感知系统以油库工业网络安全数据、关键信息基础设施安全运行数据为基础,以包含工控设备资产指纹、漏洞信息、安全设备信息、油库互联网传感数据及工业网络模型等海量数据的资源池为支撑,运用互联网、云计算、大数据及人工智能安全感知技术,通过AI分析方法精准感知网络安全威胁,全面提升作为国家关键信息基础设施的油库网络安全风险评估、态势感知、监测预警及应急处置能力。

3)工业 APP 推动行业知识型工作自动化

我国石化行业运行高度依赖人工经验,传统上,由于缺乏积累和分享知识经验的工具和渠道,大量实践没能沉淀成可复用的工业知识,企业大部分有价值的经验和知识都掌握在老师傅身上,通过"老带新""手把手教""口口相传"的模式进行传授。

基于工业互联网平台提供组态式的工业模型和 APP 开发环境,降低 IT 开发门槛,使得有经验的老师傅可以在平台上将知识和经验进行沉淀,有利于知识的传承和价值的持续创造。基于面向石化行业的工业机理模型和 APP 应用,新、老员工之间可开展知识传递和分享,降低企业的员工培养成本,据统计,新员工的成长周期可缩短 50% 左右。

2. 钢铁行业

钢铁工业是我国的基础工业,具有技术和劳动密集、前端流程和后端离散等特点。钢铁行业整体存在的高耗能、高排放问题给企业带来较大的成本和环保压力;生产作业环境恶劣、高炉"黑箱"原理复杂,炼铁过程的实时监控和数据系统集成难度大;下游产业个性化、多元化需求提升,流程型大批量生产的钢铁工业难以满足汽车、机械等定制化产品的生产要求。基于工业互联网平台,对炼铁高炉等设备开展实时运行监测、故障诊断、能源调度管理,通过将经验和知识模块化、软件化为员工赋能,不断探索基于平台的、按用户需求的制造模式,成为钢铁企业基于平台转型升级的重要路径。

1)工业互联网提升钢铁冶金能源管理效率

钢铁生产是个耗散过程。能源过度耗散的主要原因是各个生产环节的协同性比较差。协同性差在导致能源消耗增加的同时,也会降低生产效率。在钢铁企业中,主要生产环节几乎都涉及能源的生产或者使用。与能源相关的设备众多,并且分布在广阔的物理空间上,协同的难度很大。钢铁企业业务通常涵盖从炼铁、炼钢到轧钢的多个工序,数十台产气高炉和用气设备通常分布在相距数公里的多个工厂之间,且各工序、设备之间煤气产生和使用不同步,煤气调度存在困难,煤气压力过高会导致煤气耗散损失,而煤气压力过低甚至会造成轧钢线停产。

通过互联网技术的应用,不仅可以实时地得到各个生产环节信息,还可以用模型化的手段实现自动寻优。利用计算机的计算能力,实时给出优化建议。这样可以把过去依靠人的管理,变成人机结合的决策。采用基于工业互联网平台的高炉煤气智能平衡系统,实时抽取与高炉煤气系统相关运行数据、产供用等各环节工况参数,实现煤气产用平衡动态的可视化;采用建模分析手段对大数据深度挖掘,从"产供平衡""工序区域""单体机组"等多维度建立模型,预测高炉未来产气量,提前计算分配下游用量并给出调节指导;从煤气保供、经济运行角度,利用模型算法提出煤气调配策略下最佳成本路线、进行用气指导,供用户交互式选择参数并测算该策略下的经济效益。

2)工业互联网解决冶金钢铁黑箱问题

炼铁主反应器高炉具有高温、高压、密闭、连续生产的"黑箱"特性,存在复杂的物理化学反应,给技术操作带来巨大压力。部分企业高炉类型多样化,严重的甚至存在高炉冷却壁损坏问题,存在安全生产隐患。企业生产操作和工况分析以人工经验和主观判断为主,"盲人摸象"式操作在整个炼铁行业普遍存在。

高炉炼铁工业互联网平台将无线传输技术、高精度数字测温分析技术、三维料面监测分析技术、红外热成像监测分析技术等应用于高炉"自感知"。炼铁大数据平台通过在企业端部署基于自主研发的工业传感器组成物联网,实现了高炉"黑箱"的可视化,以及企业端的"自感知";建立高炉专家系统,结合大数据及知识库,实现"自诊断"、"自决策"和"自适应"。以东方国信的炼铁云平台为例,其上线以来取得了良好的社会效益和经济效益。社会效益方面,东方国信工业互联网炼铁云平台已为各应用炼铁厂减排 30 千克二氧化碳/吨铁,预计全行业推广年降低成本超百亿,年减排 CO_2 超千万吨。经济效益方面,东方国信工业互联网炼铁云平台提升了炼铁的数字化、智能化、科学化和标准化水平,可预判和预防高炉异常炉况的发生,提高了冶炼过程热能和化学能利用的效率。已应用的炼铁厂平均提高劳动生产率 5%,降低燃料比 20 千克/吨铁,降低吨铁成本 15 元,单座高炉创造直接经济效益 2400 万元/年。

3)工业互联网促进钢铁企业上下游产业链协同制造

以钢铁为代表的制造业都拥有完整的产业链,包括原材料的采购、生产管理、厂库管理、物流管理、销售管理,以及配套的金融服务、物流服务等。传统上,上述每一个环节都发展得比较成熟,但各个环节之间的互联水平不高,这就会产生"孤岛现象"。

制造业与互联网融合,需要通过互联网把全链条串联起来,让整个行业的产业链以互联网为核心纽带,实现从原材料采购到终端购买、售后服务全线链接。借助互联网工具,管理人员能够用高效的线上手段替代过去相对低效的线下管理手段,从而提高钢厂内部管理效率,实现更合理的定价、更准确的生产安排等。工业互联网能够解决工业材料从生产端到用户终端整个链条中各个环节的链接问题。比如,客户想购买钢材,一个看似简单的行为,其背后需要一套以互联网为核心的工业链管理体系。从钢材的生产制造到仓储管理、货物运输,再到售后服务,其间还包括了加工、金融等各项服务,把这些环节通过互联网链接在一起,就是工业互联网的一种功能体现。从这一方面来看,工业互联网能高度聚合从生产端到终端整个链条中各个环节的资源和服务,并以市场为导向,提高整体效率,从而避免出现各自为战、重复浪费的现象。

3. 有色行业

有色金属是国民经济、人民日常生活及国防工业、科学技术发展必不可少的基础材料和重要的战略物资,是提升国家综合实力和保障国家安全的关键性战略资源。作为有色金属生产第一大国,我国在有色金属研究领域,特别是在复杂低品位有色金属资源的开发和利用上取得了长足进展。

近年来,有色行业大力推进两化融合,在重点领域开展数字化矿山、智能制造示范工厂试点,提升企业研发、生产和服务的智能化水平,提高产品性能稳定性和质量一致性。

1)工业互联网有利于解决检测技术难题

有色行业中所使用的炉膛反应器,具有高温、密闭的特性。炉膛类型多样化,炉内工艺参数检测困难,企业生产操作和工况分析主要凭借现场操作工人目视和经验判断,不仅工作量大、劳动强度高,而且存在极大的安全隐患。工业互联网平台将红外热成像监测分析技术和工业无线技术等精准高效的非接触式测量和数据采集技术,应用于炉膛检测,实现对炉膛检测的状态感知。同时对生产过程和设备的测量、控制、状态、功能、信息的全方位采集,并应用大数据平台、云计算等技术进行数据分析、数据挖掘等,实现对生产过程和设备的全面监控和实时分析。

工业互联网能够利用先进的传感技术、网络技术、计算技术、控制技术、智能技术,对生产过程工艺参数、设备运行状态、关键参数进行全面感知,有效地解决了有色行业中电解铝、氧化铝、铜冶炼生产过程中在线检测的部分难题,如电解槽温度检测、矿石成分在线检测、氧化铝生产流程中物料在线检测等。

例如,包头铝业有限责任公司(简称"包头铝业")通过建设电解铝智能工厂,使装置自动化控制率和生产数据自动化采集率均得到有效提升,其中装置自动化控制率由 60% 提升到 70%,生产数据自动化采集率由 55% 提升至 80%。

2)工业互联网助推生产全流程优化和精益生产

工业互联网技术应用有助于加速推动有色行业的生产工艺智能优化和生产全流程整体智能优化,实现企业全局及生产经营全过程的高效化与绿色化。

生产工艺智能优化方面,有色行业生产过程复杂且能耗大,生产工艺流程长,存在多个不同的生产工序、流程以及阶段,这些不同的部分之间存在着相互耦合、相互关联的关系,控制指标多,生产过程复杂多变,物料指标波动大,传统的控制方式难以做到有效协同,导致能源消耗高、生产效率低。通过工业互联网技术的应用,可实时监控各个生产环节的有关数据,并可通过建模仿真的手段实现模拟操作控制和自动寻优,利用计算机的超级计算能力,优化已有的生产工艺和生产流程,形成新的能够生产高性能、高附加值产品的先进生产工艺。通过神经网络、模糊控制等先进控制算法,给出相关控制参数的优化建议。通过先进优化控制,稳定生产操作控制,减少指标波动,确保生产的连续、稳定,降低消耗,提高质量,从而提高整个生产流程的效率与效益。

生产全流程整体智能优化方面,在全球化市场需求和原料变化时,通过工业互联网技术生产管控系统的应用,使得原材料的采购、经营决策、计划调度、工艺参数选择、生产流程控制实现无缝集成优化,使企业全局优化运行,提高企业经营管理效率。

例如,包头铝业通过智能排程和智能调度实现生产过程精益化,提升企业生产管理能力。根据生产任务目标,考虑内外部的制约条件(设备、物料、能源等),采用拉动式生产方式进行主要操作设备、操作工序的智能生产排程,实现设备利用最大化、均衡化,减少人员工作量,提升工作效率。同时,将计划逐层分解成具体的班组和精确的时间(小时或分钟),最终成为班操作任务单和配套的工艺操作标准,并通过移动终端推送给生产执行人员。系统能对生产实绩进行统计、分析,对产出异常情况进行优化,给出调整建议,确保生产任务目标的完成,实现企业生产效率提升10%。

3)工业互联网促进远程专家诊断服务

有色行业的矿山多处于边远山区,且矿区分散、规模小、通信不便,氧化铝厂、电解铝厂也多处于偏远地区,很难留住人才。传统的生产操作控制需要大量的操作人员和维护人员,而技术人才短缺,交通不便,给生产操作、维护以及技术创新带来极大的困难。

借助于工业互联网技术,可以将边远地区分散的矿区、厂区通连接起来,支持集中管控模式,提高人力资源利用率和劳动生产率,降低劳动强度。还可以通过工业互联网相关技术,将生产设备运行有关参数传输到远距离的管控中心,再远程进行控制和操作。专家可以通过利用大数据、云计算、虚拟现实(virtual reality,VR)等先进技术,远程实时掌控矿区生产设备的运行数据,实现对生产设备的远程分析、检查、诊断等服务工作,掌控设备的运转率、完好率等统计数据。同时,可以根据生产设备运行数据给出相应的预测性维修建议,当设备发生故障时,可以通过VR技术将故障部位发送给专家,让专家远程进行故障诊断,并指导现场作业人员进行检修,从而恢复设备的正常运行。专家在远程开展的巡检、诊断等服务工作,节约了多地往来的时间成本和交通成本,实现了专家同时对多个地方矿区的生产设备进行巡查和诊断等服务工作,扩大了专家的服务范围,极大提高了其工作效率,保证了生产设备的正常运行,从而更好地为生产服务。

4）工业互联网打造上下游产业链协同，建立有色行业生态协同

借助工业互联网技术，通过对供应商、客户上下游产业链进行配置优化，使上下游产业链间实现高效协同，提高效率、降低成本，形成多赢的局面。产业链协同的核心就是利用工业互联网打通上下产业链之间各个环节，使上下产业链的企业能够加强合作，实现强强联手，在产品的质量、应用、技术支撑等方面能够进行深入交流和互动，促进上下游产业链对接，进一步提高企业发展后劲，实现合作共赢。

随着移动互联网、大数据、云计算、物联网与人工智能、虚拟与现实及万物移动物联网等新技术的发展，有色行业正在以互联网为平台进行融合创新，建立面向未来的、融合的、全面领先的协同生态。

在战略协同方面，有色行业与合作伙伴共同进化，在产业技术、客户需求和业务模式上共同创新，共同理解智能时代的挑战和机遇，共同成就客户。

在资源协同上，统筹资源协同，进行优势互补，配置和优化资源。有色行业涉及铝、铜等金属，为了有效利用资源，有色行业对资源开采进行统筹规划，有序开采，防止过度开采造成的资源浪费和环境污染；同时根据国内资源储备情况，通过多种形式与国外公司合作，开发利用国外矿产资源，延长有色行业资源使用寿命。

通过生态协同，使得产业链各环节参与者之间的连接变得更加紧密。客户可以从产品的研发阶段就参与进来，后续的产品销售、品牌传播、售后服务、需求洞察等步骤，都有大量客户的参与。这就打破了传统的组织边界和交互模式，包括客户、供应商以及产业链其他环节的参与者共同构成了一种社群生态，形成协同共赢的关系。

4. 水泥行业

水泥工业是我国国民经济发展的重要基础原材料工业。一直以来，我国水泥行业能源、资源利用效率偏低，原燃料可替代率较低，粉尘和废气排放值较高，信息化、智能化相对落后。这些因素制约着我国水泥产业的健康和可持续发展，给水泥行业发展带来了一定的困难。以水泥回转窑运行为例，长期以来，烧成温度的控制基本依赖于经验和操作人员的素质，但是在水泥烧成过程中，受设备性能、原材料品质、原煤质量等工况的差异，以及仪表精度和稳定性等的影响，温度控制难度大，波动范围较大，造成大量能源浪费。由于水泥生产环节的复杂性，温度问题往往又会影响到相关设备的运行，例如耐火材料和喷煤管的使用寿命，余热发电系统的运行效率等都会受到温度的影响。许多企业从改进或创新生产和管理方式着手，提高自身竞争力，在众多的创新中，采用工业互联网技术的信息技术应用是较为重要的一种方式。目前，水泥行业整体具备一定的自动化基础，多采用DCS，但自动化、智能化和信息化水平参差不齐，亟须采用融合工艺机理的智能化和信息化技术，推动生产、管理和营销模式从局部、粗放向全流程、精细化和绿色低碳发展方向的变

革,解决资源、能源与环境的约束问题,提高生产制造水平和效能,实现水泥行业"降成本、补短板"和跨越式发展。利用工业互联网平台,推动水泥工业生产、管理和营销模式的变革,正逐渐成为我国水泥工业高质量转型发展的重要任务。

1)工业互联网促进质量、资源和能耗的协同优化

采用工业互联网技术,建立水泥工厂生产三大核心平台:数字化矿山系统、智能质量控制系统和生产控制系统互联互通。通过智能质量控制系统实现样品的自动采集、分析,自动配比,并通过对象链接与嵌入的过程控制(OLE for process control,OPC)方式与生产控制系统进行实时通信,实现生产流程效率、成本及质量等关键指标的优化。通过对质量稳定性的实时把控,综合考虑成本、质量和效率等因素,实现模型参量的最优调整。水泥是高耗能产业,接近80%的产品成本为能源消耗,以上核心系统的协同优化调度方法对提高生产效率、降低能耗、减少资源消耗具有重要意义。以往的水泥生产过程缺少协同优化技术,各个系统间互不集成,各个系统分别优化不同方面的指标,从而造成性能远高于需求性能或者资源利用率高但能耗也高等问题。利用工业互联网技术实现各生产要素系统的协同优化,在保证质量的前提下,综合考虑能源、资源等原燃料消耗,通过各子系统和相关指标的协同优化,不仅能大幅降低能源消耗,也可实现矿山资源的充分利用,大幅降低废矿石量,同时大幅提升水泥质量的稳定性。

2)工业互联网技术促进设备全生命周期管理

水泥属于典型的流程型工业,设备的健康稳定运行对生产组织至关重要。采用工业互联网技术开发与应用的设备管理及辅助巡检系统分为数据采集层、数据处理层、监控展示层和设备管理云。通过增加各类传感器,替代人工进行设备日常运行信息的采集。通过工业互联网将现场采集的设备状态数据及视频数据统一汇总至设备巡检系统。数据处理层将采集到的现场数据和设备基本信息、设备检修记录等数据进行融合,并根据人工设定的报警阈值进行报警提示。通过集团设备管理云平台,将主机诊断、远程协助、设备维护等信息存入云端数据仓库,为终端用户提供远程维护的同时,利用大数据进行数据建模与挖掘分析,为专业管理系统提供决策支持。

设备管理及辅助巡检系统通过在线检测、故障预判提高设备稳定运行周期,提高人员的工作效率,通过标准化和电子化管理提高设备运行管理效能。通过远程监控和专家诊断提升工厂维护能力,提高问题处理的效率。

3)工业互联网技术提升营销和发运管理效率

长期以来,水泥包装、发运等物流环节自动化程度较低,基本处于人工操作水平,利用工业互联网平台技术开发应用营销物流一体化管理系统。该系统由水泥电商平台、无人值守、水泥全自动包装、产品流向监控四个子系统组成,四个子系统间无缝对接,同时电商平台与财务系统在凭证和资金方面也实现了数据传递,形成

客户一站式生态服务链。

通过"互联网＋物联网"的技术应用,实现水泥行业销售和发运管理的信息化和电子商务化,为客户提供从线上咨询、下单、查询、支付,到线下自助收发货、车货一体监控、物流配送等一站式服务,部分环节实现无人化操作,极大地提升了水泥工厂的营销和发运管理效率。

2.1.3　原材料制造企业的智能化需求

综合分析上述现状,原材料行业自身的特点,决定了其与离散制造不同的需求,不能照搬离散制造工业互联网的解决方案,必须走符合行业自身发展特点的原材料工业互联网建设路线。虽然石油石化、钢铁冶金、有色金属、建材(水泥)等属于不同的细分领域,但可以从以下三个方面总结五条共性特点。

第一方面,从原材料行业的生产过程来看,可以总结为"生产过程建模难"和"过程控制综合因素多"两点。

(1)生产过程建模难:与离散制造多为物理运动和变化为主不同,原材料行业以复杂的化学反应为主,反应过程难以精确、定量刻画,特别是过程难以进行定量数字化表征。

(2)过程控制综合因素多:作为传统行业,能耗、物耗、污染排放是行业发展的红线,这就导致过程控制中需要考虑能耗、物耗、安全、环保等多重影响因素,进行多目标优化控制。

第二方面,从原材料行业的经营管理来看,可以总结为"大型集团企业内部高效管理难"和"长产业链上下游协同难"。

(1)大型集团企业内部高效管理难:原材料企业通常是集团化运作,企业内部涉及多个分厂,集团管理运行对多个分厂和公司异地高效协同需求迫切。

(2)长产业链上下游协同难:原材料产业链长,涉及上下游企业协同。作为传统产业,供给侧产能与需求侧容易出现供需不均的现象,亟须围绕产业链上下游企业实现协同生产。

第三方面,从我国原材料行业发展特殊性来看,"严重依赖人的经验知识干预"是行业普遍现象,大量决策过程依靠人的经验,有经验的工作人员决策、操作效果好,经验不足的工作人员则往往难以胜任关键岗位的决策和操作工作。因此,如何使知识能够显性表达、沉淀、积累、传承,是原材料行业发展的核心关键。

工业互联网作为原材料行业网络化、信息化的支撑环境,涉及数据获取、信息互联互通、信息集成、知识认知计算等方面。针对原材料行业的上述五个共性特点,应从以下五个方面满足其智能化需求。

(1)迫切需要信息的深度感知获取,以数据驱动的方式弥补传统机理建模的不足,通过过程数据深度、精确刻画原材料生产的复杂反应过程,实现生产过程精细控制。对生产过程进行精准控制,核心是对物理过程进行全面、深度的信息获取。然而,受到传感手段有限、复杂生产环境部署难等问题的制约,现有原材料生产控制系统的信息深度感知获取能力不足,关键变量检测难的问题长期没有得到解决。

(2)迫切需要能耗、物耗、安环等综合信息实时互联和闭环,能够在传统工艺点闭环回路控制的基础上,构建综合考虑多决策因素的"第二闭环",实现决策-控制闭环一体化。企业构建智能工厂,核心是实现全局、动态优化,即多环节的协同优化,并且管理与控制能够实现实时闭环。然而,现有企业内部控制网络与管理网络互联能力不足,无法支撑管理与控制的实时闭环,许多传统设备连不上,信息上不去、指令下不来;尤其是原材料企业有大量的传统设备与系统,网络的高速互联能力还有待进一步提高。

(3)需要跨企业间资金流/信息流/知识流的标准、安全互联,下游市场、需求快速向上游供应商反馈,上游企业资源、价格、工艺等信息及时向下游发布,支撑产业链上下游高效协同。跨企业的高效协同是价值链协同的关键,需要构建跨企业间高效、安全互联的网络。然而,现有商业互联网的互联能力还不足以支撑跨企业之间的安全高效互联,目前还找不到"一张网",能够把企业内部、企业之间,安全高效地互联起来。

(4)需要跨系统/跨流程/跨领域的信息集成能力,打破企业内部"烟囱林立"的信息系统孤岛,真正实现企业信息在正确时间、正确地点传递给正确的人,支撑企业高效运行。企业高效运行背后的支撑核心是信息的高效共享与处理分发。然而原材料企业各类信息系统经历多年发展,工艺、管理、运维等不同子系统共存,形成大量信息孤岛,造成各系统的数据和信息难以互联互通,甚至出现信息不一致的问题,严重影响了企业高效运行。

(5)需要知识的认知计算能力,更加智能、自主的数据/信息处理,能够处理人的经验、知识,实现知识的挖掘、学习的提升,支持决策能力的自主发育,尽可能减少决策过程中人工不必要干预。原材料企业转变生产管理模式,核心是取代人的经验干预,实现业务流程、决策的自主化。然而,现有生产管理与控制系统仅能完成传统的信息处理与计算,大量的决策过程必须依赖人的知识经验,无法支持知识自动化等业务自主运行。

2.2　发展目标

新一代原材料工业生产管理与控制系统的发展目标是充分利用新一代信息通信技术,打通控制系统和管理系统的技术鸿沟,构建信息物理一体化的开放、扁平、对等体系架构,打通"生产互联、企业互联、知识互联"三个层次互联能力,实现资金流、物质流、能量流和信息(知识)流的"四流合一"。

（1）以最具代表性的信息通信技术——互联网为平台,充分借鉴其开放、扁平、共享的架构特征,突破传统控制架构制约,设计新一代互联网化的工业管控平台架构,实现决策-控制一体化。

（2）基于 5G 构建生产互联网络,实现制造资源高速可靠接入,生产现场信息深度感知,为智能生产提供实时可靠的数据以及稳定、高速的资源。

（3）构建企业互联网络,通过网络化手段促进互联互通,企业内部互联、产业链互联,企业内部高效运转,产业链上自主协同优化。

（4）构建知识互联网络,实现工业知识的挖掘、积累、传播和应用,实现生产和管理的人机协同认知决策,支撑原材料行业知识性工作自动化。

在此基础上,充分体现数据驱动的人工智能、知识驱动的智能优化制造理念,实现资金流、物质流、能量流和信息（知识）流的"四流合一",支撑人机物三元融合。

为此,本章提出如图 2-2 所示的新一代互联网化的工业管控平台的实现架构。其中,优化软件平台包括原材料工业的智能优化算法和跨层次、跨领域工业大数据库,并提供实现算法的软件开发工具和快速部署工具。全互联网络实现原材料工业海量数据的高效传输,5G 高速接入网络将现场设备、控制器、MES、ERP 和外部互联网扁平化地互联接入网络中。架构整体采用服务化思想,通过服务适配器和分布式服务总线构建分布式的智能自治域,实现本地的分布式服务化运行。

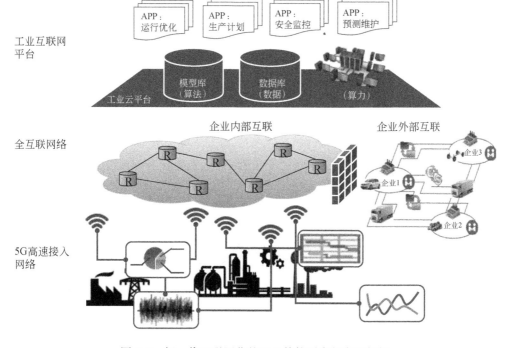

图 2-2　新一代互联网化的工业管控平台的实现架构

2.3　瓶颈问题与重点任务

当前,我国原材料行业开展工业互联网建设还面临诸多挑战,总体可以归结为两方面:第一,支撑工业互联网建设的新一代信息通信技术存在短板;第二,工业互联网与原材料行业创新融合能力不足。

围绕上述两方面问题,应从核心技术攻关和创新生态培育两个角度完成工业互联网重点任务。构建自主可控的关键技术体系,形成新型技术创新生态,为新一代工业互联网基础设施建设提供自主可控的技术供给。

本节首先分析原材料行业工业互联网建设面临的诸多挑战,在此基础上,总结了重点任务。

2.3.1　瓶颈问题

1. 支撑工业互联的新一代信息通信技术存在短板

核心部件、工业软件、网络安全为三大技术短板。目前,我国基础件、软件、安全等关键核心技术突破有待加强,特别是原创性技术的突破还不多,"系统强、部件弱""工业软件长期欠账""网络安全意识淡薄"已成为困扰工业互联网技术创新的三大顽疾。

(1)以芯片、传感器和高端零部件为代表的基础部件严重不足,难以满足工业互联网建设需求。

我国95%以上的高端PLC和工业网络协议被国外厂商垄断,工业数据采集能力薄弱。国内大量用于生产产品的加工设备的控制系统,不管是数控系统、PLC,还是运动控制器,基本都是国外产品;总线通信,如PRO-FIBUS、PROFINET、CC-LINK、ETHERCAT、DEVICENET等几乎都是由控制器厂家提出。国外厂商设备数据不开放、接口不统一,因此设备的数据兼容性差、采集门槛高、采集难度大,导致设备上云难,制约了我国工业互联网平台的快速发展。

工业控制系统作为工业互联网的基础支撑系统,承担了海量制造资源接入、数据采集、边缘控制、基础控制、过程优化、安全监控,是工业和互联网融合的纽带,未来工业联网背景下,工业控制系统的基础支撑与保障地位更加凸显。随着边缘/云协同的发展趋势,新的环境下,工业控制系统也将迎来全新的技术变革。然而,我国工业控制系统无法自主可控、存在技术短板,我国虽然大力开展工业互联网建设,但是支撑工业互联网建设的基础——工业控制系统自主发展受制于人,未来产业技术安全保障无从谈起。

(2)大型工业软件长期落后、基础平台工具软件严重依赖国外,数字化转型关键技术受制于人。

我国核心工业软件等大型工业软件被国外厂商垄断。例如,研发设计类软件中,PTC、西门子 NX、达索等品牌占 80% 份额;生产控制类软件中,西门子、ABB 等品牌占 65% 份额。而高端工业软件是工业经验、技术、原理等工业知识的模块化、代码化、软件化,是"杀手级"工业 APP 的重要来源,我国高端工业软件的匮乏在一定程度上制约了工业 APP 的培育。

我国 50% 左右的工业平台即服务(platform as a service,PaaS)平台采用国外开源架构,从基础的架构层面而言,国内厂商基本没有太多话语权,底层架构技术的"脉门"被国外把控。作为工业互联网平台的开山鼻祖,通用电气公司的 Predix 和西门子公司的 MindSphere,都是基于 Cloud Foundry 开源架构开发的。美国作为软件发源地,对基础架构的研发和创新能力令人惊叹。目前国内很多工业互联网平台都是基于美国 Cloud Foundry 或者 kubernetes+Docker 类似开源架构基础上开发而成。目前,在基础架构方面,我国工业互联网的核心 PaaS 技术大都是使用美国的底层架构技术,国内企业市场份额极低,话语权较弱。这使得我国技术生态牢牢被国外垄断、应用生态长期被压制在低端。目前,支撑工业互联网平台发展的通用开源软件社区基本上由国外企业主导,我国平台开发者社区建设仍处于空白,开发者规模和能力与国外平台相比差距显著;我国在全球产业分工中总体上尚处于中低端,模式创新基本处于跟踪模仿阶段,参与平台建设的企业难以盈利。

(3)网络安全问题长期忽视,企业安全投入严重不足。

数据统计,在工业互联网细分领域中,工业安全领域的市场规模比重最小,说明企业对于工业安全的关注程度还不够,工业安全的隐患和风险尚未引起业界重视。

工业互联网平台建设步伐不断加快,对安全的需求更加迫切,从原有的工控安全演进到设备、网络、数据的安全,工业互联网安全威胁范围更广,特别是原材料工业涉及化工、冶金等安全生产,安全事故后果更加严重。但是,我国企业安全的重视程度严重不够,工业互联网平台安全领域的技术、管理、标准、政策法规体系等方面的供给能力严重不足。

伴随着工业互联网的发展,越来越多的工业控制系统及设备与互联网连接,网络空间边界和功能极大扩展。在开放、互联、跨域的制造环境下,工业互联网面临的网络安全隐患也是巨大的。在开放环境下,一旦一台设备被入侵或者被控制,整个工厂的信息网络都有可能全面"失守",而关键数据的丢失对于一家企业而言无疑是致命的。目前,我国工业互联网安全问题日益凸显,主要表现在以下几方面。

①网络攻击威胁向工业互联网领域渗透。近年来,工业控制系统漏洞呈快速增长趋势,相关数据显示,2017 年新增信息安全漏洞 4798 个,其中工控系统新增漏洞数 351 个,相比 2016 年同期,新增数量几乎翻番,使整个工业系统的生产网络

面临巨大的安全威胁。

②新技术的运用带来新的安全威胁。大数据、云计算、人工智能、移动互联网等新一代信息技术本身存在一定的安全问题,导致工业互联网安全风险多样化。

③工业互联网安全保障能力薄弱。目前,传统的安全保障技术不足以解决工业互联网的安全问题,同时,针对工业互联网的安全防护资金投入较少,相应安全管理制度缺乏,责任体系不明确等,难以为工业互联网安全提供有力支撑。

④企业对安全问题重视不足。根据数据统计,工业软件目前是整个工业互联网领域增速最快的领域,而工业安全领域虽然增速比较快,但是整体的市场规模非常小。这说明,企业对于工业安全的关注程度还不够,工业安全的隐患和风险还未引起足够的重视。

显然,如果不能解决上述工业互联网安全威胁问题,那么工业互联网的大规模普及也就无从谈起。

2. 工业互联网与原材料行业融合创新能力不足

1)知识积累:工业机理模型不足

平台功能丰富性取决于积累沉淀的各类工业知识的广度和深度,实现工业技术、经验、知识的模型化、标准化、软件化、复用化,以优化研发设计、生产制造、运营管理等资源配置效率。但是,工业机理、工艺流程、模型方法经验和知识积累不足,是制约当前我国平台功能完善的主要矛盾。

国外领先平台企业均已建立为开发者提供开源代码、开发工具、微服务组件的开发者社区,平台拥有上万名开发者。我国工业互联网平台开发者社区建设处于起步期,开发者规模和能力与国外工业互联网平台相比差距显著,严重制约了工业APP的培育。工业互联网平台的建设和运营对行业监管提出了新要求,我国亟待研究制定工业数据产权确认、交易、保护、治理及跨境流动的相关政策法规,完善工业互联网平台许可准入、新型网间互联设备入网许可等监管政策。

2)数据分析能力不足

我国制造业企业开展工业大数据关键技术研究和应用,面临的一个难点是"数据的拥有者、并不是数据的分析者"。特别是原材料工业多为传统制造业企业,对于材料、工艺、生产等传统知识领域较为熟悉,对于新一代信息通信技术的认识、理解和运用严重不足。

构建面向海量工业大数据的分析体系是工业互联网区别于传统数字化、网络化、智能化解决方案最重要的特征,当前产品研发、生产、采购、配送、设备管理等都需要高水平的数据模型和大数据分析能力,但是国内许多平台类企业面临的共同挑战就是工业大数据分析技术、人才严重不足,供给能力远远满足不了市场需求。

3）生态构建能力不足

生态竞争是工业互联网平台竞争的制高点。生态建设能力的关键，一方面在于如何吸引海量开发者在平台上开发各种微服务组件和工业 APP，另一方面在于如何吸引更多的企业使用平台上的各种应用和服务，最终形成一种双向迭代的机制。但目前许多平台企业打造生态意识薄弱、缺乏经验、投入不够，可能会错失发展良机。

需要强调的是，我国企业的开放程度和国外相比不高，而且基本上是单打独斗，没有形成合力。另外，平台的质量和能力亟待提升。工业互联网背后的核心支撑是云平台，但调研发现，大型企业不愿意上云，而且上云的步伐非常缓慢，对工业云的认识也不一样，这制约了我国工业互联网平台的发展和应用。在垂直领域，我国有些企业有很好的应用，但是在跨行业和跨领域方面，还有很大的短板。因此在工业互联网的发展中，现在只是处于初步阶段，以后的道路还很长。

4）解决方案能力不足

工业互联网平台是一个系统解决方案的平台，出发点和落脚点是解决制造业数字化、网络化、智能化的问题，提高核心竞争力。国内平台企业战略规划、业务咨询、平台建设、工业 APP 开发、工具软件的集成等能力远远不足，整合控制系统、通信协议、生产装备、管理工具、专业软件等各类资源的能力不足，对业务流程咨询、软件部署实施、平台二次开发、系统运行维护业务的融合集成能力欠缺。

2.3.2 重点任务

针对上述问题，本领域的发展思路是：构建自主可控的关键技术体系，形成新型技术创新生态，为新一代工业互联网基础设施建设提供自主可控的技术供给。

1. 自主可控的关键技术体系

围绕关键基础部件、工业软件、网络安全等长期性、战略性的重点领域布局，突破基础材料、工艺、软件操作系统、基础编程工具，安全保障体系等基础性和原创性技术瓶颈；研制智能终端及网络装备、工业互联网平台和信息物理一体化安全防护系统等一批高质量、高性能技术产品，形成自主、先进、完善的工业互联网技术体系，引领技术创新。

2. 新型技术创新生态

以自主可控的工业互联网技术体系为基础，围绕石化、钢铁、有色、建材等重点行业，充分发挥我国制造业产业规模大、市场需求旺盛的优势，以及行业龙头企业的带动引领作用，打造以行业龙头企业牵引、科技创新"国家队"支撑、创新型中小企业配套为特征，产学研用协同创新的新型创新生态。

为此,需要开展以下几个重点任务。

1)对关键技术体系研发验证进行全面整体布局

设立科技专项,覆盖芯片、软件、平台、系统、应用等全体系,开展关键技术体系研发验证科技攻关。统筹发改委、工信部、科技部等行业主管部门及各地方的科技资源投入,遵循科学规划、统一布局、交叉互补的原则,形成基础研究、技术攻关、产业培育、行业应用相辅相成、有序推进的工业互联网健康发展局面。

2)建立产学研用协同的技术攻关与创新体系

充分发挥举国体制、集中力量办大事的优势,以相关领域具备建制化优势的科研机构为依托,承担科技专项组织实施工作,聚集国内优势研发力量开展协同攻关;充分平衡基础科研创新的迫切性、复杂性和长期性之间的关系,持续支持,保证原创性技术创新的持续性。

3)建立以制造行业龙头企业为主体,产学研用协同的产业创新生态体系

面向石化、钢铁、有色、建材等重点行业龙头企业需求,以关键产品研制生产为牵引,构建供应链、产品生命周期管理和智能生产协同的工业互联网创新平台,以此为依托,围绕产业链部署创新链,以行业龙头企业带动国家科研力量,瞄准市场需求开展精准创新,同时辐射一批创新型中小企业,形成完善的产业配套能力,打造产学研用聚集、共享和协同的新型综合创新生态。

4)建设工业互联网重大科技新型基础设施,为关键技术研发与验证提供创新载体和环境

纳入国家重大科学工程,建设工业互联网科技创新重大基础设施,为破解工业互联网数据、网络、安全等重大科学问题提供科技创新载体,为推动创新技术快速成熟落地应用提供试验验证环境。

5)加强国际合作,建立全球可互联互通的工业互联网技术标准体系

积极、稳妥地推进与欧美等工业互联网强国的技术合作;密切与国际标准化组织、国际电工委员会等开展往来交流,推进工业互联网技术全球互联互通,以标准化带动工业互联网产业化发展;对接"一带一路"沿线国家需求,加大工业互联网新型基础设施建设的投入,丰富和提升"一带一路"基础设施互联互通建设内容。

2.4　亟待突破的基础理论、方法、关键技术与系统

2.4.1　基础理论和方法

发展新一代原材料工业生产管理与控制系统面临一系列重大基础理论问题。

1. 大规模多协议异构网络的行为演进与动力学分析

新一代工业网络基础设施的骨干网一般是光纤等有线网络,链路质量稳定,是无损网络,而接入网则是无线传感网、WLAN 等有损网络,链路质量频繁变化,二者动力学特征有显著差别,融合后异构网络信息传播特性难以预测,如何在具有复杂动力学特征的大规模异构网络中实现端到端的稳定传输控制,是首要基础问题。

2. 海量多维异构物理信息的标识解析问题

新一代工业网络基础设施的海量信息资源来自多个领域,其参数类型和表征要素差异大,难以精确建立模型。因此,揭示跨领域信息的追踪溯源关联关系,建立高效的标识解析机制,是实现全网资源的灵活区分和高效信息管理的前提。

3. 信息-功能-物理一体化安全问题

工业互联网的功能安全(functional safety)、物理安全(physical safety)、信息安全(security)三重挑战及三类安全问题共同作用,给工业互联网带来更广、更深的安全危险。因此,揭示信息安全、功能安全、物理安全的复杂耦合机制,是工业互联网信息-功能-物理协同安全的前提保障。

4. 面向智能制造新模式的大规模网络化装备自组织运行

工业互联网实现了大规模工业装备互联互通,在此基础上,海量工业信息能够被感知、处理、计算与智能运用,从而形成以互联和智能为特征的工业系统。因此,大规模复杂的工业系统如何在互联和智能的基础上,实现自组织运行,是工业系统高效优化运行的核心问题。

2.4.2　关键技术

面向互联网与工业深入融合与发展的需求,破解上述重大科学问题,发展工业互联网创新理论,研发、试验与应用关键核心技术与产品,是工业互联网科技创新需要完成的重大任务。

1. 原材料行业新一代网络化控制系统架构

从总体战略上对工业互联网发展战略规划进行系统研究,定义工业互联网实施路径和推进政策,揭示工业互联网与既有技术的兼容以及标准体系建设的需求,提出相应的解决措施,同时横向对比国际上工业互联网领域不同国家的发展战略和实施路径,研究潜在国际影响及对应策略,为我国在工业互联网领域在国际上取得发言权提供支撑。结合新一代信息通信技术、自动化技术、人工智能技术、先进制造技术,将工业互联网作为实现智能制造的基础设施平台。总体发展战略包括工业互联网总体发展战略规划研究、工业互联网国际影响及对策研究、工业互联网前向后向兼容策略研究、工业互联网推进方针政策研究。

厘清工业互联网发展关键核心技术、现状和发展趋势,研究未来潜在新业态和新形态,从战略角度规划基础软件、安全策略、核心装备及兼容、使能技术发展步骤。关键核心技术包括:工业互联网基础软件的平台化、智能化、通用化现状及发展路径研究;工业互联网信息技术(information technology,IT)与操作技术(operation technology,OT)深度协作下安全威胁及应对安全战略研究;工业互联网核心装备现状和新形态发展趋势研究;工业互联网促进行业发展使能技术研究。

2. 工业互联网网络系统关键技术研究

采用 SDN/NFV、TSN、5G URLLC 等新一代网络技术,构建信息与物理实时互联、精准同步的网络环境支持、网络高精度测量与信息全尺度动态管控。结合扁平化、IP 化、无线化、灵活组网的发展趋势,建立新型标识解析体系,构建包括企业内网、外网的综合网络基础设施。重点研究包括企业外网网络系统,企业内网网络系统,标识解析。

1)企业外网网络系统

开展国内外企业外网改造现状、趋势、价值与推进策略研究;开展企业外网 5G 与 IPv6 最优化改造策略研究;开展企业外网扁平化、无线化、灵活组网技术研究。针对工业互联网企业外网系统建设与改造,从发展策略和关键技术方面进行系统研究,为企业外网网络系统的改造和推广提供重要支撑。面向大规模异构工业网络的实时互联互通,采用 SDN 和网络功能虚拟化(network functions virtualization,NFV)技术,建设工业 SDN 核心网,实现网络的深度可编程,确保网络的全维可定义。同时,建设工业互联网综合观测分析网络,观测网络数据传输的时延、抖动、可靠性等性能,分析网络行为和动力学特征。

2)企业内网网络系统

开展面向 5G 与时间敏感网络(time-sensitive networking,TSN)结合的跨区域高实时协同与调度研究;开展 X Over TSN 技术发展趋势研究(不同协议应用层采用 TSN 作为统一物理层);开展工业互联网跨协议混流可靠传输与优化技术研究;开展企业内网工业软件定义网络融合技术研究。面向工业互联网企业内网网络系统,从关键技术和未来发展角度,研究面向 5G 与 TSN 结合的跨区域高实时协同与调度,以及 X Over TSN 发展趋势等关键技术,重点研究内部网络多网络协调工作问题。面向时延敏感类工业控制应用,采用 TSN 技术建设新型工业以太网,实现工业通信的高精度时间同步;面向工业云控制/遥操作、工业 AR/VR 等新一代工业应用,建立基于 WIA-PA 的现场仪表/设备无线接入网络,建设可灵活切片的 5G 工业无线网络,实现工业通信高带宽、广覆盖、强实时、高可靠等苛刻要求。

3)标识解析

开展工业互联网全网标识解析系统部署优化与安全策略研究;开展工业互联网标识解析支撑芯片和 IP 关键技术研究;开展工业互联网标识解析语义化与智能化建设研究;开展面向工业互联网标识解析的企业资产管理和维护策略研究。系统地研究工业互联网标识解析部署优化与安全策略、核心基础装置/装备、资产管理和运维等关键问题,有利于掌握从基础技术、关键核心装备到全网部署优化等全貌信息,为推动工业互联网标识解析发展提供支撑。

研发工业互联网跨层、跨域信息标识解析知识图谱系统,采用语义技术,建立跨领域、多时空信息的知识图谱,实现海量异构标识信息的关联,结合深度学习技术实现智能检索。采用语义、本体关联等技术构建语义数据字典,实现异构数据信息的语义消歧,解决不同领域、不同学科之间对数据描述的异构问题;通过构建知识图谱,将不同学科、不同领域的结构化数据、半结构化数据及非结构化数据进行知识提取,提取相关概念、实体、属性和关系,并且构建复杂的知识网,以三元组形式进行存储;通过推理机以及深度学习技术,挖掘实体与实体、实体与属性、属性与属性间的深层关系,实现各个学科、各个领域的数据集成。

3. 工业互联网系统安全关键技术研究

构建工业互联网主动安防的体系架构,从云-网-端三个层面形成一体化信息安全防护技术体系。围绕以下三个层面开展研究:工业互联网信息安全体系架构;工业云平台与业务系统安全,工业网络系统安全。

1)工业互联网信息安全体系架构

开展工业互联网设备层信息安全技术架构和管理框架研究;开展工业互联网网络层信息安全技术架构和管理框架研究;开展工业互联网应用层信息安全技术架构和管理框架研究;开展工业互联网数据层信息安全技术架构和管理框架研究。从工业互联网设备层、网络层、应用层、数据层等不同层面设计工业互联网信息安全技术架构和管理框架,建立信息安全体系结构的关键三要素(人、技术和管理)之间的关系,为构建系统性强、内容覆盖面广、体系化程度高的工业互联网信息安全体系结构提供技术支撑。

2)工业云平台与业务系统安全

开展工业云平台与业务系统安全国内外发展态势研究;开展工业云平台与业务系统安全风险分析与预测研究;开展工业云平台与业务系统安全防护技术研究;开展工业云平台与业务系统安全评估与应急响应方案研究。结合工业云平台与业务系统安全的国内外发展态势,提出适合我国国情的工业云平台与业务系统安全的措施与途径,提出针对风险分析与预测、安全防护技术、安全评估与应急响应方案等技术的综合研究方案。

3)工业网络系统安全

开展工业网络系统安全国内外发展态势研究;开展工业网络系统安全风险分析与预测研究;开展工业网络系统安全防护技术研究;开展工业网络系统安全评估与应急响应方案研究。结合工业网络系统安全的国内外发展态势,提出融合TSN、5G 等新型网络技术的工业网络系统安全的应对策略,提出针对风险分析与预测、安全防护技术、安全评估与应急响应方案等技术的综合研究方案。

4. 工业互联网指标体系与评估机制和标准制定研究

建立评估工业互联网发展水平、成熟度、智能化水平等综合评价体系和标准。围绕以下两个层面开展研究:指标体系与评估机制;标准制定。

1)指标体系与评估机制

开展国内外工业互联网指标体系现状研究;开展面向我国工业应用特点的工业互联网指标权重体系建设研究;开展工业互联网网络、平台、应用及安全综合评估体系建设研究;开展工业互联网综合发展水平、成熟度与智能化水平评估体系建设与迭代式推进研究。针对我国工业企业特点,提出分类工业互联网指标权重体系建设及全方位融合评估体系,分别从技术与需求导向对工业互联网体系的建设进行方向规范。

2)标准制定

开展国内外工业互联网标准制定研究与趋势分析;开展工业互联网标准体系组成与分类建议研究;开展工业互联网基础共性标准体系建设研究;开展工业互联网行业标准建设推进路径研究。对我国工业互联网标准化体系的建设及推进提出具体建议,包括横向基础共性标准体系建设方案及垂直行业标准体系推进方案。

2.4.3　智能化系统和装备

1. 工业互联网智能化软件平台

针对工业互联网行业性、区域性特征以及跨供应链、产业链资源整合优化需求,构建智能化工业互联网数据基础平台与实现经营、管理、决策与控制一体化平台。重点围绕三个层面开展研究:跨行业跨领域的工业互联网平台,集团企业工业互联网平台,制造企业工业互联网平台。

1)跨行业跨领域的工业互联网平台

开展跨行业跨领域工业 PaaS 平台整合架构研究;开展面向业务流与数据流的多区域平台联动机制研究;开展面向全产业链优化的多区域平台联合实时计算与

分析研究;开展面向敏捷开发的跨行业跨领域工业互联网平台知识化互通研究。针对跨行业跨领域区域工业互联网平台在 PaaS 与 SaaS 层的融合问题,提出全面融合业务流、数据流与产业链应用的全方位平台融合理念及关键技术,为多区域工业互联网平台互联互通提供支持。

2)集团企业工业互联网平台

开展集团企业数据平台统一接入机制研究;开展面向业务关系的企业信息模型智能关联研究;开展集团企业边缘平台的建设与协同研究。针对当前我国集团型大企业目前存在的多个异构子平台协同计算的问题,提出面向数据、信息与业务的多层次边云协同机制,支持该类企业既有平台的复用及全局互联互通目标的实现。

3)制造企业工业互联网平台

开展国内外制造企业工业互联网平台发展现状与趋势分析研究;开展基于工业互联网平台的异构装备/设备的智能组态机制研究;开展制造全流程边云协同机制研究。针对我国制造企业的资源配置优化及生产过程优化需求,提出支持全流程装备/设备的智能组态及边云协同机制,为制造企业内部平台高效利用提供支持。

2. 面向原材料行业的智能工厂系统与应用示范

针对原材料制造企业对生产全流程优化的需求,以降低生产能耗、排放,提高生产率和产品附加值为目标,以工艺流程为主线,面向资源计划、生产调度和优化控制等典型流程制造环节,开发集制造流程、工艺、装备、控制、管理、安全、环保等一体化智能工厂系统,建立物质流、能源流、信息流、资金流综合优化模型和知识库,形成面向生产全流程优化的流程制造智能工厂解决方案,在石化、钢铁、有色、矿山、电力等行业进行智能工厂应用示范,大幅提高企业的综合经济效益。探索基于工业互联网实现原材料工业和离散制造业变革升级的新模式和新方案。围绕以下两个层面开展研究:企业生产与运营管理的智能决策和深度优化,原材料工业智能优化制造。

1)企业生产与运营管理的智能决策和深度优化

开展企业生产与运营数据管理一体化技术研究;开展企业生产与运营管理数据实时按需智能融合技术研究;开展面向长期运营管理优化的企业生产决策预测与评估机制研究。厘清企业生产与运营管理的智能决策和深度优化技术路径,从数据管理一体化角度提升管理效率,对企业生产与运营管理数据进行实时智能融合,缩短生产-运营反馈时间;通过建立长效决策预测与评估机制促进决策智能化,以支撑企业生产与运营管理的智能决策和深度优化。

2）原材料工业智能优化制造

开展原材料工业生产过程多尺度建模与智能融合技术研究；开展知识驱动的原材料工业生产与决策优化研究；开展原材料工业装备智能预测性维护与管理技术研究。创新性地以知识驱动为抓手，结合原材料工业生产过程不同尺度的建模与智能融合技术，以及装备智能预测性维护与管理技术研究，提升原材料工业智能优化水平。

2.5 发展策略与路线图

新一代原材料工业生产管理与控制系统的发展路径是由"信息网络支撑的互联智能"向"知识驱动的自主智能"发展。

原材料行业工业互联网发展路线图如图 2-3 所示。横轴为时间节点，纵轴为信息空间与物理空间融合的深度。随着时间推进，主导技术不断进步，推动制造信息空间与制造物理空间融合程度不断加深，发展阶段特征可以概括为数字智能、互联智能和自主智能三个阶段。

	当前	2025年	2035年
目标层	数字智能 • 全流程数字化	互联智能 • 生产管理互联 • 集团企业互联 • 全产业链互联	自主智能 • 工况自感知 • 工艺自学习 • 装备自执行 • 系统自协同
实施层	• 工业云与大数据、工业物联网、工业信息和功能安全一体化等核心技术取得重要进展	• 形成系列化产品、系统和解决方案，性能指标与市场占有率达到国际并跑水平	• 核心技术自主可控，智能制造技术和装备的"空心化"问题得到解决，形成涵盖核心技术、关键系统、支撑平台和智能应用的完整产业链和新型产业生态
保障层	• 布局一批国家级创新平台、组建产业技术创新联盟 • 通过"项目-基地-人才"一体化举措，在重点领域培养一批高水平的人才队伍和创新团队	• 初步形成面向原材料行业工业互联网发展需求的多层次人才培养体系 • 建立知识产权、标准规范、检测评估服务和政策体系，创新完善新型产业生态	• 形成一批进入全球前列、满足国家制造业需求的原材料行业工业互联网科技创新及人才培养基地 • 建成完善知识产权、标准规范、检测评估的服务和政策体系

图 2-3 原材料行业工业互联网发展路线图

当前状态为数字智能阶段，以数字化主导技术，实现全过程的数字化集成。工业互联网部分核心技术已取得突破，互联网、数字化等成为原材料行业新的增长点，工业互联网创新应用模式在促进原材料产业转型升级中发挥重要作用，有力支撑我国进入创新型国家行列和实现全面建成小康社会的奋斗目标。

(1)智能制造基础理论和关键技术取得重要突破。工业云与大数据、工业物联网、工业信息和功能安全一体化等核心技术取得重要进展。

(2)工业互联网产业竞争力显著提升。初步建成原材料行业工业互联网技术、产品、平台、系统、模式的创新体系,服务若干具有国际竞争力的原材料行业骨干企业并培育一批具有创新活力的中小企业。

(3)工业互联网创新与发展环境得到进一步优化。布局一批国家级创新平台、组建产业技术创新联盟。通过"项目-基地-人才"一体化举措,在重点领域培养一批高水平的人才队伍和创新团队。

未来 5 年,新一代原材料工业生产管理与控制系统将以互联智能为特征,是指在互联网、物联网等主导技术支撑下,实现企业内互联、跨企业互联、生命周期互联。目前正处于由数字智能向互联智能过渡阶段,为此,原材料行业工业互联网实现重大突破,部分技术与应用达到世界领先水平,成为我国原材料行业制造升级和经济转型的主要推动力。

(1)原材料行业工业互联网技术体系初步建成,具有互联智能特征的制造系统与技术取得突破,基础前沿技术方面取得一批重大原创性成果。

(2)形成涵盖核心技术、关键系统、支撑平台和智能应用的完整技术体系。形成系列化产品、系统和解决方案,性能指标与市场占有率达到国际并跑水平,综合管控云平台、网络协同制造平台、云制造平台等覆盖国内数万规模的制造业企业,研发一批支撑产品生命链创新和产业价值链协同的核心软件。

(3)初步形成面向原材料行业工业互联网发展需求的多层次人才培养体系,建立知识产权、标准规范、检测评估的服务和政策体系,创新完善新型产业生态。

未来 15 年,新一代原材料工业生产管理与控制系统将以自主智能为特征,即在人工智能为主导的技术支撑下,系统以工况自感知、工艺自学习、装备自执行、系统自组织的方式,最大限度减少不必要的人工干预。我国将成为世界主要智能制造创新中心之一,原材料行业工业互联网总体技术和创新能力迈入国际先进行列,自主智能技术体系初步形成,原材料行业资源利用效率、信息化程度、质量效益达到国际先进水平,支撑我国原材料产业整体达到世界制造强国水平目标的实现。

(1)形成较为完善的原材料行业工业互联网技术创新体系。具有自主智能特征的制造系统取得重大突破。

(2)原材料行业工业互联网的竞争力整体达到国际先进水平。核心技术自主可控,智能制造技术和装备的"空心化"问题得到解决,形成涵盖核心技术、关键系统、支撑平台和智能应用的完整产业链和新型产业生态,支撑和引领我国制造业可持续发展,保障产业发展安全。

(3)形成一批进入全球前列、满足国家制造业需求的原材料行业工业互联网科技创新及人才培养基地,建成完善的知识产权、标准规范、检测评估的服务和政策体系。

第3章 石化行业智能优化制造的发展战略

3.1 需求分析

3.1.1 智能优化制造现状分析

1. 石化行业生产面临的挑战

石化行业是典型的流程型制造业,涉及原燃料采购、原油/原料检验和混配、生产工艺调整、装置负荷管理、产品质量监控和销售优化等多个环节。与离散制造业不同,石化行业具有作业连续、危险性大、生产过程复杂、技术和资金密集等特点。

"十三五"期间,石化行业按照国家"十三五"发展规划确立的奋斗目标和发展思路,加大创新驱动和绿色发展"两大战略"的实施力度,持续推进石化产业布局结构、产业结构、产品结构及组织结构的调整与优化,不断拓展和深化国际交流与合作的广度与深度,持续改进经济运行的质量与效益,在新工艺、关键技术以及装备方面取得一系列的进步。2018 年,我国石化行业主营收入达 12.4 万亿元,其中行业效益超过 8000 亿元,整体体量已连续多年居世界第二位,其中 PX 等 20 多种大宗石化产品产能产量均居世界第一[3]。目前,我国石化行业已拥有自主开发的催化裂化、加氢裂化等六大炼油核心技术,以及百万吨级乙烯和芳烃生产等五大成套技术,并且拥有具有世界先进水平的大型石化装备制造技术,如大型加氢反应器、大型缠绕管式换热器、大型低温乙烯球罐、大功率乙烯"三机"、10 万 m³/h 等级空分用空压机等重大装备已实现自主制造,产品质量性能达到发达国家先进水平。还有一批如页岩气勘探技术、聚碳酸酯生产技术、大型先进煤气化技术、煤制油技术、煤制烯烃技术、煤制乙二醇技术等重大和关键技术取得工业化突破。在发改委和工信部联合发布的《关于促进石化产业绿色发展指导意见》、石化联合会发布的《石化产业绿色发展行动计划》,以及六大专项行动方案的指导下,国内石化行业绿色发展水平不断提升,2017 年以来实现绿色工厂 125 家、绿色产品 258 个、绿色石化园区 9 家、绿色工艺 30 项。全行业的物耗、能耗、水耗以及废弃物排放量都持续下降,2018 年全行业万元收入耗标煤低于 0.50 吨[3]。

"十三五"发展规划确立了我国石化行业由石化大国向石化强国跨越的奋斗目标,但是石化产业转变过程和高质量发展仍然面临着诸多严峻挑战。石化产业的创新能力和创新水平以及全行业整体技术水平,与发达国家相比还存在明显的差距,另外,在产业集中度、高端新材料产品数量、运行质量和效益方面差距明显,企业国际化经营与管理水平也有待提升[4]。

1)原油对外依存度持续攀升

近年来石化行业的原料——原油消费主要靠进口。2017 年,我国成为进口原油第一大国;2018 年,我国又成为进口天然气第一大国,"十三五"期间,原油、天然气的进口量逐年增加,对外依存度逐年攀升,2018 年原油对外依存度已超过 70%,天然气对外依存度超过 40%。因此,世界原油市场的波动对国内石化产业有重要影响。

2)结构性矛盾仍然突出

"十三五"期间,石化行业不断加大淘汰落后产能和结构调整的力度,但全行业"低端产品过剩,高端产品短缺"的结构性矛盾未能根本改观,贸易逆差连年增加,通用产品中的高端牌号以及高端产品逆差一直在扩大。2018 年全行业贸易逆差2833 亿美元,同比增长 42.5%。而随着浙江石油化工有限公司、恒力石化股份有限公司、盛虹石化集团有限公司等诸多国内大型民营企业进军石化产业上游,突出的结构性矛盾将导致成品油及大宗基础化学品的市场竞争进一步加剧。近几年,我国大型炼化一体化装置呈现出集中建设、集中投产的现象,这是我国石化产业发展历史上没有过的,也是世界石化产业发展过程中少有的。

3)部分关键技术难以攻克,卡脖子现象严重

近年,石油化工产业不少关键技术取得突破,但仍有一些重大关键技术和设备始终难以突破,如聚酰亚胺等特种材料、茂金属聚烯烃技术、尼龙 66 的关键单体己二腈技术以及碳纤维生产线的氧化炉、碳化炉等关键设备。这些技术与设备的缺失是当前石化产业高质量发展的最大瓶颈。

4)企业效益差距仍然很大

从 2019 年最新发布的世界 500 强榜单可以明显看出,我国上榜的石油石化企业净利润率与沙特国家石油公司(31.2%)、沙特基础工业公司(12.7%)、利安德巴塞尔工业公司(12%)、埃克森美孚公司(7.2%)等企业相比明显较低。

5)产业社会环境恶化

石化行业重特大安全生产事故和环境事件时有发生,环保和安全管理仍有待进一步加强,特别是在"谈化色变"态势不断蔓延情况下,石化产业的政策环境、社会环境和人才梯队建设都遇到了严峻挑战。

6)国际政治环境形势严峻

当前,国际贸易壁垒增高,国内中低端产品的国际市场受到严重影响。未来一段时间内,石化产品的国际贸易仍将受国际政治环境影响。

由"制造大国"向"智造强国"转变,要求石化行业必须从局部、粗放的生产与管

理模式向全流程、精细化生产与管理模式发展,强化主导产业链关键领域技术创新,提高石化生产制造水平和效能,推动系列新技术、新产业、新业态快速成长,不仅要重点强化炼化一体化和高端材料创新制造,发展精细化工品及有机化工新材料,推广先进石油清洁生产技术,更要实现石油和化学工业过程与装备的智能化,实现制造流程、操作模式、供应链管理的自适应智能优化,依托优势创新培育新材料领域新兴产业,创造化学和化工新作用。

2. 石化行业智能优化制造现状分析

石化行业各环节产生大量物质流、能量流以及价值流数据,充分挖掘数据价值,打通从采购、生产到销售的各个环节,实现石化行业的数字化和智能制造存在巨大价值空间。大数据时代,传统石化产业正在和信息技术深度融合,"工业4.0"将为传统石化行业带来端到端的"全价值链"效率提升,实现数字化高效运营、数字化新型商业模式、数字化管理转型。但目前国内外还没有一家石化企业真正意义上实现智能工厂,仅是局部开展了智能化应用。其中,美、德、日等发达国家已处于"工业3.0"向"工业4.0"的转型过程中,而我国除九江石化、镇海炼化、新凤鸣集团等少数先锋企业外,大多企业都处于"工业2.0"向"工业3.0"的转型阶段。30%—40%的石化企业依然偏重经验型管理,并且存在数据计量不足、标准化程度低的现象;50%—60%的石化企业完成了一定程度的自动化升级,并意识到大数据对生产流程的重要性,然而由于管理的低效及高级数据分析人才的缺失,提效优化的技术没有投入使用;只有不到5%的石化企业(如中国石化、万华化学集团)已成功运用数字化技术,拥有可以迅速调整以适应新科技和新市场的商业模式。

此外,我国石化行业数字化的先行者大都集中在销售端,如中国石化、中国化工集团等数字化电商平台对成品油的销售取得了显著成绩。然而,尚未有我国的石化企业成功打通数字化转型的每个环节,B2B(bussiness to bussiness)的数字化销售渠道未成熟。

由此可见,数字化发展以及"工业4.0"有望为我国传统石化行业带来端到端的全价值链效率提升。尽管化工行业数字化潜力巨大,但进程相对缓慢,而我国石化企业因缺乏数字化意识、数字化人才和明确的转型路径,尚处于数字化转型的初级阶段。国内石化行业中对于各环节数据的有效感知和有效利用率都相当低,基于互联网产业的石化企业底层感知、全流程控制和优化以及顶层的智慧决策方面存在明显不足。

随着工业化和信息化的深度融合,要进一步推动互联网、大数据、人工智能等现代信息技术在石油化学工业的应用,加快石化行业在关键技术和装备国产化、数字化及智能化的技术发展,应用大数据、云计算、物联网等新技术和新模式推动石化产业生产、管理和营销模式变革,全力推进我国石化行业智能优化制造。

　　然而,与大型跨国石化公司相比,国内大部分石化和化工企业在数字化运行体系建设与管理能力以及生态圈发展上尚属于"滞后者",自动化程度低、数字化几乎空白,精益运营处于追赶阶段,行业内核心企业在智能制造方面存在非理性投资,对塑造生态圈的行业平台参与度不高;少部分企业正在跟随着数字化潮流推进,但是数字化程度有限而零散,数据分析力度不足;对数字化转型的组织支持有限,缺乏数字化相关关键绩效指标(key performance indactor,KPI)与激励机制,也缺乏数字化人才[19]。具体表现如下。

　　(1)关键原料/关键产品组成、品质的实时检测技术与智能感知不足。炼化一体化过程主要原料(如原油、石脑油、渣油关键成分等)、关键产品(如油品、混合烯烃、混合芳烃和烯烃聚合物产品等)的组分结构不同,物理特性差异较大,组成和质量的智能感知与实时检测技术与装备不足,无法全面支持产品质量的分子水平识别与细分化要求,严重影响实时智能优化控制,导致生产计划智能决策等关键技术和系统的应用效果大打折扣。随着我国原油重质化情况日益严重,重油性质的快速、精确表征已逐渐成为石化企业计划、调度以及操作运行亟须解决的问题之一。

　　(2)企业基础自动化设备/软件有待完善,核心装备国产化率较高,但关键技术与核心软件国产化相对不足。石化行业自动化程度相对较高,但其智能工厂要实现较高的数采率,仍需要基础仪表覆盖面较广,目前普遍存在大量基础仪器仪表需要改造和更新换代,基础控制回路数字化、智能化较薄弱,数据自动采集率有待进一步提高,采集精度、自动化率及自适应性需要提升;石化行业的工业分析和优化软件主要为国外产品,必须要下大力气推进装备国产化和软件国产化,逐步摆脱对国外软硬件的依赖。

　　(3)石化行业智能工厂运维能力不足。随着石化行业智能工厂建设的不断推进和横向推广,运行维护工作的重要性突显出来,但行业内炼化/人工智能两栖人才储备严重不足,技术人员在智能化装备管理与智能软件平台的深度开发能力不足,运行维护的机制有待进一步健全。

　　(4)信息孤岛现象众多,多层次、全流程缺乏有效的协同。顶层生产计划(PIMS)、中层资源调度(ORION)和底层装置操作(Aspen/KBC),三个层级的工作决定了炼化一体化产业链全生命周期的多时空尺度的优化,但存在数据散断,层级间严重缺乏有效的协同机制,普遍呈现孤岛式优化形态,缺乏全流程、全生命周期的智能优化制造技术,导致计划偏离实际,调度与计划脱节和实际生产难以考虑多装置协同等,数据缺乏横向与纵向整合贯通;装置现场生产、安全、环保、质量等泛在感知能力和协同管控能力仍需加强;工控网网络边界的安全保护措施仍不够深入等。

　　(5)企业智能化水平差异大,区域产业链集成化、一体化程度低。地区石化企业的智能化水平差异大,智能制造技术亟待行业推广;地区石化企业大部分都采用

"孤岛式"操作,仅考虑自身效益最大化的情况,缺乏炼化一体化思想和供应链、价值链集成优化概念。区域内区"三废联治"、安全精细监管与精准溯源,以及突发事件应急管理需要协同优化,避免资源和价值浪费,实现炼化一体化过程的供应链、价值链集成优化,以及区域石化产业链的整体效益最大化。

(6)安环指标溯源和应急响应能力弱。石化行业生产条件严苛,生产规模大,过程中直接或间接使用了大量有毒、易燃易爆的危险化学品。安全和环保是石化生产过程重要的检测指标,我国石化行业经过多年的发展,形成了比较完备的安全设计和管理体系,但也存在异常工况诊断分析手段不足、事故应急响应能力弱、风险评估与布局优化不成熟等问题。

3.1.2 智能优化制造发展态势

石化行业生产智能化制造的核心一是大宗和精细化学品制造过程效能最大化;二是化学品微观质量的优化和控制。然而,一方面,工业装置操作具有高度复杂性、耦合性和高度非线性;另一方面,化学品的结构如聚合物的微观链结构、聚集态结构无法在线检测,导致化学品流程生产智能制造面临巨大挑战,这也是石化行业优化制造发展的态势[20]。而从石化行业生产和管理两个层面进行分析,其数字化发展与智能制造面临如下挑战。

1. 高度复杂的生产体系需要人-机-物的高度融合

1)采购端

石化行业原料复杂,产品各项成本中原材料占比最高,打通采购与生产,将采购时的价格动态波动与生产中的原料配比调节联动,实现采购组合与价格的最优,是有效降低成本的重要举措。领先的龙头原油加工企业纷纷开始强化线性优化模型 PIMS 的使用率,通过"原油选择"和"优化排产"两大关键杠杆,助力企业实现价值最大化。

2)生产端

石化企业的生产体系纷繁复杂,生产工况波动较大,存在高温/高压/腐蚀/多相态等复杂物理化学过程,过程多物理场耦合性强。只有建立可以根据原料和产品市场的价格动态,对于每个工艺环节实现准确的模型化和数字化,特别是建立能源流向、物料互供流向、装置负荷进行调整的全公司级别的线性网络优化模型,才能实现整体公司的价值最优。而随着在线测量、数字化和大数据技术的发展,生产端的模型化和网络优化成为可能。如何提高生产端模型化精度,建立全公司级别的线性网络优化模型,是当前石化行业智能优化所面临的重大挑战。

3)销售端

石化企业产业链长,往往存在大量产品组合,且销售订单高度分散。借助新兴的大数据分析技术整合分散、复杂的销售数据,可以使企业在订单层面对销售利润进行检视,实现落袋利润最大化。而消费者个性化/多样化的消费需求,要求石化企业进行更加细分的产品开发和生产,提供更加定制化的产品和服务。因此,能否打通从下游消费品生产到上游化学原材料的数字化链接,是顺应细分客户要求,实现更高价值创造的重要举措。

2. 日趋严格的健康、安全、环境(health safety environment,HSE)要求,需要建设数字化为基础的控制系统,更加精准地控制生产流程

石化行业存在高温、高压、腐蚀、污染的特点,需要基于生产运行底层的在线实时监测和精准感知,利用数字化为基础的自动控制系统,实现化工生产的能源效率、整体设备效率及反应收率等主要生产指标的持续改进和最优化;基于大数据分析、模拟、闭环反馈等的数字化控制对实现安全、高效的生产,降低事故率有重要意义。

基于上述智能优化制造发展态势分析,目前石化行业需在以下五个方面加大投入与攻关,切实解决石化行业智能优化制造的难点与挑战,最终实现石化产业高质量发展的目标。

1)智能检测、传感和信息集成

在检测方面,石化企业生产过程优化调控和经营管理优化决策需要大量的实时信息,目前面临的难点就是如何实现从原料供应、生产运行到产品销售全流程、全生命周期资源属性和特殊参量的快速获取与信息集成。在信息传感和集成方面,石化物联网将吸取物联网在国内外石油石化行业实施的成功经验,注重先进性、统一性、集成性和开放性相结合,充分利用现有资源,结合物联网、数据挖掘分析、优化模型、交换共享、移动应用等技术,建立以优化节能、健康、安全与环境管理预警、智能感知、集中集成为核心应用的平台,打造绿色低碳、高效可靠的物流,从而提升企业管理水平。

2)过程机理与数据融合的全流程建模和分析

在建模方法的研究中,未来的工作需要在确保建模鲁棒性、精确性的前提下,结合机理建模和数据驱动建模的优点,降低模型的计算复杂度,提升模型的鲁棒性,从而实现模型的合理简化。针对石化生产优化运行,进一步考虑针对全局、计划调度、过程控制、优化等不同需求模型的融合性、一致性和实时性等问题。最后进一步引入虚拟制造等新技术,降低生产运营的成本,实现数字化工厂和智能工厂。

3)全流程控制与决策一体化

石化生产过程一般都存在多个相互耦合关联的过程,其整体运行的全局最优是一个混合、多目标、多测度的动态冲突优化命题,因此如何针对生产运行中的关键问题建立合理的模型,选择合适的优化方法进行求解,实现石化行业中工业过程

回路控制与设定值优化一体化的控制系统理论与技术,是一项具有极大挑战性的工作。实现全流程控制与决策一体化,可以有效提升石化行业全流程优化与控制的性能,提升自动化、智能化水平。同时,人工智能的兴起,对于全流程一体化控制和优化都有重要意义,可以通过人工智能技术,提升控制系统的智能化以及自主化,通过深度学习等人工智能技术挖掘机理不清的流程系统中的关联知识及因果知识等,实现人机自然交互决策。

4)知识自动化驱动的企业经营决策优化

现代工业中机器已经基本取代体力劳动,其管理、调度和运行的核心是知识型工作。例如,如何将市场规律转化为知识,瞄准企业经营决策主要内容,采用先进管理理念信息技术,融合企业生产内在本质,构建企业经营决策优化模型,开展企业经营优化研究,从而提高企业经营决策水平、经济效益和市场竞争能力。围绕智能化生产、网络化协同、个性化定制、制造型服务四大重点,融合生产过程机理,以知识自动化为主导,将生产本质特性和技术创新形成知识深入渗透到石化企业生产经营管理各个层面,通过知识自动化,重塑制造业产业链、供应链和价值链,改造提升传统动能,使之焕发新的生机与活力。

5)安环指标溯源和应急响应

安全和环保涵盖了石化从工艺设计、选址到生产运行的各个方面,涉及的过程复杂,需要考虑的因素众多,是横跨公共安全、自动控制、系统工程、化学工程、环境工程等多专业的交叉学科。提高化工园区选址的科学性,提升生产过程的安全等级,增强事故应急处置能力是智能制造未来的发展方向。其中,故障诊断需要依靠机理和数据相结合的分析方法,充分利用多种信息,使用不同的方法对异常进行分析,提高结果的可靠性和鲁棒性;在事故应急响应中,尤其是涉及大气和水体污染的应急处置过程中,未来的发展方向是建立机理数据相结合的、具有一定普适性的定量后果评估模型,以提高模型的计算速度和可靠性为最终目的,提升事故应急处置的辅助能力;化工园区布局应综合考虑安全、经济和工程伦理等因素,提高过程安全分析和定量后果评估手段在布局模型中的可靠性,尝试新的布局模式(多层布局)以及三维建模。

3.1.3　典型案例

1. 案例 1:九江石化[21]

1)九江石化智能优化制造现状

"十二五"初期,在中国石油化工集团公司的支持和指导下,九江石化从企业自身发展需要出发,先试先行,于 2011 年初开启了建设石化智能工厂的探索和实践。作为石化行业数字化和智能化建设的排头兵,九江石化在智能工厂方向的持续投入和建设为我国石化行业智能制造提供了良好的参考,该智能化项目全面提升了化工制造过程中"全面感知、预测预警、优化协同、科学决策"四种能力,在"计划调度、安全环保、能源管理、装置操作、IT 管控"等五个领域,实现具有"自动化、数字化、可视化、模型化、集成化"等"五化"特征的智能化应用。九江石化以"原创、高端、引领"为方向,将先进的信息通信技术与石化生产最本质环节密切结合,探索出了一条适合石化流程型行业面向数字化、网络化、智能化制造的路径,并取得了积极、显著的成果,有力支撑了核心业务管理绩效的全面提升,开创了传统石化流程型企业提质增效、转型升级的新局面,具有重要示范意义。

　　智能工厂建设的主要内容是运用物联网、云计算、移动宽带网络、大数据等先进信息通信化技术,以 ERP 为核心,着力打造集成共享的经营管理平台,提高经营管理效率;以 MES 为核心,着力打造互联智能的生产运营平台,实现企业效益最大化目标;利用新一代信息通信技术,着力打造敏捷安全的信息基础设施平台,为智能工厂建设和运营提供坚实保障。九江石化智能工厂建设 5 年来已取得了一系列的成果。

　　(1)智能炼厂总体框架基本形成。在石化企业典型信息化三层平台架构之上,构建了集中集成、数字炼厂和应急指挥等公共服务平台,系统集成及应用进一步完善,实现了"装置数字化、网络高速化、数据标准化、应用集成化、感知实时化",形成了石化流程型企业面向数字化、网络化、智能化制造的基本框架,建成了智能工厂1.0 版。九江石化智能工厂总体框架 1.0 版具体如图 3-1 所示。

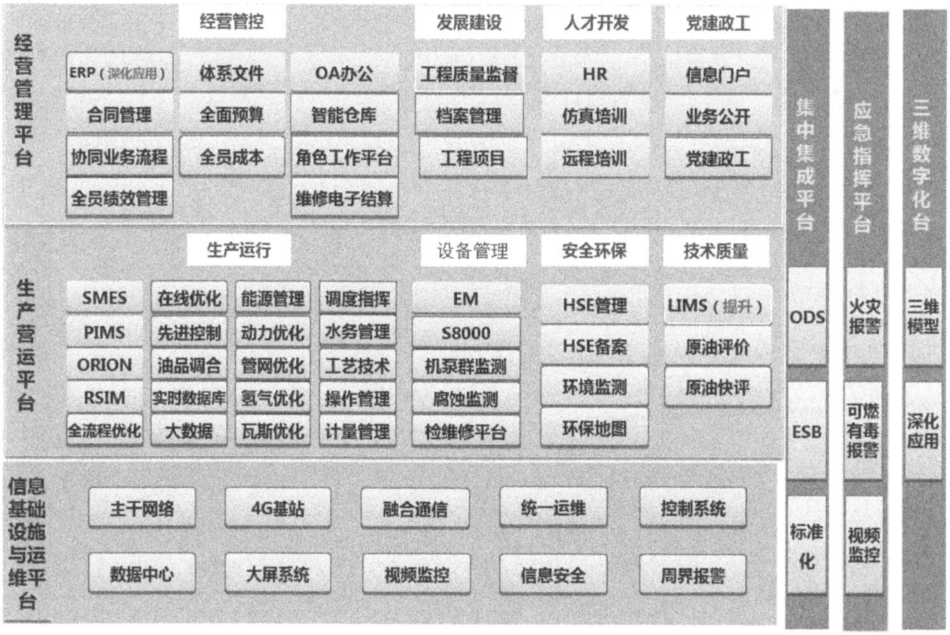

图 3-1　九江石化智能工厂总体框架 1.0 版

（2）智能工厂神经中枢建成投用，实现了"经营优化、生产指挥、工艺操作、运行管理、专业支持、应急保障"等六位一体的功能定位。

（3）数据库集中集成取得突破，解决了普遍存在的信息孤岛、业务孤岛等问题，在国内同行率先建成生产运营企业级中央数据库。目前，集成 MES、LIMS、HSE、HR、ERP、能源管理、工艺管理、计量管理、原料油快评等 24 个系统，为调度指挥、大数据分析、三维数字化等 21 个系统提供数据支撑，为操作管理、调度指挥、能源管理等 20 个系统提供 27 个服务；完成生产物料等 40 个标准化模板及 36 类主数据标准化。

（4）建成原油快评系统、炼油全流程优化平台等，实现生产运营一体化协同能力持续提升。原油快评系统：利用核磁技术，通过在线和离线方式能够分析原油原料 136 个物性，原油实现分储分炼。炼油全流程优化平台：以中央数据库为支撑，集成原油快评、PIMS、ORION、RSIM、MES、ERP 等重要数据，提升生产计划、流程模拟、生产调度与执行一体化联动优化功效，实现炼油全流程优化闭环管理。先进过程控制（advanced process control，APC）系统：实现装置全覆盖，提高装置操作平稳率，并通过卡边操作降低装置能耗。具体如图 3-2 所示。

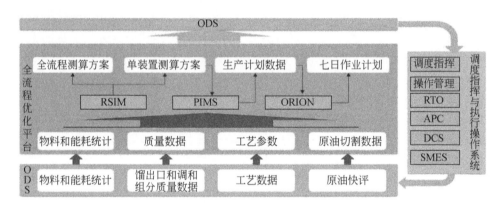

图 3-2　九江石化智能工厂全流程优化平台

（5）建成炼油虚拟制造系统。针对炼油过程全局优化和装置优化中存在的问题，切合石化实际生产过程以及信息化建设过程中的需求，建设了炼油虚拟制造系统，包含四大子系统，分别为：炼油装置在线仿真系统、装置运行性能评估系统、生产装置操作优化系统、生产计划优化决策系统。该系统在原有基于统计模型的横向优化基础上进一步提升，实现面向生产过程的基于机理模型的优化，进而实现与实时优化（real time optimization，RTO）/APC、PLC 层面的纵向链接和实时联动，形成"一横、一纵"的一体化优化闭环管理体系，最终实现供应链管理域的"实时协同、敏捷响应"。

（6）建立了生产装置及辅助系统等 80 余套单元三维模型,建成了与物理空间完全一致的数字化炼厂,实现了企业级全场景覆盖、海量数据实时动态交互。具体如图 3-3 所示。

图 3-3　九江石化智能工厂数字化炼厂平台

（7）HSE 管理及应急指挥实现实时可视化:通过广泛 HSE 观察,实现 HSE 全员、全过程管理。

（8）IT 管控一体化的数据中心全面建成投用,实现了网络高速化、通信互联化、数据标准化、系统集成化、监控可视化,有力保障了智能工厂安全平稳运行。

（9）信息基础设施不断完善。基于 e-LET 技术的企业级 4G 无线网络,与石化生产最本质环节密切结合,保障企业生产运行。具体如图 3-4 所示。

（10）生产区域综合安防智能管控,实现人员进出、劳动纪律、厂区车辆、物资进出管理一体化。

（11）计量集中管控系统投用,初步实现衡器计量、定量装车计量、仪表计量的集中化、实时化、可视化、智能化。

（12）IT 基础设施及管理系统实现智能管控,全面监控网络、服务器、数据库、中间件、应用软件(179 台服务器、35 套重要应用系统),对服务器的 CPU 利用率、内存利用率、网络通断、硬盘使用率、系统运行情况等参数进行实时监控告警。

通过上述智能工厂建设的逐步实施,九江石化工厂智能化水平不断提升,取得了如下效果。

（1）实现敏捷生产、提高经济效益。开展资源配置优化、加工路线比选,加工吨原油边际效益在中国石化沿江炼油企业排名逐年上升,由 2010 年垫底上升至 2014 年排名首位并保持至今,2015—2018 年实现利润 60.85 亿元。

（2）支撑本质安全、践行绿色低碳。九江石化智能工厂,支撑 HSE 管理由事后管理向事前预测和事中控制转变,外排达标污水化学需氧量(chemical oxygen

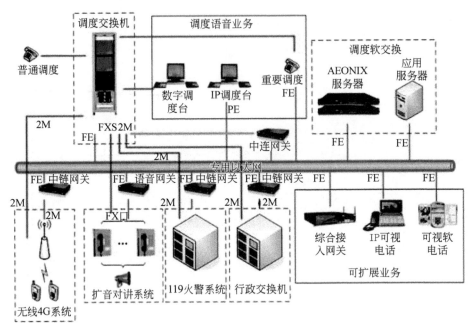

图 3-4　九江石化智能工厂融合通信

demand,COD)、氨氮等指标处于行业内先进水平。

（3）优化管控模式、提升管理效率。各类信息系统助推扁平化、矩阵式管理及业务流程优化,在炼油产能翻番的情况下,与 2013 年相比,2017 年员工总数、班组、外操室数量分别减少 18.7％、13％、35％。

（4）助力降本增效、提高数据质量。设备自动化控制率 95％,生产数据自动采集率 95％以上,运行成本降低 15％,能耗降低 2％,软硬件国产化率达到 97％。

2）九江石化智能优化制造面临的挑战

在九江石化"十二五""十三五"智能炼厂建设基础上,企业仍将围绕"工业物联网"和"全流程优化"两大核心要素,不断提高各环节实时感知能力、机理分析能力、模型预测能力、优化协同能力,从集中管控模式向智能管控模式持续迈进,继续致力探索和实践数字化、网络化、智能化制造,努力实现传统石化企业提质增效、创新发展、转型升级,引领石化行业智能制造创新发展。具体所面临的挑战如下。

（1）企业基础自动化设备有待进一步完善。智能工厂要实现较高的数采率,需要基础仪表覆盖面较广,部分基础仪器仪表需要改造和更新换代,基础控制回路数字化、智能化较薄弱,数据自动采集率有待进一步提高。石化企业生产管控需要依据过程运行实时信息作为反馈,然而受现有检测技术及环境限制,过程控制和运行优化缺少反馈信息支撑。

（2）智能工厂运维能力仍显不足。随着九江石化智能工厂建设的不断推进，运行维护工作的重要性突显出来，运行维护的机制仍有待健全。

（3）智能工厂离建设目标仍有较大提升空间。装置现场生产、安全、环保、质量等泛在感知能力和协同管控能力仍需加强；设备管理方面需强化数据自动采集与全面感知；信息孤岛现象仍然没有完全消除；工控网网络边界的安全保护措施仍不够深入等。化工生产过程是一个多变量、强耦合、非线性、大时滞过程，化工生产流程是间歇式和连续式操作并存的复杂工业过程，需要解决过程稳态设定点全局优化，以及在扰动情况下如何动态调整和恢复等问题。生产运行控制和企业运营决策优化涉及流程重整、人员主观能动性发挥等因素，需要解决人机有机协同、知识工作自动化等问题。

2. 案例 2：镇海炼化[22]

1）镇海炼化智能优化制造现状

镇海炼化是我国最大的炼化企业，炼油能力位居世界第 18 位，生产运行水平和经济效益持续保持国内领先地位。目前公司拥有 2300 万吨/年原油加工能力、100 万吨/年乙烯生产能力、200 万吨/年芳烃生产能力、4500 万吨/年深水海运码头吞吐能力，以及超过 350 万立方米的仓储能力，形成了"大炼油、大乙烯、大芳烃、大码头、大仓储"的产业格局，集中代表了我国炼油化工行业的先进水平。

实现流程工业炼化一体化智能优化制造的关键是以需求驱动、应用导向为主导，应结合人工智能、大数据等先进信息技术，解决信息感知、经营决策、生产运行和能效安环四个层面的关键问题，实现生产与经营全过程信息智能感知与集成、知识驱动的生产过程计划与管理决策、人机物协同的全流程协同控制与优化和全生命周期安全环境足迹监控与风险控制。为了解决上述关键问题，目前，镇海炼化搭建了经营决策管理、生产运行管理、基础信息运行和维护三大信息化管理平台，初步实现了以下功能。

（1）信息采集与监控：镇海炼化于 2001 年投用实时数据库系统，采用 OPC 服务器和专用防火墙采集、监控各类生产数据约 14 万点，工艺流程监控画面约 2400 万幅，包括温度、压力、流量及设备振动位移等，自动采集率为 98.75%，实时掌控装置运行、物料流向、质量分析、系统平衡、产品进出、工艺指标等情况。具体如图 3-5 所示。

（2）资源计划与生产执行：作为中国石化首批四家试点企业之一，镇海炼化于 2002 年成功完成了 ERP 系统的建设，并于 2015 年 1 月完成系统升级，涵盖了物资供应、生产计划、物料管理、销售管理等 11 个模块。2006 年，镇海炼化建设了 MES，并于 2014 年开展了 MES3.X 的提升建设，在信息化层面实现了企业生产管理业务的模型统一、数据共享和相互协作。具体如图 3-6 所示。

措施
➢ 实施泵群状态监测, 52套装置, 1053台机泵, 1742个无线传感器, 119套通信站,后续逐步扩展到5000余台
➢ 对重点机泵振动和温度数据进行无线采集和监控后, 集成到DCS和管理系统, 给现场设备装上"眼睛"

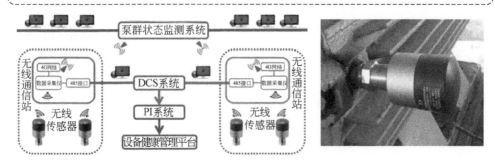

图 3-5　镇海炼化装置信息采集与监控

案例:预测油头切换
➢ 原业务模式:三套减压装置的油头切换影响企业上下游装置运行。码头调度通过电话报油头,值班调度进行记录和线下计算,因调度事务繁杂,容易忘记提醒装置切换油头,造成生产波动,每年都会有问题发生
➢ 现业务模式:日计划编制长输线计划时,系统就自动算出切油头的预估时间,通过值班调度的二次复核与切油头时间的推送和提醒(切油头30分钟前开始循环提醒),提高装置切换油头平稳性,目前切换油头时间准确率100%

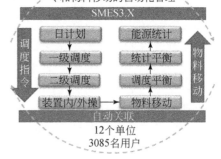

创新:在中国石化系统内首创指令和物料移动的自动化管理

图 3-6　镇海炼化 MSE 系统

(3)计划决策与操作运行集成优化:镇海炼化通过与科研单位深度合作,建设了炼化一体化全套机理模型,并以此为基础开展了一系列智能优化业务,包括:炼化一体化全局资源决策优化,为全厂原料采购、产品结构、生产方案等提供价值最大化决策方案;炼油石化关键单元(如催化裂化、催化重整等)操作运行优化,乙烯过程优化等,在满足计划调度约束条件下,利用机理模型对催化裂化、催化重整、乙烯裂解等效益装置实施多模式运行优化,提高汽油、芳烃、乙烯等高价值产品收率,提升装置运行水平,为石化流程行业智能制造提供内涵。

(4)先进控制与在线优化:镇海炼化主要生产装置采用 APC 与 DCS 结合,实时检测诊断装置工况,通过内置的功能优化模块,动态自动优化运行参数。目前镇

海炼化已有 15 套装置实施了 APC,实现了部分装置运行实时检测、在线智能先进控制。在线优化控制方面,针对 1♯A、1♯B 线原油调和过程实施了配方在线优化控制,确保严格执行调度指令下达的配方,显著降低了压力波动时配方变化导致原油属性(密度、酸值、硫含量、收率等)波动。

(5)健康安全环境监控:针对炼化企业易燃易爆、有毒有害等特点,镇海炼化在有毒气体和可燃气体泄漏潜在危险源上共安装了 2467 台固定式报警仪;在关键生产装置安装了工业电视系统,共包含 1658 个摄像头以及红外线等多重监控设施。镇海炼化集成应用工业控制安全系统,整合 59 套安全仪表系统,包含联锁回路10752 个,目前已实现 45 套装置联锁在线管理,做到事前预警、事中处理、事后分析。

2)中国石化镇海炼化分公司智能优化制造面临的挑战

(1)市场需求不可完全预测,市场竞争愈加激烈。产品需求的形式和结构发生了变化,多样化和个性化产品与服务已成为市场需求的主要特征;各种新工艺、新技术广泛应用于产品的设计开发和制造过程中,使新产品的开发与制造复杂度越来越高。这种对产品多样性和个性化服务需求导致了镇海炼化面临着前所未有的激烈市场竞争环境,镇海炼化必须迅速适应市场的变化,以高效率、低成本生产出高质量的产品。

(2)绿色制造和智能制造等先进制造理念不断推进。一方面给石油炼化企业经营管理和运作模式提出了新的课题,另一方面也为镇海炼化减耗增效,提升企业科技水平和竞争力提供了技术手段。

(3)随着社会的进步,政府和民众的环保意识及对环境保护的要求大大提升,这对具有高能耗、高污染特点的传统的化工企业提出了挑战。镇海炼化不仅要为社会提供适用的高质量产品,还要承担社会可持续发展责任。

(4)新兴技术推动模式变革和本质提升动能不足。人工智能、大数据、5G 等新一代信息技术与现场应用场景深度结合的理解不到位,缺乏前瞻性思考,难以给企业带来模式变革及本质提升。

(5)创新项目未形成产业链和产业生态。针对化工行业智能制造建设,建设目标及方向虽然是清晰的,但在具体落地过程中,智能制造建设多是创新性项目,很多项目的效益有不确定性,存在"投入与收益的剪刀差",影响项目推进的决心和速度。

3.1.4　发展需求

"十四五"时期是我国石化产能集中释放期,随着长兴岛恒力二期、舟山浙江石化二期、连云港盛虹石化等拟建和扩建的产能陆续投产,石化行业产值和利润总额将进一步提高,呈现出蓬勃的发展局面。与之相对,国内石化企业总资产回报率、利润率均普遍较低,其中主要是石化企业的底层感知、全流程控制和优化,以及顶层的智慧决策方面存在相应不足,因此智能制造在推动石化行业向前发展过程中将起到尤为重要的作用。"智能石化工厂"是以自动化技术、信息技术和现代管理技术相结合提升石化传统行业的综合技术,实现了设计、生产管理和经营一体化。借助智能装备和技术所具备的多种优势,石化产品的制造效率得到新的提升,产品的成本进一步降低,这些都有助于石化企业在智能浪潮的冲击下获得更多的发展机会[23]。

1. 智能制造是石化行业自身成长的需求

目前我国石化行业正朝着高技术、大规模、集约化方向发展,并将加快推出一体化产品链和高技术含量、高附加值的新产品,以此促进石化产品的升级和产业进步,而那些不具经济规模、生产技术落后的企业将逐步被淘汰。因此,加快数字化智能化技术的运用,确保产品质量和效益的稳步提升,有利于企业自身的成长,更有助于整个行业尽快实现智能制造转型。分析九江石化和镇海炼化智能制造转型之路,可以看出智能化改造传统石化行业,提质增效升级作用显著,而加大信息化、数字化投入是实现智能化改造的基本保障。

经过数十年的发展,我国已成为石化制造大国,其生产工艺、装备及自动化水平都得到了大幅度提升,且部分工业装置的装备水平与发达国家的装备相当,甚至更先进。石化生产过程的优化调控依赖于对更多工艺参数的检测以满足智能化运行的需求,传统的温度、流量、压力、液位等过程变量检测已在工程实践中得到了广泛应用,但对复杂成分的物理化学性质在线实时检测仍待进一步研究,高精度和高实时性的检测需求仍受到工业界和学术界的广泛关注。随着石化企业信息化、数字化软硬件的不断投入,以及石化行业多学科协同创新体系的不断完善,石化行业智能制造将逐步提速。

2. 智能制造是增强石化行业国际核心竞争力的需求

目前,智能制造的模式主要包括:流程型智能制造、离散型数字化制造、网络协同制造、大规模个性化制造、远程运维服务等,九江石化通过流程型智能制造改造,成功实现了向智能工厂的初步转型,取得了显著的社会经济效益。当前,我国石化企业的总资产回报率远低于巴斯夫、美孚等同行外企,新常态下,我国石化行业面临的形势极为严峻,因此,加快推进云计算、大数据、物联网等新一代信息技术在传统石化企业的应用,以此构建石化行业流程型智能工厂,有助于提升我国石化企业精益制造、绿色制造、高端制造的能力水平,增强石化企业核心竞争力。

美国霍尼韦尔、艾默生、英维斯等公司相继提出了"一体化业务解决方案""数字工厂""智能工厂"等方案,并成功应用于大型项目中。然而,我国石化行业90%

左右的企业为民营企业,全行业资产负债率达到 60%,产品以中低端为主,产能过剩,导致信息化费用投入不足,直接抑制了我国智能化改造的进程,成为制约我国石化行业智能化的最大障碍。因此,石化行业智能制造市场必须加快培育一批自主研发为主体的成熟的整体解决方案提供商,从而诱导推广模式创新,实现政策与市场的共鸣[24]。

3. 智能制造是提升企业经营业绩的需求

能源市场需求瞬息万变、国内外市场竞争日益激烈且环境日益复杂化,使得石化企业经营管理面临着严峻的挑战。如何充分运用信息技术,完善石化行业企业制度,突出经营主线,把握市场需求,优化生产方案,降低采购成本,提高企业经营科学决策水平,提升企业竞争力,是石化企业和研究者迫切需要解决的关键问题。

石化企业体量大,效率提升对经营业绩影响明显,对智能制造的需求巨大。2020 年,我国石油化工行业产值达 16 万亿元,年均复合增长 4.75%,为智能制造提供巨大潜在市场[25]。但在推广、实施智能制造的过程中,需要注意以下几点。

(1)石化企业建设智能工厂,必须遵循与企业发展战略相结合原则,将智能工厂顶层设计纳入到企业发展战略中,充分考虑企业未来业务与管理发展。

(2)石化企业智能工厂建设,必须要明确建设目标,规划实施路线,制定实施策略,落实保障措施,顶层设计,全员参与,积极培育 IT 文化。

(3)石化企业智能工厂建设,必须以业务需求为导向,立足于解决生产经营、发展建设和企业管理实际问题,在统一智能工厂平台及架构的基础上,推进各信息子系统建设,避免形成新的信息"孤岛"。

(4)石化企业建设智能工厂,必须要下大力气推进装备国产化和软件国产化,逐步摆脱对国外软硬件的依赖,努力形成自主知识产权。

3.2　发　展　目　标

石化行业智能优化制造发展的总体目标是以炼化一体化生产过程的自动化、信息化、智能化、高端化、绿色化等综合集成为出发点,以具有自主知识产权的炼油、化工、材料等全流程智能化关键技术研发为突破口,以系统平台和工业应用示范为依托,以提高产品质量、生产效率和企业经济社会效益为最终目标,培养专业技术人才队伍,全方位、多层次地提升我国石化行业生产过程的智能化水平。石化行业必须从局部、粗放的生产与管理模式向全流程、精细化生产与智能管理模式发展,强化主导产业链关键领域技术创新的同时,提高石化生产智能制造水平和效能,推动系列智能制造关键技术成长,即不仅要重点强化炼化一体化和高端材料创新制造,发展精细化工品及有机化工新材料,推广先进石油清洁生产技术,更要实现石油和化学工业过程与装备的智能化,实现制造流程、操作模式、供应链管理的自适应智能优化,依托优势创新培育新材料领域新兴产业,创造化学和化工新作用,真正推进我国石化行业从"制造大国"向"智造强国"转变,推动我国石化智能制造设备、技术、软件、系统、标准实现国际引领,创造石化能源和化工新作用,推进石化行业绿色可持续发展[5]。

石化行业/企业通过智能优化制造,实现智能化、绿色化、高端化。针对石化行业智能制造发展的重大需求,围绕关键工艺、装备、软件系统等的智能研发和过程智能调控两个重点攻关方向开展基础理论、方法和共性关键技术与系统的研发以及产业化应用,借助"智能+"、物联网和智能制造技术,依托传感器、工业软件、网络通信系统、新型人机交互方式,实现人、设备、产品等制造要素和资源的相互识别、实时联通,突破复杂物料属性精准分子识别与实时感知、多场多相反应过程构效认知、全流程智能混合建模与优化调控等系列"卡脖子"技术,通过构建纵向贯通、横向集成、协同联动的数字化智能化软硬件支撑体系,覆盖计划、生产、物流、销售、服务等一系列的价值创造活动,实现企业炼化一体化过程到区域价值链最优化的自感知、自决策、自执行、自适应,推动石油化工智能制造引领的绿色制造和高端制造。具体包括以下几点。

(1)建立一批石化行业数字车间、智能车间、智能工厂及智慧化工园区标准应用体系,提升企业在资源配置、工艺优化、过程控制、产业链管理、质量控制与溯源、能源需求侧管理、节能减排及安全生产等方面的智能化水平,加快智能工厂和智慧化工园区试点示范。

(2)建设石化和化工行业互联网标准化体系,大力推进具有自主知识产权的工业平台软件研发,包括工业云平台、工业大数据平台、三维数字化平台、物联网接入平台、生产优化工具等,开发具有自主知识产权的智能手持终端,用于移动巡检、移动作业、有毒有害气体监测、应急指挥、智能仓储等。

(3)培育石化和化学工业与互联网融合发展新模式,培育智慧物流和电子商务支持现货交易平台等第三方大型电子商务行业平台发展壮大,创新商务模式,推动化工产品物流信息化发展,构建面向石化生产经营全过程、全业务链的智能协同体系。

(4)促进两化深度融合,推进石化化工智能制造工程,着力改造提升传统产业,加快培育化工新材料,突破一批具有自主知识产权的关键核心技术。

(5)打造一批具有较强国际影响力的知名品牌,建设一批具有国际竞争力的大型企业、高水平化工园区和以石化化工为主导产业的新型工业化产业示范基地,不断提高石化和化学工业的国际竞争力,推动我国从石化和化学工业大国向智造强国迈进。

3.3 发展思路与重点任务

3.3.1 发展思路

石化行业以高效化、绿色化和智能化为主题的智能优化制造,就是要在炼化一体化的工程技术层面实现"四化",即:数字化,结合过程机理,采用大数据技术建立流程工业企业的数字化工厂,实现虚拟制造;智能化,充分利用机制和专家知识,采用基于知识型工作自动化技术来实现企业的智能生产和智慧决策;网络化,依托物联网和(移动)互联网技术,发展基于 CPS 的智能装备,实现分布式网络化制造;自动化,采用现代控制技术,实现自动感知信息,主动响应需求变化,进行自主控制。

同时,在石化企业生产制造运行层面也要实现"四化",即:敏捷化,对上下游市场变化作出快速反应,实现原油等资源动态配置和企业的柔性生产;高效化,实现石化企业生产、管理和营销的全过程优化运行,实时动态优化生产模式;绿色化,对石化生产的环境足迹和危险化学品实现全生命周期的监控,实现能源资源的综合利用和污染物的近零排放;安全化,保证石化生产流程的本质安全和企业信息安全,并通过故障诊断和自愈控制技术实现生产制造过程的安全运行。

随着九江石化、镇海炼化、新凤鸣集团等石化企业在智能制造关键技术、装备、软件、系统等方面的不断尝试与实践,相较于流程工业中的其他行业,石化行业在工艺装备、运行技术与管理决策方面都取得了长足的进步,但在全流程和全生命周期的数据感知、多系统协同优化控制、供应链敏捷管理、安全环保监控与溯源诊断等方面还存在很多亟待解决的难题。鉴于此,在"互联网+"时代,石化行业智能优化制造的愿景目标是:在已有的石化行业物理制造系统基础上,充分融合人的知识,应用大数据、云计算、(移动)网络通信和人机交互的知识型工作自动化及虚拟制造等现代信息技术,从生产、管理及营销全过程优化出发,推进以石油化工产业高效化、绿色化和智能化为目标的石化行业智能优化制造,不仅要实现制造过程的装备智能化,而且也要实现制造流程、操作方式、管理模式的自适应智能优化,使得企业经济效益和社会效益最大化。

为实现石化行业生产、管理和营销模式的进一步变革,更大地提升石化行业发展动能,应重视石化行业的基础科学和关键工程技术研究,研发一批具有重大影响的智能感知、信息集成、知识型工作自动化、生产过程优化运行等核心技术,为石化行业抢占国际先进制造领域技术的制高点提供技术支撑,也为先进制造领域的学科发展和高层次人才培养夯实基础。

3.3.2　重点任务

1. 石化装置、流程的智能感知和一体化智能优化

随着目前在石化企业和工厂内获得数据的渠道越来越多,每日装置运行、班次调度、计划排产结果数据不断累积,使得石化企业在生产过程的各个层面都获取了大量的原始数据。随着目前大数据处理技术的不断发展,利用大数据技术来挖掘提取信息和知识,引导技术改进和决策支持已经成为各个行业的共识。对于石化企业这一类传统行业,数据校正技术和机器学习技术早已经在过程监测、软测量、预测等方面得到了应用。而随着数据量的不断扩大,进一步采用分布式数据存储和查询技术之后,石化企业内更多的运行数据可以得到保存和提取。挖掘石化海量数据,感知生产装置行为特征并应用于调控是智能化技术在石化领域的典型应用也是重点任务[26]。

2. 典型流程工业生产过程的多任务计划优化

石化企业的计划优化是一个基于经验的复杂问题,从流程工业生产过程的特征来看,该问题具有一般性,可以通过混合整数规划或者混合整数非线性规划的模型来进行刻画和求解,并给出不同工厂不同生产过程的多种任务的计划方案[2]。但是从具体的问题出发,不同对象、不同过程、不同任务的计划优化具有明显的特点,需要专家的特殊知识,来刻画合理的模型,甚至需要专门的求解算法来对一些问题进行求解。因此,现有的一些通用软件如 Aspen PIMS、RPMS 等在一些具体工厂的实施过程效果并不理想。很显然,如何将一些专家经验、建模经验以及其他相关特殊规则集成起来,形成一个面向多任务计划优化的智能化系统框架是十分必要的。

3. 面向复杂约束下多任务计划调度协同优化

尽管对石化企业的计划调度和生产优化问题已经有几十年的研究,并形成了丰富的理论成果,但在实际现场的应用过程中仍然会遇到各种不确定性问题,使得计划调度的方案无法起到原本的效果甚至于需要重新优化,耗费大量的人力物力。对于计划或调度问题而言,供应链上运输、需求、供给的波动会产生不确定性,从而影响计划方案,并波及内部调度环境和生产过程[27]。工厂内部的调度任务若在实际生产过程中有延迟或者未执行的情况,也会影响上层计划调度方案和下层的装置运行。同样,底层装置运行的实时动态性更强,变化更多,更难以预计各种状况。因此,如何考虑生产过程中的不确定性,将计划与调度进行有机协同是石化生产智能化重点任务。

4. 企业/区域供应链-产业链-价值链集成与优化

生产企业的计划多以月度、季度或年度为时间单位,决定生产过程的原料选择、加工方案、产品方案等;调度则以日或周为单位,考虑原料和产品的库存和各个装置的突发状况,合理分配资源,选择加工方案等;装置运行优化以计划和调度作为约束,决定了生产过程的实时操作条件。三个层次之间相互耦合制约,共同决定了整个生产过程的长周期运行状况。然而,不同层次的优化模型不统一,各层过程相互耦合相互影响,各模型之间互为条件,使得计划、调度和装置一体化优化成为研究重点和难点。石油化工产业一般以炼油过程为源头,以化工过程为中间过程和终端。石油化工供应链优化包括对生产企业内部生产过程、上游原料供应及下游分销网络各环节的管理和决策,侧重如何有效地降低供应成本;价值链优化以市场为导向,根据原料采购、产品生产与销售等环节上的增值情况,调整企业资源、技术及人力的布局,侧重如何有效提升价值;产业链作为一个比价值链和供应链含义更加宽广的概念,是对价值链和供应链的结合。供应链、产业链和价值链优化各有侧重,关注环节也不一样,以炼油企业为例,供应链优化关注原料选购、装置物料平衡、能源平衡以及产品罐区平衡等,使成本达到最佳化;而价值链优化则关注过程产生的增值程度,在一定的市场条件下,尽可能生产附加值高的油品。鉴于此,具有竞争力的石油化工产业链,不仅需要关注市场需求,在原料采购、生产加工和销售环节有效地满足消费者需求,从而创造价值,同时也需要有效地提高供应流程的效率,降低成本,最终通过供应链和价值链的集成,从企业、园区及区域三个尺度优化产业链,提升石油化工行业竞争力。

5. 安全环境足迹监控与溯源诊断技术

石化行业生产规模大,生产条件苛刻,生产过程中直接或间接使用了大量有毒、易燃易爆的危险化学品,安全和环保贯穿了整个石化生产过程。石化过程安全和环保都是贯穿设计、建造、生产、废弃全生命周期的过程,每一个环节都需要从系统角度考虑安全环保需求,采取合适的处理措施。国内大型石化企业从设计建设到投产运行大都能够完成从本质安全设计、过程安全分析、安全仪表、保护层等必要的安全设计和评估环节,但各个部分的评估分析主要依靠人工、专家组经验和规范的流程,成果以分析报告和设计方案为主,安全分析形成的大量知识和经验不能快速用于指导实际动态生产过程。类似地,石化过程所采取的环保措施多集中在工艺层面,从技术、方法的角度实现排放控制,缺乏对企业当前运行过程环境影响的动态实时分析。随着制造业升级,大型石化过程的信息化程度进一步提高,DCS、SIS、FGS 等系统能够提供生产过程绝大多数的工艺、安全和环境监测信息。安全环境足迹监控与溯源诊断依托过程泛在感知,应用人工智能方法来实现安全知识与数据融合,是在信息化、智能化基础上对生产过程安全、环保态势的实时动态评估和辅助决策。

6. 典型化学品与高端材料智能制造

由于资源承载能力逼近极限,环境约束进一步强化,如何在化学品和通用材料国际需求萎缩、国内供求波动的双重窘境下探寻石化行业的结构调整和技术革新,实现典型化学品与高端材料智能制造,成为行业可持续发展的紧迫任务[6]。充分研究典型化学品和材料制备过程中多相反应体系介观微纳尺度的分子混合与界面传递规律,把握多物理场耦合的反应过程优化调控策略与模型,建设典型化学品和材料生产装置的智能优化控制系统平台。应用智能控制技术和多变量模型预测控制(model predictive control,MPC)等,开发各装置面向产品微观质量指标、柔性化牌号等的先进控制系统;开发各装置的 RTO 系统,自定义收率、微观质量、经济效益等多个目标的优化功能,在线优化关键工艺参数;开发实时优化层与动态控制层同步协同技术,实现 MPC 与 RTO 的联动,提升装置运行水平。

针对炼化下游聚合物材料行业高端化的迫切需求,以聚合反应器结构化、聚合反应机理模型化和质量的智能控制与优化为驱动,破解高端聚合物生产中专用装备、质量表征、精细建模、全生命周期的质量优化控制等方面的技术瓶颈,开发出工艺、设备与质量控制集成的高端聚合物材料智能化生产技术。

3.4 亟待突破的基础理论、方法、关键技术与系统

3.4.1 基础理论和方法

推动互联网、大数据、人工智能和石化工业实体经济深度融合,推进新一代石化行业智能优化制造,仍面临石化行业全周期、全产业链智能管理与控制系统等一系列重大基础理论问题[28]。

1. 多场多相反应过程智能混合建模理论与运算方法

石化工业涉及复杂的物质和能量转化过程,通常为气-液-固多相、分子-微团-设备多尺度、速度-温度-浓度多场相互耦合的复杂物理化学过程,研究多场多相反应体系下生产过程的物质转换与能量传递机理、融合机理、数据及经验知识的多场多相反应体系建模方法,以及复杂生产过程多尺度耦合计算方法,是石化过程中各单元操作(反应、分离)关键工艺、过程与装备智能优化的首要基础问题。

2. 石化全流程模型集成和优化方法

石化工业从化石原料到油品、化学品和合成材料都包含多个过程,除每个过程涉及的若干换热、反应、分离等单元,还包含全流程中多重循环、多股物质流与能量流高度集成,非线性特性强,现有模型方法关注局部流程,忽略了很多物流循环和能质耦合对系统全流程特性的影响,无法满足工业生产过程面向全局协同优化的应用需求。因此,亟须根据流程结构和物系特性,针对典型石化过程不同尺度和类型的模型,研究以物料特性为主特征的约束松弛匹配进行大系统的集成方法,采用大数据方法智能识别不同工况运行模式下关系模型性能的主导变量,通过工业运行数据在线滚动校正模型核心参数,解决多场耦合、多重循环、能质高度集成系统模型难收敛与泛化能力弱的难题。同时,采用计算机、网络与可视化技术等,综合集成工业多源信息和过程模型,建立不同时间尺度的全流程集成方法,实现功能差异化的全流程集成。

3. 大型石化过程海量多维异构安全信息解析与建模方法

大型石化过程涵盖化工、机械、自动化、仪表、安全等多个学科领域;工艺尺度涵盖设备、单元、装置直至厂区和化工园区;时间尺度从快速反应的秒级到大型装置开停车的周、月级。石化生产过程涉及工艺图纸、装备特性、控制仪表、过程监控等海量多维异构安全信息和数据、演变机理、安全事故建模。因此,如何揭示跨领域海量安全信息的关联,建立统一高效的安全信息解析机制、追踪溯源方法和耦合建模,是实现石化行业全网安全信息灵活区分、高效安全管理和动态风险评估的前提,可用来支撑安全知识驱动的石化过程风险自分析、自评估、自执行和智能协同。

4. 石化生产多目标自主协同和智能决策理论与方法

石化工业大型化连续化运行过程呈现时域/空间域的多模态,在全球化竞争的开放环境与安全环保等强约束条件下,面向石化全产业链经济性、稳定性和可控性的多目标调控存在空前挑战。因此,需利用大数据和人工智能等新一代信息技术与石化制造流程紧密结合,开展石化工业物质与能量转化过程机理表征与认知、多源异构数据融合方法、制造过程多目标自主协同调控机制和优化算法、制造系统跨层人机物融合方法、跨领域信息的追踪溯源与解析、全生命周期和全产业链自主协同和智能决策等基础理论与方法研究,从而指导石化制造过程多目标智能控制和优化技术、软件及系统开发。

5. 石化/互联网融合的信息-功能-物理一体化安全问题

石化生产普遍涉及工艺、装备和过程的安全与环保问题。而工业互联网则面临功能安全(functional safety)、物理安全(physical safety)与信息安全(security)三重挑战。石化行业智能制造必须与工业互联网深度融合,这一大趋势下,三类网络安全问题共同作用,给石化行业工业互联网带来更大的安全风险。因此,揭示针对石化行业互联网信息安全、功能安全、物理安全的复杂耦合机制,是石化行业工业互联网信息-功能-物理协同安全、生产过程安全的前提保障。

6. 面向石化智能制造新模式的大规模网络化自主智能运行机制

石化系统是典型的人-机-物协作的信息物理融合系统。在石化工业和互联网深入融合的石化智能制造新模式下,工业互联网实现将大规模石化装备互联互通,在此基础上,海量工业信息能够被智能感知、处理、计算与智能运用。因此,以互联和智能为特征的未来大规模复杂的智能石化工业系统,如何利用新一代信息技术和智能技术,在互联(生产管理互联、全生命周期互联和全产业链互联)和智能(智能感知、智能运算和自主学习)的基础上,实现自主智能运行,是石化工业系统全过程/全业务链智能协同和高效优化运行的核心问题。

3.4.2　关键技术

为破解石化行业与互联网深入融合与发展中的上述重大科学问题,发展石化行业智能制造技术和科技创新,促进我国石化行业迈向全球价值链中高端,需要完成以下系列关键核心技术与产品的研发、试验与应用,切实推动石化智能制造技术的进步。

1. 炼油过程关键技术

1)原油调和优化控制技术

我国的加工原油品种繁多,性质差异明显,石化企业现有的原油调和系统普遍缺乏在线优化与控制。针对原油优化调合混炼的迫切需求,亟须利用核磁与近红外技术的优势,开发原油在线调合优化与常减压优化系统,实现常减压装置平稳运行,降低装置能耗,提高综合经济效益。具体技术内容包括:①结合原油快速评价技术,开发包含罐存信息管理、油品移动管理、调和优化管理等功能的原油调合优化系统;②开发原油调合控制系统,包括原油调合比例控制器、调合比例控制操作站以及实时数据库的通信接口等;③在常减压模型基础上,优化常减压切割方案,降低装置能耗,提高综合经济效益。

2) 成品油调和优化控制技术

由于我国成品油调和的组分油结构与国外不同,新的成品油标准势必会造成现有调和系统的重大调整,如汽油增加 C4 和 C5 的异构化组分油,用以降低汽油中的烯烃与苯含量。新的组分油和调和配方会导致新的调和特性与效果,现有的调合控制优化系统急需改造和升级,以匹配成品油的质量升级步伐。鉴于此,亟须开发面向新型成品油标准的在线调和技术,根据现场工艺开发调和模型、优化控制技术,优化各组分油的调和比例,提高调和效率,降低调和成本和能耗。具体技术内容包括:①结合人工智能技术,建立准确预测、结构简洁的调和模型,提升模型对油品质量升级关键指标的精度;②开发调和模型参数在线校正技术,动态对调和模型参数进行在线辨识与校正,适应组分油性质和比例的变化;③调和在线优化与控制技术,实现调合成本与质量过剩最小化;④开发在线调和优化与控制系统集成技术,提高生产效率与操作的自动化水平。

3) 分子水平能质耦合的炼油过程模拟技术

炼油反应生产过程具有原料组分众多、反应过程机理复杂、反应器形式多样等特点,这些都给过程建模优化带来了挑战。针对不同的反应过程,如催化反应、重整反应以及加氢裂化反应等,根据原料分子特性和反应过程的模拟指标要求,从分子水平上研究相关过程的反应机理及反应规则,构建并优化过程的分子反应网络,根据反应过程机理建立相关动力学方程;研究不同过程反应器的特点及物料在反应器中反应、流动状态,构建耦合反应、流动和能量传递的装置动力学模型;同时,采用先进的机器学习方法,研究反应过程中原料分子组成及性质、工艺参数与产品组成及性质的非线性关系。在此基础上,利用无监督聚类算法按照相关过程特性划分工况数据集,在每个子数据集上建立一个反应器子模型,结合实际工业生产数据,采用智能优化算法优化模型动力学参数,最终建立反应过程的分子水平能质耦合多动力学参数模型。

4) 融合过程机理的全局生产计划优化技术

目前炼化企业生产计划优化普遍以固定收率模型为基础,基于线性规划理论进行优化,在企业总体测算以及规划设计方面有一定优势。随着生产计划模型的深入应用,目前普遍采用的计划优化技术不足日益凸显,主要表现在:固定收率模型均是基于 Delta Base 结构的线性模型,缺乏与机理模型的关联;模型校核完全依赖统计数据,无法预测新工况;校核工作量大,模型更新频次低,时效性差。解决这些问题的关键在于生产计划与底层的装置机理进行关联,以机理模型作为载体,实时更新生产计划,实现计划模型对生产过程的精确刻画,进一步改善生产计划模型在原料选择、装置加工、生产方案、产品结构、产品销售等方面的优化应用效果,提高生产计划优化效果和企业整体效益。

5)面向不确定因素的油品调度配置协同优化技术

油品调度优化是衔接生产计划优化层和实时调合优化层的重要优化层次,在规划层面进行接卸、储罐收付、调合、进出厂等的序列优化,可提升上下游装置乃至全流程装置的平稳性和经济效益。传统的调度优化以经验为主,难以全盘考虑所有储罐和加工装置在未来一定时期内的整体操作协同与行为优化。因此,亟须开发面向不确定因素的油品调度配置技术,以调和过程中在线近红外仪表积累的大量油品性质数据为基础,考虑市场需求、原料和产品价格、装置效率等不确定性,采用数据驱动方法构建油品特性非线性混合关系模型,研究油品调度过程中大规模、多层次混合整数非线性优化问题,构建智能化、协同化和人机物高度融合的油品调度配置系统,提高层次间的协调性、决策一致性及调度优化的可视化水平,提高调度方案的制定效率。

6)计划与调度协同优化技术

石化过程生产计划优化方案无法考虑实际生产细节,如动态生产特性、原料波动、市场变化等,需要在计划方案基础上制定调度方案,实现跨时域优化协同,指导实际生产。具体开发内容包括:①面向跨时域优化模型修正,利用装置机理模型和装置生产数据对用于计划和调度生产装置模型进行反馈校正,确保模型准确与一致;②面向跨时域优化数据协同,针对计划优化过程中经过滤波或简化的信息进行补偿,包括停检修、原料切换、仓储等,建立计划与调度优化之间的数据协同,确保数据的一致性;③协同优化策略,在计划优化方案基础上,利用"滚动优化"思想,考虑生产过程中的不确定性信息,细化决策优化时间颗粒度,形成多个时间序列短周期,并以此进行优化,确保在计划最优的前提下,短时域调度生产方案的可行性和优化性,保证装置运行的平稳性。

7)跨装置协同操作优化

石化生产装置众多,各装置生产模式不一,但流程高度耦合。开发跨装置协同操作优化技术对装置间协同操作意义显著。该技术的开发需深入研究装置间工艺共性特征、流程结构、设备类型、考评指标等,应用无监督算法、迁移学习等方法,抽提各工序物流、能流、操作特征信息和关键指标,建立性能评估服务迁移策略,实现跨装置性能评测;集成线性规划、单/多目标优化、进化算法等,开发一体化优化器,自适应工序间目标切换、优化变量调整以及边界匹配等,支撑装置主流优化服务,实现跨装置协同操作优化。

2. 化工产品智能优化制造技术

1)基础化学品的绿色智能制造技术

研究典型有机基础化学品制备过程中多相反应体系介观微纳尺度的分子混合与界面传递规律;研究多相反应体系从微观分子尺度到介观尺度再到宏观反应器

尺度的跨尺度传递与反应耦合机制;基于流场、压力场及温度场、浓度场的结构化构筑理念,实现从微观分子尺度到介观尺度再到宏观反应器尺度的多尺度耦合调控,突破多相反应器和分离设备的放大技术,创制流场结构可控的反应装备和智能控制技术;研发低负载量贵金属、介孔分子离子液体等新型环境友好型绿色催化剂制备技术及其作用机制,开发基础化学品绿色催化智造技术。

2)典型化工生产过程智能优化关键技术

以化学品过程效能和微观质量为优化与控制指标,研究面向生产过程大数据协调与校正的优化方法、机理与数据双驱动的过程模型在线学习、参数实时优化及工况迁移调整动态优化。通过建立典型化学品相关流程工业生产动态优化控制模型,提出工艺参数实时优化方法和面向多目标多任务协同优化的方法,完成实时优化算法库的建立。针对典型化工过程原料复杂多样、市场多变、机理复杂、装置运行特性时变等诸多挑战,研究化学品生产过程全流程高精度模拟技术;应用智能控制技术和多变量模型预测控制技术等,开发各装置面向产品微观质量指标的先进控制技术,提升典型化工生产过程智能化技术水平。

3)高性能聚烯烃工程制备关键技术

揭示不同烯烃单体共聚反应动力学及其序列结构控制机制、结构演变机理及其构效关系,通过多组分可控聚合实现聚烯烃共聚体系链组成、结构及性能可调控;利用计算机模拟从量子、化学热力学、聚合反应动力学及结晶动力学的角度,研究聚烯烃及其材料的形成机理及微结构控制规律,形成聚合过程多尺度建模与优化新方法,获得聚烯烃多元组分及添加、关键装备及其协同强化技术,实现高端聚烯烃、POE、POP、mEPDM 等优化制造、柔性制造、智能制造的共性关键技术。

4)聚烯烃材料的在线高性能化技术

聚烯烃的加工性能和使用性能不仅与高聚物分子量及其分布、共聚单体分布有关,还与高分子链的聚集态结构密切相关。目前,对聚烯烃分子链的聚集态结构缺乏调控能力是聚合反应工程领域面临的重大挑战。因此,需要重点研究单活性位催化剂的组合,高分子链的生长速度、结晶速度等微观参数的关键控制技术,研究单活性催化组分的复合及气液法聚合新工艺,在单反应器内原位生成分子链解缠绕的、晶粒达到纳米程度分散的超高聚乙烯聚集态结构,研究高分子链增长速率、链缠结、链段滑移扩散和结晶速度之间的关系,揭示高分子链解缠结与结晶的机理,探索气液法聚合新工艺对强化高分子链解缠绕和结晶过程的机制,实现聚烯烃材料在线高性能化。

5)高端聚烯烃材料智能化生产一体化技术

面向超大型的炼化一体化装置,针对国内聚烯烃材料行业高端化的迫切需求,重点研究:①以聚合反应机理模型化为驱动,破解聚烯烃生产过程中精细建模、质量表征、优化控制等方面的技术瓶颈,开发国内领先的工艺、设备与质量控制集成的高端聚合物材料智能化生产技术,实现提质降耗、安全绿色的炼化一体化企业发展路线图;②以聚烯烃原材料的本征质量为导向,建立工艺、设备、优化、控制一体化技术的研究方法,在微观结构质量指标原位实时计算、多阶段复杂约束动态优化等方面形成技术突破。

6)聚合物材料制备及加工过程中微观质量的在线检测与优化技术

聚合物材料制备与加工过程的先进控制是稳定与提升聚合物产品质量,实现高端聚合物材料可控制备、柔性化生产的有效途径。但是,瓶颈问题是聚合物优化控制的质量指标,即影响产品最终性能的链结构参数(如分子量分布、共聚物组成分布等)和聚集态结构(如多相微结构、界面结构)无法在线测量,而高端聚合物专用料与通用材料性能差异的根源就在于精细链结构、聚集态多相结构等微观结构的差别,因此迫切需要开发高效、准确的聚合物微观质量在线检测与估计技术,包括:①聚合物多层次构效关系表征及高端聚合物专用料加工过程中多相结构的实时检测与演化特性表征;②采用传感器阵列对反应器中典型位置的微观环境及产品质量进行在线检测,并结合反应器模型,建设描述产品质量与宏观变量对应关系的数学模型,实现产品质量微观结构的精准调控;③构建全程的反应动力学模型和聚合物微观质量模型,建设基于离线质量分析数据与过程状态检测融合的面向微观质量过程模型修正方法;④聚合物原材料制备过程中微观质量指标的实时计算与优化控制技术。

7)高端聚合物材料制造的全生命周期实时智能控制与优化技术

聚合物材料的全生命周期包括聚合物原材料的制备过程、聚合物改性与加工过程、高分子材料产品的使用过程。聚合物原材料制备过程包含工艺、过程及装备的智能自主控制,具有变牌号、多工况、自学习的要求;聚合物改性与加工过程中质量的控制与优化涉及设备参数、加工工艺参数与聚合物质量与性能指标的最佳匹配;而高分子材料产品使用过程中包含质量、性能、寿命的监控与溯源。全生命周期智能控制与优化包含复杂过程模型化、质量体系监测、软件算法架构和系统性能分析与评估等多方面内容,涉及海量数据、算法、物联网、人工智能等系列核心技术,重点需突破:①机理与数据融合的聚合过程多维度智能建模;②聚合过程产品微观质量的实时智能控制技术;③复杂动态多约束下的大规模优化算法;④面向微观产品质量指标的聚合过程反演优化算法;⑤聚合物改性与加工过程中质量的实时控制与优化技术;⑥高分子材料产品使用过程中质量的跟踪与溯源技术。

3. 石化装置/流程安全与风险的智能管控技术

1)基于情景的石化生产风险动态评估技术

现代石化生产过程往往应用保护层设计方法,实现多个层次的风险控制。保护层可降低事故发生的可能性,但无法完全杜绝事故。因此,对于动态的石化生产过程,设计和开发高效的动态风险评估技术尤为重要,即从生产过程异常工况识别出发,在融合大量数据的基础上,分析和推演异常演变过程,形成最终的事故情景;利用机理建模、数据建模等方法对不同的事故情景进行量化评估,得到后果严重程度和影响范围;结合对异常传播路径的分析,形成不同情景的发生频率估计;最终实现对动态生产过程的情景构建和风险评价。关键技术内容包括:①结合异常工况识别方法,开发基于动态风险传播路径推演的主动 Bow-Tie 分析方法,实现对已知异常工况的追因和求果;②开发动态情景模拟工具,对风险传播推理得到的最终事故场景进行快速构建和定量后果评估;③结合过程工艺知识和可靠性数据,对不同情景的演化路径进行概率分析,形成基于当前异常状态的最终风险评价。

2) 石化过程操作运行知识集成与融合技术

石化过程生产安全、环保、质量和效益等指标需要依靠大量的工艺知识和数据,再经过分析计算得到。虽然相关的数据和知识涵盖了包括化工、机械、控制、环境、安全等多个学科领域,但相应的指标计算和生产状态评估仍严重依赖主观经验和知识。而随着企业信息化到智能化发展,必须针对石化企业大量的过程监控数据、企业周期性的安全生产分析、环境影响评估数据和知识进行高效集成和融合,开发多领域、多源异构数据融合方法与系统框架,提升企业生产过程自主感知和智能分析能力,从而精准还原操作过程和运行状态,为基于知识的安全分析和风险评估提供有效的知识支持。

3) 人员操作行为可靠性分析及风险评估技术

现有石化过程安全领域的研究更多地关注异常工况识别、风险辨识、保护层设计、安全仪表可靠性等因素,对人员操作行为及其可靠性的研究较少。随着企业信息化和自动化程度的不断提高,人员操作行为可靠性已经成为过程安全防护体系中的薄弱环节,亟须开展操作行为可靠性研究以及与之关联的风险分析和评价。人员行为可靠性研究主要针对人和系统(化工装置)的交互过程,需要从理论、原则、数据和方法体系层面设计和优化人员的操作行为,进而评估系统整体的可靠性。同时,通过对人员操作行为分解,借助统计和数据分析人员执行各种动作的出错频率,获得企业日常操作行为的人员可靠性评估模型,以及不同失误形式的概率分布;借助 Bow-Tie 等安全分析方法实现系统性的风险评估。

4) 基于案例和知识的现场作业安全辅助指导技术

石化生产事故多发生在现场作业环节。随着石化企业信息化水平的提高,与生产工艺和产品质量直接相关的过程监控数据已经完全实现信息化采集和存储分析。但对于现场作业环节,仍需要开展基于知识库的案例分析研究和基于视频的作业动作行为识别研究。基于知识和案例的作业分析过程,需要在实现企业知识和数据集成的基础上,分析以往相似作业环节的事故,结合知识和操作规程,明确作业环节的关键步骤和流程,实现对特定的环节和流程的操作提示。基于视频的现场作业分析,需要针对化工施工过程的复杂现场环境,开展物体检测,人员姿态估计,动作行为识别等一系列研究,形成对操作运行过程的视频实时分析,结合作业知识和事故案例,辨识作业过程中可能导致危险或违反操作规程的行为,给予提示。

5)区域污染精准溯源与动态监控技术

当前的石化园区和化学工业区溯源技术方法比较单一,大部分是依靠有限的污染源检测和周边环境监测来追溯污染来源,但往往由于集聚区具有多源性、共质性,无法精准溯源。因此,针对石化行业需建立复杂体系中痕量复杂有机物的识别和检测技术,快速准确检测多介质中污染物的存在形态;针对恶臭污染的复杂性,建立恶臭的强度评估技术;然后基于污染源与环境受体的非线性响应关系,源模型-受体耦合应用,实现定量精准溯源。在此基础上,构建石化企业、园区两个不同层面的多维监控网络,实现污染物精准溯源动态响应。

4. 供应链-产业链-价值链集成与优化技术

石油化工产业一般以炼油过程为源头,以化工过程为中间过程和终端。石油化工供应链优化包括对生产企业内部生产过程、上游原料供应及下游分销网络各环节的管理和决策,侧重如何有效地降低供应成本;价值链优化以市场为导向,根据原料采购、产品生产与销售等环节上的增值情况,调整企业资源、技术及人力的布局,侧重如何有效提升价值;产业链作为一个比价值链和供应链含义更加宽广的概念,是对价值链和供应链的结合。具有竞争力的石油化工产业链,不仅需要关注市场需求,在原料采购、生产加工和销售环节有效地满足消费者需求,从而创造价值;同时也需要有效地提高供应流程的效率,降低成本,最终通过供应链和价值链的集成,从企业、园区及区域三个尺度优化产业链,提升石油化工行业竞争力。急需突破的关键技术包括以下三方面。

1)面向企业层面的价值链表征及优化技术

在当前原料和产品市场波动大的情况下,根据炼化一体化过程特点,表征原油到产品的一连串增值流程,并以此为基础优化原料选择、资源配置以及产品结构,以最低成本原料生产最高价值的产品,对提升石化企业业务价值、实现效益增长、提升企业竞争力至关重要。炼化一体化过程价值链表征及优化技术主要包括以下几点。①融合装置运行特性的计划优化与排产,利用生产装置机理模型及生产统计数据(如生产任务、库存情况、装置状态和市场信息等),通过机理分析和大数据处理系统,结合计划优化软件,应用机理模型及优化结果,对计划优化模型关键参数,如 Delta Base 结构、装置负荷数据、操作方案、原料信息等进行自动计算与自动更新,图形化展示计划编制界面,用于炼油企业不同周期生产排产,优化原油采购、装置加工方案、资源配置与产品方案等。②基于生产计划的价值链表征与优化技术,以生产计划模型为基础,考虑原料成本、公用工程费用、财务费用、管理费用、销售费用、固定资产折旧、人工成本等各类可变成本以及中间产品、半成品和成品等各类产品价格变化,建立全厂效益模型,准确、快速计算全厂净收益和投资回报率,开发基于计划平台的价值链优化系统。通过敏感度分析,表征影响全厂价值变化的关键因素,如加工负荷、原料结构、操作条件等,以实现企业价值链效益最大化为目标,对石油化工生产经营决策的科学化、工艺生产和经营运作的合理化、生产要素的优化配置,提供理论支撑和辅助工业应用决策。

2)面向园区的供应链、价值链集成优化技术

目前,区域石油化工企业大部分都采用"孤岛式"操作,仅考虑自身效益最大化的情况,缺乏炼化一体化思想和供应链、价值链集成优化概念,易造成资源和价值浪费。因此,必须研究炼化一体化过程的供应链、价值链集成协同优化技术,提高石油化工产业链局部范围内的效益。重点包括:①计划、调度与财务系统集成方法,将炼化一体化生产过程中各关键物料、公用工程消耗、人工、固定成本等的价值体现在排产和调度模型中,定量计算供应链各环节价值变化,实现供应链与价值链集成;②基于供应链和价值链集成模型的资源配置优化技术,以炼油、乙烯、芳烃和下游材料为最小单位,考虑相互之间物料互供情况,以互供资源对各装置价值增益情况为基础,重点优化石脑油资源、液化气、干气、烯烃、尾油等资源,实现炼化一体化供应链与价值链集成优化,提升综合效益。

3)面向区域石化产业链协同优化技术

面向区域产业链集成优化的核心在于以企业为单位,根据企业技术特点和效益能力,合理配置有限的石油化工半成品资源,提高产业链上各个企业的综合价值增益,实现价值链最大,同时降低企业生产和加工成本,提高供应效率。在动态的社会经济环境中,使石油化工产业链内企业产生"1+1>2"的协同效应,使创造的价值最大化,实现供应链与价值链的有效整合,既要价值的创造过程,关注消费者迅速变化的各种需求,又要在价值增值既定的情况下,有效地组织供应流程,使成本最小化;将价值链和供应链关注的重点结合在一起,集成区域技术、资源和人力的优势,对研发设计、生产能力、交付过程以及用户需求信息等进行有效结合,进一步优化石油化工产业链,提升区域石油化工行业整体竞争力。

3.4.3　智能化系统和装备

1. 油品精准在线快评关键装备

针对目前石化行业原油离线表征时效性差、快评分析预处理复杂、硬件及模型维护量大、模型准确度低等问题,利用探头式近红外分析仪信号强、维护量小等特点,开发复杂油品精准在线快评与分析关键装备,特点包括:利用检测设备

硬件结构与光谱信噪比映射关系,优化探头光窗和管道安装方案,提升信号强度,减少维护量;采用多元线性回归、小波变换、人工神经网络、拓扑等多元校正方法,建立起用于分析油品各种性质的快速分析模型,并利用 SEC、SECV、和 R2 等指标对模型的质量进行评价,确保模型准确性;利用定量构效关系,实现谱图与原油性质之间定量关联和模型在线自适应,提升模型稳定性和可靠性,解决石化混合物体系的实时定量分析问题,为油品多维信息的分析检测提供可靠检测技术与装备。

2. 石化生产状态全局智能感知系统

石化过程生产状态一般由安全、环保、质量和效益等指标决定,而决定这些指标的则是成千上万个运行变量。传统的生产状态感知往往侧重质量和安全,只考虑主要操作变量,存在大量状态识别不准和变量遗漏等问题。因此,亟须利用大数据和人工智能技术,开发石化生产状态全局智能化感知系统,感知生产运行全状态、回溯状态影响关键变量,确保生产运行安全、平稳、高效。技术核心在于:①结合序贯决策多模态深度神经网络,建立基于分布式并行计算模式的数据集成模型,开发快速迭代计算的多源异构数据集成技术;②采用 PCA、ICA、SFA 等多元统计学习算法对典型石化生产过程中产生的历史数据进行降维和特征提取,得到关键性能相关的运行模式及对应的状态;③针对全流程关键设备,从现场数据中提取表征设备运行状态的关键性能参数,根据设备运行情况构建变量正常区间、警戒线和报警线,并实现设备状态在线预测,对异常状况进行报警,保证设备运行安全。

3. 石化生产过程智能优化系统

基于典型石化工业生产动态优化控制模型,结合实时优化算法库中多目标多任务实时优化、协同优化方法和智能控制技术,开发各装置面向产品微观质量指标的全流程先进控制和智能优化系统,核心包括:各装置的局部单元 RTO 系统;采用动态约束实时传递的多目标实时优化方法建立全流程在线优化软件系统;开发实时优化层与动态控制层同步协同技术,实现 MPC 与 RTO 的联动,提升装置运行水平。

4. 石化生产过程异常工况(状态)智能识别系统

石化装置往往处于波动中的稳定状态,且受原料组成、产品分配、上下游关联等复杂因素的影响,经常发生操作状态变化。作为对生产异常行为的第一反应,异常工况识别是保障化工过程安全、平稳运行的重要工具。随着信息化和智能化水平的提高,针对石化企业开发生产过程异常工况(状态)智能识别系统具有重要意义,通过对大量过程监控数据进行特征提取和建模运算,基于动态历史和安全影响关系,辨识装置操作运行状态,对生产运行安全有重大影响。该智能识别系统内涵包括:①有效数据挖掘,采用聚类分析、决策树、关联规则分析等方法,分析大量历史数据,辨析工艺、事故类型、涉及物质在化工过程事故中的比重,建立关键数据知识库,并结合 HAZOP 和其他安全分析手段,指导化工生产过程中危险辨识、预警和实时操作;②异常工况识别,采用模糊 C 簇分析、偏最小二乘、贝叶斯推理、主成分分析法等方法实现一般异常工况识别,利用人工免疫系统自我-非我识别能力以及良好的自适应和自学习能力,结合 PCA 方法在复杂过程中实现异常工况识别;③系统自学习,采用机器自学习算法,包括支持向量机、k 最近邻域法、高斯朴素贝叶斯网络等,用于观测数据缺失情况下的异常工况识别,实现异常工况识别系统的智能化。

5. 面向泄漏、火灾、爆炸风险的装置智能传感系统

化工装置生产过程中操作条件一般比较苛刻,装置长久运行,各个管件连接处、阀门密封处可能老化失效,动力设备长期运行等可能会发生故障,人员可能出现操作失误等,这些都可能造成装置密闭性失效,导致泄漏事故。因此,在正常生产排放监控之外,还需要开发面向装置泄漏、火灾、爆炸风险的智能传感系统,按照最快监测为主要目标,建立优化的传感器布局模型,优化设计传感器布局方案,构建高效的传感系统,识别生产、运输、储存过程中的重大危险源,以及人员施工、操作中的风险步骤,结合相关事故模型,预测、管理和控制事故风险。

6. 园区污染定量监控网络和精准溯源平台

针对工业园区特征性恶臭污染物的臭气强度响应度展开研究,建立恶臭污染物检测、评估技术及服务共享数据平台。①建立环境风险物质的快速筛查的高通量微生物检测技术平台,实现复杂污染物的精确识别与快速检测。②建立基于标志物质的从"源-受体"和"受体-源"双向溯源技术案例库,基于 CAMQ-PMF、calpuff 等多种耦合方法开展污染物的溯源反演,并结合泄漏、火灾和爆炸事故的理论和数值模型,同时结合数据驱动的模型,搭建用于事故后果再现(事故调查)、事故预测和预警的高性能动态仿真平台。③基于物联网建立企业-园区环境的异构多智能体立体监控与分级报警系统平台,建立集污染源监控、环境质量监控、图像视频监控、预警发布、应急管理于一体的数字化、信息化园区环境空气、土壤和地下水污染物在线环境监控预警平台。

7. 面向石化行业的智能工厂系统和应用示范

开发结合炼化一体化过程重大智能装备、高端制造智能控制技术及自主知识

产权的工业平台软件,构建面向在线监测、智能感知、生产管控、供应链、产品生命周期统一协同的石化工厂信息化运行平台,开发集石化流程、工艺、装备、控制、管理、安全、环保等一体化智能工厂系统,建立物质流、能源流、信息流、资金流综合优化模型和知识库,研发产品生命周期和全产业链管理的全局管理系统,实现面向典型炼化一体化生产过程(基础油品、大宗化学品和通用材料)的智能工厂解决方案并实施应用示范。

3.5　发展策略与路线图

鉴于石油化工工业在国计民生中的战略地位,结合国内外制造业发展态势和我国国情,紧密围绕国家、区域及行业经济发展对绿色制造和高端制造的重大战略需求,以"工业4.0"概念为指导,通过物联网、互联网、移动互联网、云计算、大数据及智能优化建模与控制等技术的应用,通过物质流、能量流、信息流网络协同,实现石化企业信息深度自感知、智慧优化自决策、精准控制自执行,开展石化企业智能制造关键技术的攻关以及示范应用[29,30]。通过研发人工智能,赋予石化制造流程和区域一体化的前瞻和关键核心技术,实现区域和行业的资源、信息、产品和人之间相互关联,实现包括智能制造、智慧安全、智慧物流、区域价值链一体化等在内的智能制造系统,开发一系列具有自主知识产权的智能制造软件和系统,推动石化行业生产制造由孤岛企业智能化向区域网络化、价值链一体化方向升级,以降低制造成本、提升运营效率、提高企业行业利润率。建设石油化工智能制造创新中心,多学科交叉、产学研用联动,立足国内七大石化基地,辐射全中国,面向全世界,取得一批具有显示度的原创性成果,提升我国石油化工工业科技创新能力和技术水平,推动区域产业集群化发展迈向价值链中高端,辐射形成更加完善的产业创新生态,实现资源共享、成果共享、信息共享、人才共享、技术共享和市场共享,促进区域可持续生态化发展,切实推进全国石油化工产业绿色制造、高端制造、智能制造水平。

1. 2025 年目标

到2025年,攻克主要原料成分(如原油和煤炭关键成分等)、关键产品质量(如油品和烯烃聚合物产品质量等)智能感知与实时检测技术与装备,开发智能协同优化控制、生产计划智能决策等关键技术和系统;互联网＋化工模式不断深入,借助物联网云计算大数据等新一代信息技术浪潮的兴起,化工行业与信息技术不断融合,不断颠覆经营模式,显著提升石化企业资源配置能力,市场信息更加对称,实现资源配置成本精准可控,显著提升企业经营能力和运营水平。

(1)攻克原油、煤炭等主要原料成分及关键产品品质的智能感知与实时检测技术,实现相关指标精准自动检测、数字化和模型化。

(2)研发炼化一体化过程重大智能装备、高端制造智能控制技术及拥有自主知识产权的工业平台软件,先进智能装备和智能控制软件与系统应用率超过 50%。

(3)构建面向在线监测、智能感知、生产管控、供应链、产品生命周期统一协同的信息化运行平台,提升自动化、数字化和集成化水平,实现面向典型炼化一体化生产过程(基础油品、大宗化学品和通用材料)的智能工厂试点应用示范,达到国际先进水平。

(4)研发产品生命周期质量管控、安全与风险预警、物质流能源流协同调配、供应链管理、产业链管理的全局管理系统,形成完善的石化企业智能车间、智能工厂运营支撑保障体系。

(5)培育石化行业与互联网融合发展新模式,构建智慧物流和电子商务支持现货交易平台等大型第三方电子商务行业平台,创新商务模式,推动化工产品物流信息化发展。

2. 2035 年目标

到 2035 年,建立智能优化制造技术、软件和系统体系,形成具有世界领先水平的石化行业智能优化制造科学理论和技术平台。企业两化融合水平大幅提升,建立石化化工智能工厂标准体系,在石化、煤化工、聚烯烃、化纤、轮胎、化肥等领域建成一批石化智能工厂和数字车间。建成若干智慧化工园区,开展石化化工行业工业互联网深度应用。

(1)建立涵盖全时空智能感知、协同优化控制、智能决策、智能溯源与诊断、可视化等的智能优化制造技术、软件和系统,形成具有世界领先水平的石化行业智能优化制造科学理论和技术平台。

(2)促进两化深度融合,切实推进石化行业智能制造工程,着力改造提升传统产业;建立一批石化行业数字车间、智能车间、智能工厂标准应用体系,全面提升企业在资源配置、工艺优化、过程控制、产业链管理、质量控制与溯源、能源需求侧管理、节能减排及安全生产等方面的智能化水平。

(3)健全石化行业＋互联网标准化体系及融合发展新模式,大力推进工业云平台、工业大数据平台、三维数字化平台、物联网平台、生产优化工具及智能终端,大力推动物流与供应链信息化发展,构建面向石化生产经营全过程、全业务链的智能协同体系。

(4)建立智慧化工园区标准体系,建成若干智慧化工园区,开展石化行业工业互联网和智慧化工园区的推广示范。

我国石化行业智能制造技术路线具体如图 3-7 所示。

	当前	2025年	2035年
目标层	**数字智能** ·原料/产品实时检测 ·工艺/过程智能感知 ·全流程数字化/模型化	**互联智能** ·生产管理互联 ·集团企业互联 ·全产业链互联	**自主智能** ·自感知/自学习/自执行 ·全过程/全业务链智能协同 ·国际化智慧化工园区
实施层	·形成关键智能感知与实时检测技术、装备和调控策略 ·开发系列石化工业平台软件,先进智能装备和智能控制软件与系统 ·突破工业云与大数据、工业物联网、工业信息和功能安全一体化等核心技术	·研发全生命周期和全产业链管理的全局管理系统 ·建设石化智能工厂建设、运营、支撑保障标准体系 ·培育石化行业与互联网融合发展新模式 ·构建面向生产经营全过程、全业务链的智能协同体系	·形成系列石化智能产品、系统和解决方案,技术水平达国际领先 ·健全石化行业+互联网标准化体系及融合发展新模式 ·形成涵盖石化智能制造核心技术、系统、平台和智能应用的完整产业链和新型产业生态
保障层	·布局一批国家级创新平台,组建石化产业技术创新联盟 ·通过"项目-基地-人才"一体化举措,培养一批高水平人才队伍和创新团队	·形成面向石化行业工业互联网发展需求的多层次人才培养体系 ·建立知识产权、标准规范、检测评估服务和政策体系,创新完善新型产业生态	·形成一批进入全球领先、满足国际化需求的石化行业工业互联网科技创新及人才培养基地 ·建成完善知识产权、标准规范、检测评估的服务和政策体系 ·建设若干国际化智慧化工园区

图 3-7　我国石化行业智能制造技术路线图

第4章　钢铁行业智能优化制造的发展战略

4.1　需求分析

4.1.1　智能优化制造现状分析

1. 钢铁行业生产面临的挑战

钢铁生产流程由紧密衔接的多生产工艺过程构成,每一生产过程涉及复杂的物理化学变化且难以用机理模型描述,全流程物质流、能量流呈现网络化、非线性特征,经济新常态下的市场环境和用户个性化需求凸显不确定性,集中体现为"运行信息感知难""行为特征建模难""运行管控实现难"等固有瓶颈问题。

(1)运行信息感知难。钢铁生产管控需要依据过程运行实时信息作为反馈,然而受现有检测技术及冶金过程的恶劣工况环境限制,冶金工艺过程的关键运行变量和重要质量参数难以在线实时获取,过程控制和运行优化缺少反馈信息支撑。

(2)行为特征建模难。钢铁生产过程具有多相多场耦合、非稳态、非平衡、强非线性等特征,难以用机理模型描述,原料波动、设备运行状态变化常常引起生产工况条件变化,加之过程输入条件、状态变量和生产目标之间的关系十分复杂,现有数学模型不能完全描述这些关系。产品和工艺数字化程度不足,全流程各工序间非线性动态关联难以量化描述,上下游企业运行模式不透明,导致管控决策盲目,须解决融合机理、经验、数据和知识的冶金过程和管控流程建模问题。

(3)运行控制实现难。钢铁生产过程是一个多变量、强耦合、非线性、大时滞过程,钢铁生产流程是间歇式和连续式操作并存的复杂工业过程,需要解决过程稳态设定点全局优化,以及在扰动情况下如何动态调整和恢复等问题。生产运行控制和企业运营决策优化涉及流程重整、人员主观能动性发挥等因素,需要解决人机有机协同、知识工作自动化等问题。

同时,钢铁行业发展需要信息化和工业化深度融合,了解工艺过程、生产组织和企业运营知识,理解冶金过程机理、因果关系和优化控制手段,把握管控流程、调控目标原则和约束限制条件,并通过信息物理系统建立数字孪生体,进而建模、仿真、优化,这也对钢铁冶金优化运行提出了新的挑战。

2. 我国钢铁行业智能优化制造的现状分析

《钢铁工业调整升级规划(2016—2020年)》为钢铁行业智能制造指明了方向。当前,在钢铁行业智能化实施过程中,自动化、数字化、网络化等均取得了较大进展。"十三五"以来,钢铁企业为提高自动化水平而对设备进行技术改造,为产业转型升级而普及数字化、网络化[30-32]。我国不同地区各个钢铁企业在智能制造过程中侧重点有所不同,进度也有差别,但路径相同,基本上是自动化、数字化和网络化[33]。

目前,我国主要钢铁企业装备达到了国际先进水平,智能制造在钢铁生产制造、企业管理、物流配送、产品销售等方面的应用不断深化,关键工艺流程数控化率超过65%,ERP装备率超过70%,信息化程度得到了跨越式发展。

钢铁行业智能优化制造正在实施的过程包括五个方面:一是提高基础自动化水平和数字化控制应用水平;二是优势企业优化综合网络化信息系统,在制造、管理、经营和流通领域构建产业链在线服务生态系统,建设钢铁企业大数据综合信息平台;三是建立产品质量追溯和评价机制,健全产品质量检测体系,提高产品质量的可靠性、稳定性;四是绿色制造与两化融合,进行工艺优化和技术升级,提高节能环保的经济效益;五是有条件的钢企在重复性、危险性、多工序的集成自动化等工作中使用机器人,例如自动测温取样、板坯自动清理、原料分拣、金属切割、表面缺陷判定、产品自动标记及图像自动识别等重复性强的工作,高炉炉前作业、炼钢浇钢、冷轧锌锅捞渣等危险繁重的工作,无人行车、自动行车、机组入口段及库区无人化等集成自动化的工作。比如,沙钢集团于2013—2015年在转炉、电炉上使用了约8套机械手进行自动喷号和自动测温取样,并在2016年后采用1000—1500台机器人进行机器加工焊接、精密铸造、锌锅捞渣、冷轧卷贴标、自动测温取样、钢卷表面判定、废边丝自动抓取、存储功能自动定位等工作,对烧结、焦化、炼钢、轧钢及其辅助车间进行技术改造,逐步实现无人值守。

尽管我国钢铁行业在推进智能优化制造方面取得了一些成果,但尚未建立钢铁生产过程的一体化控制[34,35],未形成各层次的协调优化,钢材产品的质量稳定性、可靠性和适用性不高,产品的外形尺寸精度和组织性能的控制尚待提高[36],在大规模、连续化生产的条件下,产品个性化、定制化亟待加强。与此同时,钢铁冶金装备的状态诊断、预测与智能化自愈控制亟待实现,物流、能源的智能控制与优化协同也亟待建立。总结起来,主要存在以下几个方面的不足。

(1)过程控制系统(process control system, PCS)[37]、MES[37,38]、ERP[39]等信息系统众多,但数据散断,缺乏全流程智能优化制造亟须的数字化基础。实现产品设计制造、生产管理控制、制造设备的数字化和集成化,有必要实现实时生产的全过程信息流、实物流和财务流的"三流同步",因此数据贯通是基础。但各个信息系统在产品兼容性及集成度方面较差,给互联互通带来巨大挑战。缺乏集生产、质量、设备、物流、研发、营销、采购等相关信息于一体的数字化基础,数据缺乏横向与纵向整合贯通。

(2)运行工况和产品质量感知能力不足、产线自动化率不高,过程稳定性、产品质量一致性有待提高。在信息感知方面,现有的 ERP、MES、PCS 等信息化和自动化系统中包含了质量设计、质量检测、质量判定、质量分析等管控内容[40],但由于生产过程的关键质量指标(如钢水成分、铸坯缺陷、钢材机械性能等)难以在线连续测量,众多工艺参数、质量指标及工况之间的关联关系难以进行精确描述和估计。高炉、转炉、精炼炉、钢包、连铸坯、热轧轧件、冷轧轧件等存在大量检测盲点,即无法获取各个反应器或者轧件内部的信息;产品性能、产品成分等关键信息仍然是抽样检测,不能支持进行实时优化控制,亟须解决质量损失大、分析改进效率低、部分质量问题长期未解决等问题;在执行机构自动化方面,各区域还存在大量的需要人工操作的生产装备;在产线控制自动化方面,仍存在较多人工干预,控制模型适应性不强,在多工序联合决策、生产对市场快速响应、中间库存柔性优化等深度应用技术方面还需要重点攻关。

(3)管理自动化、决策智能化水平低,管理效率低,满足用户个性化需求成本高。国内大部分钢铁企业已建立完善的 ERP、MES 等信息化系统,但采购、制造和销售等环节的决策制定主要还是依靠工程师和管理人员的经验,存在极大局限性。比如,公司产销平衡、生产计划和调度组织、缺陷原因追溯分析、设备状态诊断等一直是基于人工和计算机工具相结合的方式进行,高度依赖人工经验,决策数字化智能化水平低,管理效率低。在多工序联合决策、生产对市场快速响应、中间库存柔性优化等深度应用技术方面还需要重点攻关。同时,部分较先进钢企虽然在单工序排程实现了模型化,但仍没有实现全工序排程的协调与优化。用户个性化的需求增强,尽管钢铁生产正逐渐具备满足个性化需求的柔性制造能力,但满足用户个性化需求的成本高。

(4)在安防、能源、设备管理环节,智能化安防、能源协同调控、设备视情维护等应用处于摸索阶段。钢铁行业多个生产环境是高温高压煤气等恶劣环境,具有生产单元与人员危险区域的定位需求。目前已有一些摸索应用,比如鞍钢集团矿山信息化在物料管理方面,利用图像识别技术、物联网技术,对矿物承载工具进行实时远程监控;宝钢集团在第十六届中国国际冶金展会上展示了如何通过 APP 控制机器臂。但目前安防仍主要依靠人工,存在盲区,且无法实时远程监控与自动报警。对于钢铁行业中主要的能耗环节,如铁前的烧结、烧焦、炼铁、炼钢等,由煤气、蒸汽和电力调度组成的多能源介质耦合的能源系统[41],目前主要是正常运行工况下单元能源消耗的统计分析与调控,副产煤气的利用率仍有待提高,尚难以做到考虑设备运行状况下的多单元多能源介质的优化。设备状况的监测与维护,目前仍以人工点检和经验处理为主要方式,少见利用振动和声音等新型传感信息与工艺操作信息实现装备视情维护的系统及应用。

(5)缺乏智能优化制造定义的系统架构和模型,存在"示范性强,推广性弱"的现象。领先的钢铁企业基本已经完成了信息化,进入智能化建设时代。但目前表征钢铁企业为实现智能优化制造应具备什么样的能力、具有怎样特征、采用什么信息系统架构,仍需要企业自行探索。比如,在过程控制环节,部分单元已采用专家系统和神经网络等人工智能技术[42,43],但在模型精度、自动化率及自适应性方面需要提升,有必要建立钢铁行业智能优化制造的系统架构和模型。

(6)重硬件、轻工业软件的问题突出。例如,如果直接单纯移植其他行业的机器人,很难满足钢铁生产流程的需要,并且一些低端且钢铁行业属性差的机器人将很快面临市场饱和及产能过剩。

(7)智能制造人才短缺。钢铁行业智能优化制造不仅是装备和技术智能化,更重要的是人在闭环的智能。目前,钢铁行业专业人员对大数据和人工智能知识掌握欠缺,大数据和人工智能等专业的人才服务工业界的动力不足,导致结合钢铁行业特点的大数据与人工智能的应用技术和人才储备不足。

4.1.2　智能优化制造发展态势

国际上,通过智能化关键技术实现产品质量和制备流程优化,成为钢铁行业发展的战略方向。首先,面向产供销全流程,构建跨工序、跨系统、跨领域的钢铁工业大数据平台;其次,以数字感知技术实现隐藏知识的显性化,透视工艺、设备、质量等关键参数之间的关系;然后,打破工序界面和系统层级壁垒,实现多工序协调匹配和产供销协同决策;最终,形成钢铁工业智能制造全流程 CPS 闭环系统,提高资源配置效率、提升产品质量、降低生产成本并缩短交货期[44,45]。

欧盟 2006 年发布了欧洲钢铁技术平台(European steel technology platform, ESTEP)计划,提出钢铁智能制造技术重大研究项目,优先研发领域包括过程感知与诊断、工艺质量控制和产供销一体化等。2012 年,欧盟成立了钢铁集成智能制造小组(integrated intelligent manufacturing,I²M),接连启动了钢铁生产的集成化动态能源管理、面向产品质量改进的数据深度感知、面向钢铁工业智能制造的自动化和信息化架构等重点项目。美国 2009 年发布了智能过程制造(smart process manufacturing,SPM)路线图,2011 年启动了先进制造合伙计划(advanced manufacturing partnership plan,AMP),承诺政府拿出 5 亿美金来支持和提高有关建议和计划项目,同年,智能制造领导同盟(Smart Manufacturing Leadership Coalition,SMLC)公布了"实施 21 世纪智能制造"报告。SPM 路线图以强化先进智能系统在钢铁等流程行业的应用,打造一种集成的、知识支撑的、富集模型的企业,加快新产品开发,动态响应市场需求,实时优化生产制造和供应链网络。

对标国际先进水平,我国钢铁行业智能优化制造在如下四个方面还存在较大的提升空间。

（1）在炼铁、炼钢、轧钢等工艺过程的数学模型和优化控制方面,与国外领先水平相比,过程模型对不同工况的适应性和优化控制精度稳定性方面还需要进一步提升。目前,国际上对优化控制的关注点由过去的单体设备自动化控制功能的优化转为全工序整个流程控制功能的优化,国外在过程控制系统研发的多专业协同、多素材融合,值得我们借鉴学习。如日本为开发高炉运行三维可视化和数值分析系统,采用了高炉各区域解剖（物理）,安装大量在线测量高炉内部工况的探头和传感器（数据）,使用三传一反和计算流体力学数学模型（机理）等综合手段,通过可视化炉内变化,辅助实际高炉稳定操作。运行工况智能感知基础上的智能自主精准调控,是新的发展方向。

此外,一些国外先进过程控制系统在功能综合性和完整性方面,值得我们借鉴学习。如意大利 Tenova 公司开发的智能电炉 Tenova Melt Shops EAF,集成了先进的 CONSTEEL 连续加料和废钢预热技术、EFSOP 废气分析控制专家系统、iEAF 智能化动态过程控制和实时管理系统、TDRH 数字电极调节器和 KT 喷吹系统,形成一套完整电弧炉过程控制解决方案。

（2）国内在炼铸轧一体化计划编制、高级计划排产等算法研究和企业应用方面取得了具有国际先进水平的科技成果,但在 PCS 和 MES 紧密衔接,实现多工序多目标协同优化方面与国外先进水平相比还有一定的差距。如 AMS 和 PTG 开发的 TOTOPTLIS 技术,研究了炼钢全过程多目标优化方法。即基于实时监控、预测和控制模型,汇聚炼钢、精炼、连铸等各工序工艺过程、检测数据,连续评估钢水温度、钢和渣成分和纯净度,并考虑不同工艺路径、物流运输和钢包周转,综合考虑能源、材料和资源消耗及生产率的多目标优化策略,当偏离与质量相关参数的标准处理工艺时,进行动态优化。每一工序结束后,测量值与目标值比较,允许范围内,进入下一工序,否则,提出应对方案,并从多个方案中找出最优方案。

德国钢铁研究中心（Betriebs forschungs institut,BFI）等开发的 TECPLAN 技术,是一种新的生产计划辅助系统,依据预测板坯质量适用指数数值（平直度、截面弯曲度,厚度/延展容许误差、表面缺陷等）、轧机能力（如执行机构和控制设备）和顾客需求,确定优化的不锈钢生产路径（热轧、冷轧、退火、平整、精整）,减少二次处理次数,降低次品率。主要内容包括:研究基于遗传算法的多目标优化技术,更容易更可靠地解决生产计划问题;采集每一工序的过程数据,特别是在线质量测量数据,建立全过程质量预测模型;集成测量数据、全过程预测模型和多目标优化算法开发基于工艺的生产计划系统。

（3）国内在质量一贯制管控、基于数据挖掘离线分析产品缺陷等方面取得了具有国际先进水平的科技成果,但在全流程质量在线监控和优化、基于数据的全流程产品质量自动分析方面与国外先进水平还有一定差距,面向高端产品的多工序协调优化与质量窄窗口智能化精准控制是下一步的热点方向。全流程产品质量在线监控、诊断与优化技术是提高稳定性、可靠性和适用性的前提。①浦项制铁集团公司、BFI 等研发了基于数据挖掘的质量数据动态监控与分析系统,实现了跨工序产品质量影响因素判断,如 BFI 等提出了操作实绩分析、控制图和基于数据的质量模型等在线质量监控方法,自动跟踪全流程各工序设备、过程、质量变化的影响。质量出现问题时,快速找出变化原因(全流程设备、过程或操作),评估、跟踪已知跨工序关系,给出全流程过程链的可视化报告(控制图),研究开发了 AUTODIAG 工具工业软件,针对工艺工程师和质量管理人员对数据分析和挖掘算法不熟悉的问题,提供不同解决方案,隐藏了复杂数据挖掘技术,通过可视化模块支持用户选取数据,指导用户选择最合适的方法解决特定的问题。②日本钢铁工程控股公司、新日本制铁公司采用主元-线性鉴别混合分析方法,定量化鉴别了表面缺陷并改进了表面质量。③我国宝钢集团等开发了冶金过程的质量诊断技术,形成了覆盖全流程的质量一贯过程控制。④普锐特冶金技术有限公司开发了在线组织监测与优化系统,实现了热轧过程的性能预测和控制,年节约合金成本 17 万欧元;浦项制铁集团公司、日本钢铁工程控股公司开发的产品性能预报与控制系统,实现了一材多品种生产和在线工艺调优。钢铁的组织性能预报与集约化生产受到我国企业普遍重视,东北大学、上海梅山钢铁股份有限公司等单位采用人工智能预测了材料组织性能演变,开发了力学性能高精度预测、氧化铁皮控制、工艺逆向优化和钢种归并技术,提高了产品质量的稳定性和适用性。同时,东北大学开发的新一代热机械控制工艺核心工艺装备,也为组织性能调控和集约化生产提供了强力支撑。然而,现有的方法和系统主要是在单工序稳态过程取得了良好的控制效果,非稳态复杂制备过程的精准控制与多工序协调优化已成为产品质量提升的瓶颈,亟须将工艺机理和生产大数据深度融合[46,47],通过智能化关键技术实现全流程整体优化。

(4)钢铁行业上游的矿采业,国外矿山在 21 世纪初就开始了智慧矿山的实践,芬兰、美国、加拿大等发达国家的矿山已全面向智慧方向迈进,取得了高效率、高安全的业绩。国内矿山近年来也搭上了互联网发展的快车,朝着信息化与工业化深度融合的方向发展,正逐步从"机械化矿山"向"自动化矿山"和"数字化矿山"转变,已基本实现矿山生产实时化采集、网络化传输、规范化集成、可视化展示、自动化运行,在利用现代信息技术改造并提升传统产业,降低成本,提升效率等方面成效显著。但这只是数字化层面的矿山,距离世界先进矿山的高度智慧化程度还有很大差距。

4.1.3　典型案例

1.宝钢集团智能化建设现状及问题

在新时代背景下,人工智能理论的发展和智能制造技术的兴起将给钢铁产业带来巨大变革。智能制造对钢铁产业全价值链的影响分析如图 4-1 所示。

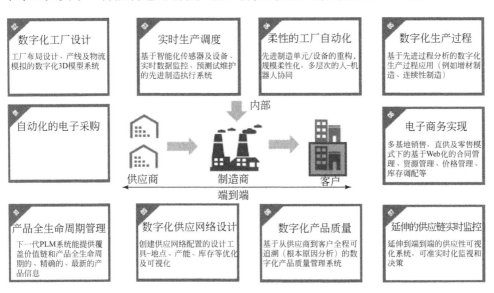

图 4-1　智能制造对钢铁产业全价值链的影响分析

图 4-1 表明质量、效率、生产柔性(重塑业务模式)是钢铁智能制造追求的主要目标。具体地讲,通过生产过程的数字化和智能化技术,实现工艺、装备、操作等与产品要求的匹配,提高产品质量;通过智能化技术的应用,以智能机器人取代传统人力,提高劳动效率,提升产品生产效率;通过建立柔性化的生产组织,快速响应用户的动态需求,实现柔性化制造是钢铁工业智能制造发展的主题思想和基本路线。

作为我国先进的钢铁企业,宝钢集团建立了完备的信息化系统,传统的过程控制技术在企业中也得到了广泛应用,但是人工干预环节较多,生产稳定性较差。宝钢集团现阶段钢铁制造技术水平和智能制造技术相比较,总体差距主要体现在产线自动化率总体不高,水平参差不齐,过程稳定性较差;管理自动化、决策智能化水平低,管理效率低,满足用户个性化需求成本高;信息系统众多,但数据散断,缺乏整合贯通的数字化基础。

宝钢集团实现智能制造的基本路径如下:装备从自动化向智能化过渡,升级改造信息化系统并实现全域网络互联互通,完善工艺控制和管理分析模型、机器人应用,推进工业大数据中心基础建设,员工从技能型转变为知识型等。宝钢集团智能制造的总体思路是建设全透明数字化钢厂,逐渐在数字化空间中建立与现实并行一致的虚拟工厂,实现快速响应并满足个性化需求,且交付高品质产品的制造模式,具体体现在如下三个方面:①企业运营→从响应式制造到预测制造,从局部优化到全局优化转变;②工厂制造过程管理→从事后向事中、事前转变,实现柔性制造;③装备→从自动化向智能化转变。围绕着钢铁工业智能制造,宝钢集团提出了四个研究方向,即智能装备、智能工厂、智能互联和 IT 基础设施,相应的智能制造举措框架如图 4-2 所示。

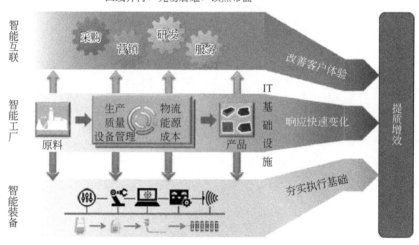

图 4-2　宝钢集团智能制造举措框架

(1)智能装备(装备自动化、智能化)。①工业机器人及智能装备应用,包括装备无人化(如卸船机、堆取料机、行车装置)和工业机器人(取样测温、焊接、喷涂、自动标号、自动贴标、包装等场所,探索机器人使用技术,替换危险、肮脏、重负荷重复性劳动岗位);②在线检测与过程智能控制,包括铁水、钢水及熔渣成分和温度等检测与预报,高炉顺行闭环专家系统等。

(2)智能工厂(工厂智能化)。①全程协同的高级计划排程,包括资源计划优化方面的各制造单元整体产销协同,实现多约束条件下的批量效益与个性化需求平衡,炼钢、热轧、冷轧一体化计划方面的预计划智能联动排程和生产实绩与虚拟材料的自动替换。②关键设备状态监测及预测式维修。③能源精准管控、协同优化,综合采用高能效设备、产线工艺节能、产线生产与能源消耗协同节能、公司能源生产与利用协同优化等技术,实现能源更高的综合利用效率。④物流自动化及精细化管控,建立一体化协同物流调度模式,实现物流运输资源的合理调配和运输指令的智能生成。⑤精细化成本管理。构建一个面向市场的成本管控体系,最终建成公司多基地、全流程的协同经营决策支持系统。

(3)产业链智能互联。整合产业链全程信息资源,快速响应协同,实现产业链资源互联化、最优化,相应的产业链智能互联网络,如图 4-3 所示。①营销与服务——全渠道、快速、差异化。面向互联网时代的 C2B(customer to bussiness)模式转型快速响应用户技术和商务需求;依据客户驱动,优化、整合内部资源(包括组织、业务、流程、信息);构建开放式互联网慧创平台,并实现与现有业务及服务系统的高效整合,以快速响应客户需求变化及市场变化。②采购——与供应商、电商平台的供应链集成。在原料采购方面,建立市场、制造、采购一体化生产计划;加强铁钢联动,结合市场矿煤价格,优化矿煤配比模型。在资材备件采购方面,以采购供应链全流程管理为基础,建立内部用户与外部客户共享的采购电子交易平台。③钢铁行业产品生命周期管理(product life-cycle management,PLM)应用探索。建立面向钢铁行业价值链信息互联互通的 PLM 平台,涵盖钢铁产品从需求、研究、试制、优化、生产、到服务等关键过程,实现数据和知识的沉淀、共享,业务更好地协同。建设虚拟工厂来替代实物工厂,提高资源配置效率;支持大规模配置的产品,共享经验库;以用户为中心信息无缝集成,支持个性化的钢铁制造模式。

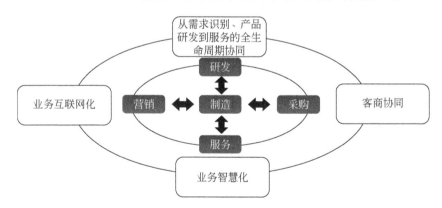

图 4-3　产业链智能互联网络

(4)IT 基础设施变革。构建共享数据平台;信息系统向扁平化、模块化、服务化转变;信息系统主机资源云端化;建立工业信息安全防护体系。

实施智能制造实践成果方面,选择了自动化、信息化程度较高,具备向智能化进步的基础的热轧 1580 产线和冷轧 1700 产线,建立两个工信部智能制造示范试点,包括 2015 年示范试点(热轧 1580 智能车间建设),以及 2017 年示范试点(冷轧智能车间建设)。除上述之外,智能装备改造提升形成竞相发展的良好态势、建成一批创新、效果显著的成功应用。例如,宝山基地炼铁、炼钢、冷轧、运输等单元智能装备改造项目群,东山基地冷轧、产成品仓库无人化改造等项目群,梅山基地原料、炼钢等单元智能装备改造项目群,宝钢集团国际智能立体仓库、板料自动捆扎、落料线操作自动化、拼焊工装自动切换以及纵切自动装刀项目群全面启动,形成一批成功应用。

宝钢集团实现智能制造方面面临的主要挑战和困难分析如下。

(1)在线检测先进技术缺乏。为提升控制精度、实现流程在线检测和监控,钢铁行业需要采用新型传感、机器视觉识别、软测量等实时在线连续感知监测装置,如钢水纯净度在线检测技术、带钢在线机械性能测量技术、适应高温环境的传感技术等,但目前缺乏适应钢铁行业高温、粉尘等复杂环境的精密测量先进技术,适应钢铁行业复杂环境的在线检测技术亟待加强。

(2)系统解决方案供给能力不足。钢铁智能制造系统解决方案供给能力不足,缺少具有较强竞争力的综合系统集成商。从智能制造架构来看,智能制造解决方案需要包括数据采集层、执行设备层、控制层、管理层、云服务层、网络层等,需实现横向集成、纵向集成以及端到端集成。但受核心技术薄弱、人才缺失、应用领域单一等因素影响,钢铁智能制造系统集成商普遍缺乏综合集成能力,只能提供某些领域的点状解决方案,使钢铁企业在推进智能制造时难以寻找战略性、能广泛合作的伙伴。

(3)企业数字化转型中员工队伍如何转型。数字化技术在工作中所占比例越来越高,重要性越来越大。转型面临的问题是,作为技术业务人员应具备怎样的信息与通信知识、技能,现有技术业务队伍如何培养这种技能,以及如何实现数字化转型。

2.鞍钢集团智能化建设现状及问题

鞍钢集团是我国最早建成的钢铁生产基地,拥有矿山采选、烧结、炼铁、炼钢、轧钢、焦化、耐火、动力、运输等整套先进的钢铁生产工艺设备,具有矿山、钢铁成套技术和管理输出能力,具备3900万吨钢的生产能力,可生产3000个牌号、60000多个规格的高技术含量、高附加值的钢铁、钒钛精品。目前,我国上游原料的铁矿石产能有效供给严重不足,国产矿成品矿产量远跟不上钢铁产能的扩张,铁矿石对外依存度逼近90%的历史最高点。鞍钢集团大力开展智慧矿山建设,但与世界先进矿山比,我国成本控制水平、装备水平、智能化水平等方面还存在明显差距,制约着国内矿山的进一步发展和竞争力提升。要适应时代发展的要求并应对行业形势的变化,必须不断研发新型采选技术,通过新技术、新材料、新装备的应用和技术改造等措施来降本增效,提高矿山竞争力。

鞍钢集团智能工厂架构图如图4-4所示。

鞍钢集团智能制造的目标及落脚点为面向上述国家需求,建设"智慧矿山",其具有"卓越的企业文化、严谨的业务流程、高效的信息协同、动态的调整管控、快速的响应执行、自主的优化改善"等鲜明特征。核心是利用现代信息技术,在对矿山生产经营主动感知的基础上,遵循系统工程理论,自主统筹优化各种资源,在符合矿山安全生产、环境保护要求的前提下,能够运用已知知识应对未知变化,实现矿山资源利用效率与企业经济、社会效益自主动态平衡的新型矿山企业发展模式。

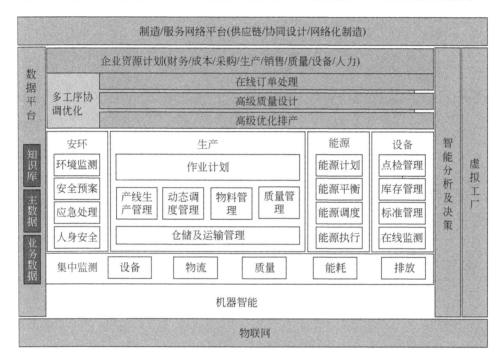

图 4-4　鞍钢集团智能工厂架构图

　　构建网络化的生产平台和服务平台,由生产管控综合调度统一指挥,以网络化的大数据、虚拟仿真、无线移动作为技术支持,完成智能分析决策。鞍钢集团实现智慧矿山的基本路径是运用"五品联动"系统工程理论,追求安全生产、绿色环保、资源利用、企业效益的动态平衡的建设思路,依靠智能感知技术、物联网技术、大数据技术[47]、云计算技术、移动应用技术等信息技术手段为支撑,从智能生产、智能管理、智能服务三个维度开展智慧矿山探索实践。目前,已初步形成了"战略+管理+技术"的矿业解决方案,向建设智慧矿山迈出实质性一步,被确立为矿山行业首批国家级智能制造试点示范单位和工业互联网试点示范单位。

　　结合鞍钢集团信息化、工业化建设现状及智能制造推进思路,明确智慧管理、智能生产两条实施路径,力争实现管理模式向协同化发展、生产方式向智能化发展。

(1)智慧管理:重点围绕"人、财、物、产、供、销"六方面开展建设。集团公司重点推动以"人、财"为核心的业务共享平台、基于人工智能及大数据的智慧决策支持系统建设。鞍山钢铁、攀钢集团等子企业在充分利用集团公司信息化建设成果的基础上,重点推动"物、产、供、销"及专业管理信息系统建设。鞍钢集团国际经济贸易有限公司(简称"国贸公司")等子企业重点推动资产管理系统及其他专业管理系统建设。智慧管理信息化建设的特点是精准、可控、预警、预测。

(2)智能生产:重点围绕制造单元、服务单元分别开展建设,针对鞍山钢铁、攀钢集团等子企业,在制造单元上自下而上逐层开展智能装备、智能单元、智能产线、智能工厂及智能公司建设,在服务单元上开展工业互联网平台、电商服务平台、物流服务平台等建设。针对国贸公司等子企业,利用互联网思维开展"互联网+贸易、金融、医疗、云服务"等建设,信息化建设特点是快速、灵活、友好、开放。

在智能生产方面,明确了"智能装备、智能单元、智能产线、智能工厂、智能公司"的五级递进建设模式。①智能装备:补齐传感装置及检测部件,实现信息深度感知及精准控制;完善单体装备智能化管理系统,实现全生命周期跟踪、故障自愈合、虚拟仿真、AR/VR智能点检等管理。②智能单元:建设工业物联网络,将"人与装备与信息"连通,实现万物互联,优化生产各环节控制模型,建成专家管理系统实现生产单元的无人值守、远程集控及一键生产。③智能产线:建设工业大数据平台,以MES系统为核心,围绕生产调度、生产计划、质量管控、能源管控等方面开展建设,实现生产全流程管控。④智能工厂:建设CPS物理信息系统,实现物理实体工厂与数字虚拟工厂的"数字化双生",通过虚拟仿真持续验证、优化、完善生产组织,打造智能工厂。⑤智能公司:建设工业互联网平台,纵向将智能工厂与企业智能管理相融合,横向将企业上下游资源进行整合,实现企业生态的优化拓展。

鞍钢集团针对国有大型铁矿山企业经营发展亟待解决的问题,创新性地提出并践行了战略创新管理体系;突破了"采、选、冶工艺独立优化"的思维定式,确立了矿冶工程"五品联动"的新模式。统筹考虑矿石地质品位、采出品位、入选品位、精矿品位、入炉品位,将矿山生产勘查、采矿、配矿、选矿、冶炼五大环节集成为大系统,实现了生产过程及管理环节的整体优化,确保了整体效益最大化。①建成标准化基础设施平台,实现信息运维规范化,如利用图像识别技术、物联网技术,对矿物承载工具进行实时远程监控,推行矿山"无人化"操作整体解决方案。②建成一体化数字采掘平台,实现生产管理透明化,如通过智能车辆调度系统、牙轮钻精准定位系统、车辆油耗管控系统、炸药车实时监控系统建设,实现了采掘设备的自动配置和线路优化。③建成人性化安全管控平台,追求生产企业本质安全,完成了矿山矿山监测监控、人员定位、通信联络、紧急避险、压风自救、供水施救六大安全系统的建立,接轨国家标准。④建成集成化业务管控平台,实现规范高效协同管理,建成集管理网、控制网、MES网、视频会议网、视频监视网于一体的大型万兆企业网络,实现从基层数据采集、MES 控制、ERP 管理、BI 分析的信息联动。⑤建成个性化移动应用平台,实现按需安排工作空间,建设了涵盖信息发布平台、协同办公平台和智慧服务平台三个维度的个性化移动应用平台。

鞍钢集团实现智能制造方面面临的主要挑战和困难分析如下。

(1)技术共享和推广复制性不强。围绕冶金行业智能制造建设,国内钢铁企业都在各自探索,存在重复性研究及资源浪费的情况,成功经验没有实现共享,影响了先进技术及解决方案的推广覆盖,希望国家层面可以统筹推进。

(2)新兴技术推动模式变革和本质提升动能不足。人工智能、大数据、5G 等新一代信息技术与现场应用场景深度结合的理解不到位,缺乏前瞻性思考,难以给企业带来模式变革及本质提升。

(3)创新项目未形成产业链和产业生态。针对钢铁行业智能制造建设,建设目标及方向虽然是清晰的,但在具体落地过程中,因智能制造建设多是创新性项目,很多项目的效益有不确定性,存在"投入与收益的剪刀差",影响项目推进的决心和速度。

4.1.4　发展需求

钢铁制造业目前面临的市场环境、技术环境和社会环境发生了巨大的变化,主要可归结为以下几点。

第一,市场需求不可完全预测,市场竞争愈加激烈。钢铁市场从卖方市场变为买方市场,虽然市场对钢铁产品的需求总量依然巨大,但产品需求的形式和结构发生了变化,多样化和个性化产品与服务已成为市场需求的主要特征。这种对产品多样性和个性化的服务需求导致钢铁企业面临着前所未有的激烈市场竞争环境。

第二,市场需求的发展变化和多样性,导致对钢铁产品新品种规格的需求越来越多,对产品质量的要求越来越高,产品的生命周期越来越短。各种新工艺、新技术广泛应用于钢铁产品的设计开发和制造过程中,使新产品的开发与制造复杂度越来越高。钢铁企业必须迅速适应市场的变化,以高效率、低成本生产出高质量的产品。

第三,信息化进程不断深入发展,云计算、大数据、物联网、人工智能、移动计算等新兴信息技术应运而生,并广泛应用于经济社会各个领域。许多新的业态、新的模式和新的理念不断产生,绿色制造和智能制造等先进制造理念不断推进[48]。一方面给钢铁企业经营管理和运作模式提出了新的课题,另一面也为钢铁企业减耗增效,提升企业科技水平和竞争力提供了技术手段。

第四,随着社会的进步,政府和民众的环保意识以及对环境保护的要求大大提升。这给具有高能耗、高污染特点的传统钢铁制造业提出了挑战,降产能和污染治理是目前国家针对钢铁行业的重点抓手。钢铁企业不仅要为社会提供适用的高质量产品,还要承担社会可持续发展责任。

钢铁企业面临的激烈市场竞争不仅体现在产品的品种规格、产品价格和产品质量方面的竞争,产品交货期、满足用户特殊需求的产品定制化、企业技术和管理的先进性,以及企业社会责任等其他因素越来越成为决定竞争胜负的关键因素。钢铁制造业的智能优化制造成为应对上述特征和困难的重要途径。然而,与目前已经接近迈入智能制造模式的电子、汽车等离散制造业不同,流程制造业的智能化推进在全世界范围内都处于规划的起步阶段,距离真正的智能化还有很长的路要走。钢铁智能制造应着眼于生产过程、业务经营和企业决策等核心环节,涵盖产品需求预测、钢种开发与工艺设计、生产制造过程的优化控制、工业供应链优化和资金流转等各个环节,为企业带来效益。

4.2　发　展　目　标

钢铁行业智能优化制造发展的总体目标是以钢铁生产过程的自动化、信息化、智能化、绿色化等综合集成为出发点,以具有自主知识产权的炼钢、热轧、冷轧、热处理等全流程智能化关键技术研发为突破口,以系统平台和工业应用示范为依托,以提高产品质量和生产效率为最终目标,培养专业技术人才队伍,全方位、多层次地提升我国钢铁生产过程的智能化水平。"联姻"下游用户,打造全球化产业链,提高利用国内国外两个市场、两种资源的能力;要以提升自主创新能力为支撑,加快钢铁行业的技术与装备由"中国制造"向"中国创造"转变,推动我国钢铁设备、技术、标准实现国际引领。着力提升创新价值,实现由制造商向服务商转变,建设以用户为中心、技术为主导、质量为先的新型钢铁竞争价值体系,体现钢铁产品质量价值和技术价值。

钢铁企业通过智能优化制造,实现智能化、绿色化、产品质量品牌化。通过构建纵向贯通、横向集成、协同联动的支撑体系,与物理系统相融合,覆盖产品设计、生产、物流、销售、服务等一系列的价值创造活动,将原料、焦化、炼铁、炼钢、热轧到冷轧等全部作业链的生产活动协同,实现自感知、自决策、自执行、自适应。借助"智能+"、物联网和智能制造技术,依托传感器、工业软件、网络通信系统、新型人机交互方式,实现人、设备、产品等制造要素和资源的相互识别、实时联通,促进钢铁研发、生产、管理、服务与互联网紧密结合,推动钢铁生产方式的定制化、柔性化、绿色化、网络化、智能化。

(1)供应链、产品质量、生产过程、能源、物料、成本的智慧决策和集成全局优化。钢铁智能制造是将钢铁生产多个工序装置和控制系统以及上下游供货营销全产业链发展成为一个集控制、监控、优化、故障诊断、自愈控制于一体的智能体,能够敏捷响应外部市场需求变化和过程运行工况的动态变化,实现供应链、产品质量、生产过程、能源、物料、成本的智慧决策和集成全局优化。通过智能优化制造，推进操作监控集中化、岗位作业机械化、安环管理智能化、成本管理实时化、现场管理透明化、设备运维远程化、知识信息在线化。构建网络化、集成化、柔性化、智能化的新一代钢铁生产线，打造以高效、精益、绿色和智慧为目标的钢铁生产智能车间。

（2）通过物联网、互联网、移动互联网、云计算、大数据及智能优化模型技术等技术的应用，开展钢铁智慧制造关键技术、技术难点的攻关以及示范应用，降低生产成本，提高生产效率，切实提高钢材产品的质量稳定性、可靠性和适用性，扩大产品的品牌增值。使钢铁制造领域内的资源、信息、物品和人之间相互关联，最终实现包括智能制造、智慧设备、智慧安全、智慧物流、智慧能源、智能机器人、智慧工作环境在内的预测式智能制造系统，推动钢铁生产制造进一步由自动化向智能化方向升级，以降低制造成本、提升运营效率、提高产品质量，从而提升我国钢铁行业的核心竞争力。解决我国钢铁行业面临的生产成本高、生产效率低、产品质量不稳定、同质化严重等共性问题。通过实施定制化生产，满足下游客户的个性化需求。实现钢铁生产全流程的智能化控制，降低生产成本，提高生产效率，切实提高钢材产品的质量稳定性、可靠性和适用性，扩大产品的品牌增值。

（3）积极以智能化推动低碳绿色，实现与社会、环境、城市的共融共存。钢铁业是典型的高能耗、高污染行业，面对日益严格的环保监管、污染物排放标准和环保税实施条例等带来的新挑战，钢铁工业要着力推进工艺结构调整和工艺技术进步，将路径选择重点放在优化总量、循环、低碳和绿色等方面，推进行业低碳绿色发展。通过智能化制备技术的应用，理顺生产组织与物流，实现工序的协调匹配，通过提高热装热送比来减少能源消耗，并通过优化成分设计来减少合金用量。建成高质量可持续发展的钢铁产业，达到节能降耗、节约资源的效果，具有明显生态效益。

4.3　发展思路与重点任务

4.3.1　发展思路

我国钢铁工业智能化发展需要把握好以下四个关键点：一是国家层面的重大科技专项攻关、行业共性技术攻关、企业层面技术革新；二是制定完善的智能制造标准体系，"智能制造、标准先行"；三是研发智能制造关键技术，通过提升智能化高端装备、柔性制造工艺技术、智能控制技术的融合，落实钢铁生产加工全流程的智能化集成优化[49]；四是走以自主研发为主、产学研用结合之路[50]。

我国钢铁企业在关键流程的数控化比例超过了 65%，ERP 的装备率超过了 70%，向智能制造发展有了坚实的信息化基础。钢铁行业智能制造本质是知识经济,是一个不断探索、试错的过程,难以一蹴而就,不能急于求成,只有创新驱动、攻坚克难才能实现智能制造;更需要各级管理者倾力推进业务与技术的融合创新,发展思路是建设全透明数字化钢厂,逐渐在数字化空间中建立与现实并行一致的虚拟工厂,实现"快速响应并满足个性化需求,且交付高品质产品的制造模式",企业运营从响应式制造到预测制造,从局部优化到全局优化转变;工厂制造过程管理从事后向事中、事前转变,实现柔性制造;装备从自动化向智能化转变。

钢铁工业智能化包括智能化工艺设计、智能化物流、智能化物质流/能量流/信息流的组织与调控、智能化生产运行等。钢铁行业智能优化制造的物理系统要以动态-有序、协同-连续运行为网络结构及程序优化的导向,并以此物理系统(钢铁生产流程)为本体与智能化信息网络系统融合,建立物理输入/输出的物质流网络、能量流网络和信息流网络"三网协同"的信息物理系统。深刻理解制造流程动态运行过程的物理本质,构建起植根于运行要素及其优化的运行网络、运行程序的物理模型,进而构建全流程网络化、层次化信息流模型,实现生产全流程动态运行、管理、服务等过程的自感知、自决策、自执行和自适应[51]。钢厂智能化要重视数字化信息网络系统的研发,更要重视制造流程(物理系统)中物质流网络、能量流网络的结构优化和运行程序优化,通过将制造流程物理系统结构优化和数字化信息系统相互融合来实现钢厂智能化。

4.3.2　重点任务

智能化流程生产运行涉及从焦化、烧结开始到轧钢生产过程动态运行的、起伏变化的物质流、能量流和各类信息流,即动态变化的"三流"要通过智能化制造平台实现自感知、自决策、自执行和自适应。重点任务包括:钢铁制造过程运行工况、产品质量的智能感知和信息集成,钢铁制造智能优化设计,需求驱动的钢铁购销与制造供应链协同智能优化决策[52],钢铁制造过程全流程多工序智能自主协同控制,钢铁制造过程运行工况与产品质量全生命周期在线诊断、调控与异常溯源,钢铁生产能源、安防、装备的智能精准管控系统,钢铁智能优化制造专用工业软件共七大方向。

1. 钢铁制造过程运行工况、产品质量的智能感知和信息集成

钢铁生产包括铁前-炼铁-炼钢-连铸-热轧-冷轧-后续加工处理等工序。由于工序内存在多变量耦合、工序间质量传递、生产层级多、边界条件多变等问题,以及原料变化大、制备流程长、质量指标多、时序响应速度高低混杂等特征,制造过程全流程运行工况和产品质量的感知对于钢材产品质量稳定性、可靠性、一致性至关重要,也是高端产品(如高端钢材)生产的瓶颈环节。

现有的 ERP、MES、PCS 等信息化和自动化系统中虽然包含了质量设计、质量

检测、质量判定、质量分析等管控内容,但由于生产过程的关键质量指标(如钢水成分、铸坯缺陷、钢材机械性能等)难以在线连续测量,众多工艺参数与质量指标及工况之间的关联关系难以进行精确描述和估计。高炉、转炉、精炼炉、钢包、连铸坯、热轧轧件、冷轧轧件等还存在大量检测盲点,即无法获取各个反应器或者轧件内部的信息,无法精准把握"黑箱"内的物理与化学变化;产品性能、产品成分等关键信息仍然是抽样检测。为此,这方面的重点任务是钢铁制造过程运行工况和产品质量的智能感知和信息集成,主要包括以下几点。

1)通过虚拟生产、机理建模和数字孪生实现全方位运行工况感知[53-55]

虚拟生产采用可视化技术呈现全时空的定量信息[53,54],为探明钢铁工业典型过程(如高炉炼铁过程)机理、实现运行工况感知提供了新的思路,是实现钢铁工业数字化和智能优化制造的基础。钢铁工业过程通常为气-液-固多相、分子-微团-设备多尺度、速度-温度-浓度多场相互耦合的复杂化学物理过程,研究多场多相反应体系下生产过程的物质转换与能量传递机理,以及大数据环境下融合机理、数据和经验知识多场多相反应体系建模方法、复杂生产过程多尺度耦合计算方法、多相多场数据的可视化理论与方法、可视化的实现和分析技术、全流程虚拟生产系统的构建和实现。

2)大数据驱动的产品质量智能感知方法

钢铁生产过程环境恶劣、机理复杂,部分关键参数无法在线检测。近年来,信息技术和大数据技术的广泛应用和现场工程技术人员的长期实践为钢铁生产过程积累了大量实际生产数据和操作经验知识,这些数据和经验知识中包含了丰富的反映有钢铁生产过程参数间关系的信息,为实现基于数据的产品质量智能感知提供了支撑。钢铁生产过程数据来源复杂、类型多种多样,同时存在不确定及不完整性,影响了基于数据的软测量技术的实际应用,亟须研究大数据条件下的钢铁生产过程产品质量智能感知技术与方法。

3)全流程物质流信息流精准匹配的集成质量信息平台

钢铁制备具有多元多相多层次的串级集成运行特性,其质量与参数间关系的复杂度高。解析全流程质量与相关参数的对应关系,并确定质量等级指标及对应参数范围;建立多源、异构、多分辨率数据采集的标准化规范;在对数据降噪、时间同步、数据清洗等预处理和数据重整基础上,建立数据质量评价模型,研究全流程质量信息、工艺信息与物流信息多维时空同步的协同处理及精准匹配问题;对高频实时数据流进行时空压缩处理后,涵盖各工序工艺参数、物料能耗参数、质检参数及设备状态参数,建立以钢卷号为序列的实时数据库,同时建立质量数据、工艺标准、质量规则、质量缺陷样本等多种类型库;构建可扩展的全流程质量实时监控与预警平台,以及用于质量分析、质量追溯及优化的离线数据分析平台。

2. 钢铁制造智能优化设计

钢铁制造流程智能优化设计是数字物理系统的先导,是建立钢铁制造流程先进的 CPS 的起点。智能设计是全方位研究物质流智能化、能量流智能化、信息流智能化的综合方案。包括三方面:一是研究尺度为分子原子尺寸的机理研究,研究其科学的合理性,采用 CAE 三维仿真设计分析计算技术,模拟仿真研究冶金工艺过程、温度场和流场等;二是研究尺度为工序或装置尺寸的技术可行性,采用机械三维仿真设计技术,模拟仿真研究钢铁装备的优化;三是研究尺度为制造流程或车间尺寸的工程科学,研究工程项目的整体性、系统性、协同性优化,采用数字化三维仿真工厂设计技术,模拟仿真研究钢铁制造全流程的优化,实现设计、施工、运维的一体化。在钢铁制造流程物理系统建成前以及运行过程中,虚拟钢铁制造流程物理系统,从基础科学研究、技术科学研究、工程科学研究三个层次进行虚拟仿真研究,提出改进、优化、创新的钢铁制造流程信息物理系统,并为钢铁制造流程实现智能制造提供所有数字化基础数据,这样才能真正实现先进钢铁制造流程物理系统的智能制造。

1)研究构建动态精准设计体系

以钢铁制造流程中的焦化、烧结球团、炼铁、炼钢、轧钢、工业炉、冶金装备、能源与环境、电气与自动化、建筑工程设计及关键共性技术为研究对象,以工程科学"三流、一态"、耗散理论为指导,通过运用先进的三维仿真设计技术,实现钢铁制造流程数字化三维工厂设计和关键共性技术的突破。以动态精准三维仿真设计为基础,构建基于循环经济理念的钢铁制造流程,创建具有钢铁产品制造、高效能源转化、消纳废弃物并实现资源化"三大功能"的现代钢铁制造流程,基于动态精准设计理论和数字化三维设计体系,构建三维仿真设计、仿真研究、虚拟现实的高效精准设计平台。

2)研发现代钢铁制造流程工艺技术和装备

通过对焦化生产、烧结球团生产、炼铁生产、炼钢生产、轧钢生产过程进行数值模拟仿真,实现钢铁制造流程工艺技术和装备技术的精准计算和设计优化,提高钢铁生产产品质量,降低产品成本,进而提升钢铁企业市场竞争力和可持续发展能力。

3)打造先进的钢铁制造三维虚拟仿真设计技术应用研发平台

推动三维仿真设计技术在钢铁行业全面推广应用,为实现数字化、智能化钢铁制造流程奠定基础。

3. 需求驱动的钢铁购销与制造供应链协同智能优化决策

钢铁制备模式正向多品种、小批量、低库存转变[56],通过产供销系统的横向、纵向和端到端集成,提高全流程资源配置效率。目前,我国大部分钢铁企业都部署了底层过程控制系统 PCS、中间层制造执行系统 MES、顶层企业资源计划 ERP 三层结构系统或者 MES 和 PCS 两层结构系统,但是这些系统主要实现信息集成和管理功能。企业目标、资源计划、调度、运行指标、生产指令与控制指令的决策处于人工经验决策的状态,并且 ERP、MES 和 PCS 无法实现无缝集成,因此各个环节间信息不畅、脱节严重,未实现生产全流程整体优化。

针对上述问题,钢铁企业要以从用户需求到用户产品的全价值链为主线,通过流程变革、管理创新实现新技术条件下人、流程、机器的高效匹配,实现质量、效率、成本的大幅改善,实现制造管理层级系统的扁平化、模块化、服务化。面向原燃料采购及运输、钢材生产加工、产品销售及物流等供应链全过程优化,提高对上游原燃料控制能力,深化与下游客户业务协同,实现优化资源配置、动态响应市场变化、整体效益最大化。

(1)优化上游资源选择与配料:跟踪原料市场变化,预测分析市场趋势,优化原料选择和运输。强调原料的优化配置和综合利用。

(2)加强与下游客户供应链深度协同:建立电子商务和供应链协同信息电子数据交换规范,迅速响应客户需求,及时提供合格产品,减少库存、中间环节和储运费用。

(3)生产计划与制造执行一体化协同:订单产品规格自动匹配,前后工序协调一致,后一工序及时获取前一工序的生产数据并按照生产指令进行最优生产。

(4)全供应链物流跟踪:覆盖原燃料、在制品、产品、废弃物资源化利用的物流跟踪,通过准确、直观地反映物流资源分布动态、计划执行情况和库存变化趋势,为优化资源调配提供依据。

重点任务是在敏捷感知外部市场动态需求、内部企业生产动态状况(设备能力、资源消耗、环保)等约束条件下,以尽可能提高产品质量与产量,尽可能降低能耗、物耗、成本指标为目标,采用虚拟仿真制造实现前馈决策,人机交互动态优化决策,反映质量、效率、成本、消耗、安环等方面的企业全局指标和生产全流程指标,通过工业大数据实现全程协同的高级计划排程。具体包括以下几点。

1)面向供销全价值产业链的全流程排程的协调与优化

考虑钢铁生产流程长、工序耦合度高、物流交叉复杂等特征,基于供应链理论研究上下游工序生产组织的衔接机制,突破各工序见料编排计划的局限性,从产能平衡、库存优化、产线分工等多个层次研究全工序供应链一体化计划编制方法。针对不同工序产能和节奏不一致带来的涨库、断料和物流失衡等问题,从全工序协调的视角出发,以均衡资源分配,协调多工序生产节奏为目标,研究全工序产能平衡计划集成优化技术;针对生产中产生的各类合同余材和质量余材(如热卷、冷卷等),通过研制多工序余材充当智能优化系统,实现余材与合同的最佳匹配,达到消耗余材,降低库存,缩短制造周期的目的;在全工序产能平衡计划的基础上,以用户需求为驱动,综合考虑产品工艺规程、技术规程、在制品库存水平、物流交叉特征、订单交货期要求、生产环境动态性等信息,研究产线分工智能优化决策技术、决策生产订单最佳加工路径、优化瓶颈机组和加工途径,实现中期运营计划与短期作业计划的协同优化。

2)工艺驱动的柔性化生产动态智能排程

针对个性化需求与钢材规模化生产之间的矛盾,以降低资源消耗和提高产出效率为目标,结合钢材产品的柔性化生产工艺,研究炼钢连铸、热轧工序的智能化排程方法[57-63],实现集约化生产、个性化服务。建立炼钢连铸、热轧工序的全自动排程优化模型和基于人机交互式模式(模型开放断点,人工参与决策)的半自动排程模型,并提出应对订单需求和生产环境发生变化的快速动态调整策略;在满足工艺规程等常规约束的基础上,考虑流向平衡约束,提高排程方案的可执行性以及与全工序供应链计划的衔接性。

3)基于购产销联动机制的原料采购与库存管理、成品销售智能化决策技术研究

(1)原料采购与库存管理方面,针对合金为代表的大宗原料采购周期长、采购成本高、库存高企等现状,基于购产销联动机制,开展原料采购与库存管理环节的智能化决策技术研究,为制定合理高效的原料采购与库存计划提供科学依据。以在线合金最优控制模型、冶金机理与大数据建模为基础,提出合金需求量的精准计量方法,建立合金库存随机优化模型、炼钢-热轧-冷轧全工序供应链计划研究。具体包括合金采购与库存成本的综合优化。库存管理方面,研究原料码头物流设备智能调度技术,研究原料码头泊位、港机及其附属皮带传输系统、堆取料机和料堆等设施的智能调度方法。

(2)成品销售方面,钢铁企业大都按订单组织生产,采用市场或客户驱动的生产方式。销售环节是订单接收端,既可与下游用户需求对接,又可与上游制造、采购环节协同,因此在钢铁供应链中具有承上启下的作用,其智能化水平对供应链有重要影响。针对汽车板等板材战略用户,以增强精准服务能力为目标,研制板材预测式销售智能决策技术与系统,开发订单智能组合、订货决策、库存优化、供应链仿真优化等决策支持工具,提升钢铁企业与用户的"横向集成"智能化水平。针对钢铁企业向用户提供延伸服务的钢材加工服务中心,以提高成材率和降低库存为目标,研究纵横切套裁智能决策技术与系统,考虑订货规格、订货量、库存钢卷规格、库存钢卷重量、设备生产能力、客户特殊要求、历史出货情况等因素,建立订单在钢卷上组合与布局的优化模型,提出求解最佳套裁下料方案的方法。

4.钢铁制造过程全流程多工序智能自主协同控制

(1)针对钢铁生产多单元串并联、多层次、批次运行特点,重点研究以在线感知

为基础的多单元串联的钢铁生产全流程智能协同优化控制,实现多单元协同控制。结合热轧等过程的批次运行特点建立数据驱动的多单元协同控制方法和板坯批次运行优化方法。采用新型传感机器视觉识别等技术,部署实时在线连续感知监测装置,增加制造过程探测点实施冶金流程在线检测和监控。应用场景包括:铁水、钢水及成分和温度检测与预报,钢水纯净度检测与预报,钢坯和钢材温度、尺寸、组织、缺陷等参数检测和判断,烟尘检测等。

基于预测控制、专家系统、模糊逻辑等技术,以过程稳定、提高技术经济指标为目标,在关键工艺参数在线连续检测基础上,建立综合模型,采用自适应智能控制机制,实现制造过程关键变量的过程智能控制。应用场景包括:高炉顺行闭环专家系统,钢水成分和温度闭环控制,铸坯和钢材尺寸、组织性能调控等。

(2)针对钢铁全流程的运行故障和产品质量异常,建立运行故障和产品质量异常的自愈控制与自优化技术[64,65]。应用场景包括:工艺过程全面在线监控技术、夹送辊辊面自动检测技术、带钢跑偏自动识别与控制技术、翘扣头自动检测与控制技术、镰刀弯自动监测与控制技术、基于大数据表面缺陷检测的最优化剪切技术、基于产品性能预报的工艺参数优化技术等。

(3)借助检测机器人和先进控制技术,推进重复性、高危、高强度工作的自动化(如行车控制、冷轧卷贴标、精密铸造、锌锅捞渣、喷号和自动测温取样、板坯自动清理、原料分拣、金属切割、表面缺陷判定、废边丝自动抓取、产品自动标记、包装以及图像自动识别)。对钢铁行业物流实行自动化精细化管控,推进废钢、铁水、钢包、铸坯、成品、运输工具定位、跟踪和自动配送功能的智能运输物流。建立全流程机械化、自动化流水生产线。应用场景包括卸船机、堆取料机、行车装置等的自动化、自动化库区及行车、钢卷包装自动化、推焦作业自动化、高炉作业自动化、全自动磨辊等。①卸船机:在线识别人体和船体轮廓、窗口定位和料堆轮廓检测,实时感知抓斗轨迹,制定卸船路径最优策略、抓料控制策略,实现散货码头卸船自动化,以提高卸船操作效率。②堆取料机:借助动态感知和三维成像技术,实现散货堆料、取料、混料等操作过程大机无人化全自动驾驶控制,避免高粉尘高污染环境的人工操作模式。③行车装置:综合采用三维成像和先进智能控制技术,实现钢制品生产和仓储过程的入库、出库、倒库、上料、下料等作业过程行车无人化、仓库自动化控制。

5. 钢铁制造过程运行工况与产品质量全生命周期在线诊断、调控与异常溯源

为了全面提升钢铁生产产品质量,需要完善产品质量全流程控制和一贯制质量管理与决策平台。产品质量全生命周期在线诊断、自动分析,产品档案建立和追溯,售后服务,将传统的抽样、面向结果的事后定性质量检测与调控转型升级为全检、面向过程的事前定量产品质量检测与调控。

反映产品质量的尺寸、规格、性能等多方面的产品质量指标,往往要到最后工序可测或难以通过自动化仪表测量获得，只能通过实验室化验，钢铁生产的核心任务就是实现这些产品质量的全局最优。现有的方法和系统未能结构化质量与工艺参数间的关系，更无法实现制备工艺的反向优化。如何建立更加精确、适用性更强的工艺质量模型，实现产品质量在线实时监控与溯源，通过优化工艺流程和参数改善产品质量。

结合钢铁生产批次运行特点，人工智能和大数据技术在钢铁工业中的应用为性能指标预测提供了基础信息。因此将生产中采集的数据、图像、文本等异构数据与生产知识融合，重点任务是研究全生命周期产品质量在线诊断、调控与溯源，包括：①机理模型与数据和知识融合的多尺度多维度产品质量预测；②基于知识迁移学习的不同工况下产品质量预测模型的快速迁移方法；③数据驱动的产品质量异常调控方法；④基于时序因果关系的异常溯源方法。

6. 钢铁生产能源、安防、装备的智能精准管控系统

钢铁生产的多个工序（如高炉炼铁等）高耗能，高温高压，且伴随粉尘、废气等废物排放。废物排放在机制上有两个方面：一是钢铁冶金过程必然要产生炉渣，燃料燃烧、铁水脱碳时要产生气体产物 CO 及 CO_2 等；二是钢铁生产过程附带的工艺废物排放，如加热过程产生的高温废气、设备冷却产生的废水等。某工序产生的废气和能源可用于本工序或其他工序的循环使用，有必要综合采用高能效设备、产线工艺节能、产线生产与能源消耗协同节能、公司能源生产与利用协同优化等技术，实现能源更高的综合利用效率。

重点任务包括能源智能化高效管控、安全环保指标的远程移动监控、基于工业大数据的装备智能化视情维护三个方面。

1）能源智能化高效管控

建立机理与数据相结合的能源介质与钢铁生产流程耦合建模与优化调控方法，生产全流程能源管控可视化平台、数字孪生运行仿真平台以及设备全生命周期智能化运维平台。突破如加热炉空燃比自动控制技术、全工序绿色节能技术、能源成本细化管控技术。①能源管理层的管理节能。公司层面优化能源介质生产与利用协同优化，动态调度各类能源介质。②生产制造层的优化节能。根据能源消耗最优编制生产计划调整设备状态，提升产线能效。③过程控制层的智能节能。工序工艺控制与能源消耗协同优化。④设备层的高效节能设备。变频高效电机和高效水泵与现有设备和系统的集成应用。

2）安全环保指标的远程移动监控

依托安全分级评估指标体系，建立生产过程安全风险动态智能评估和预警体系。针对钢铁全过程敏感环境因子在工艺全流程的迁移转化过程，构建原料组分、生产条件与有害元素产排量的定量化模型，建立生产过程环境风险动态智能评估模型,实现环境敏感因子的源头动态监控及环境风险预警决策机制。

3)基于工业大数据的装备智能化视情维护

钢铁生产控制系统具有非线性、快响应性以及时变、不确定性,工艺控制模型复杂,过程变量维数高、规模大,故障诊断的建模过程比一般的工业过程复杂得多[66]。大型设备的状态监控缺失,无法进行有效点检和趋势管理。现有的故障诊断方法严重依赖经验模型,在数据利用和准确性方面存在缺陷。尽管目前国内最新引进的钢铁生产线和国内自主集成建设的生产线大都具有完备的数据采集和存储系统,但几乎没有设备故障或系统运行状态诊断的功能,即便有也是针对个别设备的超限报警等初级故障诊断功能。在很多轧制生产线上,故障处理和维护成为专业工程师依靠自身经验的一门"艺术"[67,68]。有必要通过加入新型传感和研究智能分析与诊断方法,将定期点检维护和故障后修复转变为智能化的视情维护。通过对这些钢铁制备过程产生大数据的分析利用,实现整个钢铁流程加工系统的故障诊断及协调优化,在原有的自动化系统基础上实现系统的"自愈"功能,实现生产过程和装备的视情维护,将生产线的维护和优化由依靠经验的"艺术"转变为一门精密的"科学"。

4.4　亟待突破的基础理论、方法、关键技术与系统

4.4.1　基础理论和方法

1. 钢铁工业智能决策系统的体系结构

钢铁工业智能决策系统首先要解决体系结构问题。钢铁工业过程决策具有多单元、多层次、多尺度、多目标等特点,目前数据隔断、信息系统融合能力不足,尚缺乏面向全过程的全生命周期智能决策机制、策略和体系结构。未来的钢铁工业决策应研究结合上下游、多层次运行协同的人机交互动态决策基础理论和方法。在工业大数据和云网络平台的支持下,通过知识库构建、决策计算、指标预测、评价反馈等模块,研究将智能决策行为和综合自动化、智能方法与预测和反馈相结合建立钢铁工业智能决策系统的体系结构与功能,研究实现人机柔性化自适应交互决策的方法。该方向涉及的基础理论方法和关键技术包括:① 基于大数据和知识自动化的智能决策系统体系结构;② 基于决策-预测-反馈-校正机制的决策技术;③ 人-机自适应协同决策技术;④ 基于大数据和知识自动化的智能决策系统工业软件架构。

2.运行工况和产品质量的智能感知方法

钢铁生产是典型的多相多层次串级链式运行生产流程,面临工序内多变量耦合、工序间质量遗传、生产层级多、边界条件多变等问题,以及制备流程长、质量指标多、时序响应速度高低混杂等特征,工艺参数、质量指标及工况之间的关联关系难以进行多尺度精确描述和估计。

面向钢铁生产的新型传感器、智能仪表和精密仪器能够增强员工对工厂的感知能力,借助嵌入应用环境的系统来对多种模式信息(光、电、热、化学信息等)的捕获、分析和传递。采用新型传感器技术、光机电一体化技术、软测量技术、数据融合和数据处理技术、冶金环境下可靠性技术,以关键工艺参数闭环控制、物流跟踪、能源平衡控制、环境排放实时控制和产品质量全面过程控制为目标,实现冶金流程智能感知。对钢铁生产过程大数据进行全维度、多层次的智能解析,全面掌握并运用工艺参数与产品质量之间的内在关系与变化规律,建立以信息深度感知为特征的高维非线性强耦合过程统计学习理论、多质量指标逆映射建模方法,以及基于数据的知识学习与规则提取方法。

该方向涉及的基础理论方法包括:① 基于多源信息智能识别的运行工况感知方法;② 全流程最终产品质量和中间产品质量在线连续监测方法,包括钢水成分、纯净度连续测量,铸坯内部缺陷和表面缺陷实时监测,钢材表面质量和性能在线连续监测,全线废气和烟尘等污染源的在线监测等;③ 市场需求变化和资源属性等方面的数据和信息自动获取方法;④ 物质流、能源流和信息流的状况智能感知方法;⑤ 基于新型传感与多尺度数据的产品质量智能感知方法。

3.物质-能量-信息多流多尺度建模和仿真方法

钢铁工业建模和仿真涉及设备高效运行、工艺过程控制、生产计划调度、供应链全局优化多个层面,需要进行多尺度建模和仿真。研究多尺度建模技术,包括机理和数据工艺混合模型、物质流能量流网络化模型和全局供应链集成模型;基于模型的仿真计算技术,包括支持产品开发多尺度模型、可循环流程动态仿真,建立钢铁工业云计算平台。

该方向涉及的基础理论方法包括以下几点。

(1)基于多尺度(原子尺度、微观结构、宏观尺度)仿真的产品开发方法。

①原子尺度:分子动力学;蒙特卡罗法。

②微观结构:以连续介质为基础的计算;预测材料相变过程及相变产物的微观结构。

③宏观尺度:与材料或材料部件工业生产有关的仿真计算。

(2)全流程离线仿真和在线集成模拟方法。

①建立分布式、网络化、集成的"虚拟工厂"模型。

②基于冶金流程学的全流程精准设计和动态有序运行。

③企业物质、能源、环境多目标动态模型。

(3)复杂流程网络分析与可循环流程动态仿真方法。

(4)机理解析和数据驱动相结合的工艺过程模型方法。

(5)供应链业务协同模型与仿真方法。

4. 全局生产指标决策、计划与调度一体化智能决策方法

钢铁工业过程的全局生产指标决策、炼钢-连铸-轧制计划与调度一体化决策涉及大量的生产过程知识和数据。融合知识与数据建立工业过程多尺度、多维度模型,实现基于知识的计划调度优化和供应链智能决策与资源优化,是实现钢铁工业过程的性能指标决策、计划与调度一体化决策的基本途径。

面向定制化生产和精准服务为目标,建立钢铁购销与制造供应链集成、协同与智能化的理论体系;分析原料采购、库存管理、资源配置、生产排程、成品销售、电子商务等供应链管理问题的特征和性质;提出工艺机理、过程数据与经验知识相融合的智能决策建模方法;开发求解大规模含复杂工艺约束的决策模型的新型智能优化方法;最终在信息化平台上实现决策的最优制定与智能化。

该方向涉及的基础理论方法包括以下几种。

(1)钢铁工业生产过程指标的分级智能决策结构。

(2)全流程生产指标的智能决策方法,实现对综合生产指标→全流程的运行指标→过程运行控制指标→控制系统设定值过程的自适应的分解与调整。

(3)基于机理与数据和知识融合的一体化决策模型。

(4)需求驱动的供应链智能决策与资源动态优化方法。

(5)面向过程运行特性与应急状况的计划与调度智能优化决策方法。

(6)多目标优化方法,包括工艺设定点实时优化、物质流能量流协同优化、多场景多目标优化技术,多目标全局优化,包括采购生产销售全局供应链优化、生态工厂多目标优化。

5. 钢铁复杂生产过程智能自主控制方法

钢铁生产制造全流程是由多个生产过程有机连接而成的,具有多变量、变量类型混杂、变量之间强非线性强耦合的特点,受到原料成分、运行工况、设备状态等多种不确定因素的干扰,其特性随生产条件变化而变化。钢铁复杂生产过程的智能控制系统将采用分层或分级的方式建立许多较小的智能自主控制单元。每个智能自主控制单元可以通过协调机制对其自身的操作行为作出规划,可以对意外事件(如制造资源变化、制造任务货物要求变化等)作出反应,并通过感知

环境状态和从环境中获得信息来学习动态系统的最优行为策略,对环境具有自适应能力,具有动态环境的在线学习能力。通过多个智能自主单元的协同,使各种组成单元能够根据全局最优的需要,自行集结成一种超柔性最佳结构,并按照最优的方式运行。

该方向涉及的基础理论方法包括以下几种。

(1)基于过程模型的在线动态运行优化方法。

(2)基于数据或模式的系统分析与控制方法。

(3)网络化系统分析与控制方法。

(4)基于数据和知识的实时智能运行优化方法。

(5)智能自主控制单元的闭环反馈控制方法。

6. 钢铁购销与制造供应链计划理论、建模与优化

建立钢铁行业决策系统的决策知识库。钢铁工业制造过程物理反应机制与工艺流程复杂。生产制造过程产生大量多源的数据和信息,这些数据和信息包含着对过程建模、控制、优化和调度决策有用的知识。但是从钢铁工业制造过程的数据和信息中提取知识还存在很多的难点,比如很难统一表示知识的表达模式和涵盖范围,不同工业机理、设备性能、生产运行与管理决策的知识很难进行关联、优化重组和演化,多时空重组的知识很难通过深度学习产生新知识等。因此,必须研究钢铁工业大数据驱动智能决策系统的领域知识挖掘、推理与优化重组,进而构建决策知识库。

该方向涉及的基础理论方法包括以下几种。

(1)复杂供应链系统分析与优化设计方法。

(2)采购生产销售全局供应链优化方法。

(3)钢铁工业生产大数据中知识的显性化与组织方法。

(4)经验性与数据性知识的协同方法与评价策略方法。

(5)基于机理、操作和管理经验的领域知识获取方法。

(6)面向批量定制、柔性生产的计划调度方法。

4.4.2　关键技术

1. 基于工业大数据和知识自动化的组织-性能预测与工艺动态优化设计技术

钢铁在生产过程中易出现化学成分控制不精确、工艺控制不稳定等问题,直接导致产品力学性能波动大并降低成材率。以钢铁生产过程中的工业大数据为基础,实现符合物理冶金学规律的产品组织-性能高精度预测,可以减小产品性能波动。开发基于知识自动化的钢材工艺动态快速设计方法,实现"一钢多能"或"多钢

一能",满足用户个性化定制需求;同时,结合力学性能的实时预测、判断,为后续制备工艺提供优化策略,并进行实时、动态、在线工艺调整。

工业数据中样本检测波动较大,需要大量数据统计来获得稳定的测量值,针对工业数据进行系统的分析和处理,提取有效数据,挖掘出合理的成分-工艺-性能对应关系。通过钢种归并,实现炼钢与连铸的规模生产,减少钢种切换带来的头尾衔接坯。针对用户个性化需求的钢种,通过热轧钢铁工艺动态快速设计方法,通过优化工艺实现"一钢多能",实现目标力学性能产品成分设计和工艺开发。

该方向涉及的基础理论方法和关键技术包括以下几种。

(1)基于物理冶金学理论的组织-性能预测技术。

(2)基于工业大数据的高精度组织-性能预测技术。

(3)基于知识自动化和反向工程的工艺动态快速设计技术。

(4)面向工艺参数动态优化设计的智能化钢种归并技术。

(5)表面质量智能化控制技术。

具体描述如下。

1)基于物理冶金学理论的组织-性能预测技术

针对普碳钢和微合金钢等典型产品,研究钢铁热轧过程中奥氏体再结晶和晶粒长大行为,微合金碳氮化物的析出行为和冷却过程中的相变行为,建立物理冶金学模型。采用单道次、双道次压缩热模拟试验,研究热轧过程中奥氏体的动态再结晶、静态再结晶和晶粒长大行为,实现热轧过程中奥氏体组织精细化控制并建立奥氏体再结晶数学模型;结合以超快冷为核心的新一代热机械控制工艺技术,研究冷却路径变化对热轧钢铁相变行为的影响规律,建立相应的相变热力学和动力学数学模型;考虑 Nb、V、Ti 等微合金元素的影响,建立其碳氮化物的析出热力学和动力学数学模型;综合考虑固溶强化、细晶强化、析出强化、相变强化等强化机制建立组织与性能对应关系模型,实现热轧钢铁力学性能的预测。

2)基于工业大数据的高精度组织-性能预测技术

采集成分、工艺和产品检测力学性能,完成相关数据的重整和匹配,开发微观组织图像分析、识别技术,建立化学成分-工艺-组织-力学性能数据库;采用多维数据挖掘技术,对热轧工业大数据进行数据清洗和归并、相似工艺分层聚类、物理冶金学规律判定等处理,为神经元网络模型的建立奠定基础;开发贝叶斯神经网络算法,在网络的目标函数中引入代表网络复杂程度的惩罚项,融入"奥卡姆剃刀"理论,避免网络"过训练"的发生,结合制备工艺频繁变化条件下的局部加权回归模型,实现力学性能的高精度预测,降低热轧产品力学性能检测频次,提高生产效率。

3)基于知识自动化和反向工程的工艺动态快速设计技术

针对热轧产品力学性能波动大的问题,统筹热轧全流程关键工艺质量参数,关联各制备工序和多控制层次知识,基于数据、机理和经验知识建立全过程动态优化模型,开发高效多目标粒子群优化算法,结合贝叶斯神经网络,形成热轧全局工艺动态快速设计工业软件包。依据用户的个性化定制需求设定多目标优化函数,考虑工艺装备过程能力等约束条件,进行钢铁热轧工艺反向工程设计,实现"一钢多能、多钢一能"的柔性化生产、力学性能的窄窗口控制、升降级轧制,并指导新钢种的开发。同时,在制备过程中实时评估各工序过程控制能力,充分利用轧制、轧后冷却等工艺过程潜力,结合组织-性能预测技术,对下游工序进行工艺参数的实时动态优化。

4)面向工艺参数动态优化设计的智能化钢种归并技术

针对热轧产品钢种牌号过多导致的炼钢-连铸工序复杂、混浇坯判废等问题,对生产线现有钢种系列进行系统分析,按强度级别与最终用途进行划分,建立钢种归并对象库;基于工业生产大数据,研究化学成分对产品力学性能的影响权重和热轧产品力学性能控制余量。在国家标准体系内,构建钢种柔性推荐模型,结合热轧钢铁全流程工艺动态快速优化技术,建立多因素影响下钢种成分归并的技术指导方法,对相近性能的钢种进行成分集约化,在满足产品性能要求的条件下,减少炼钢牌号数量,实现余材板坯的充分利用,降低因混浇坯降级处理或判废造成的损失。

5)表面质量智能化控制技术

针对热轧产品表面氧化铁皮的问题,开发表面质量动态控制技术,实现表面质量软测量及生产工艺动态快速设计。通过高温氧化增重试验,测定氧化铁皮生长基础数据并建立变温条件下氧化动力学模型,将氧化动力学和数据库、信息技术相结合,实现热轧过程中板带表面氧化铁皮厚度的实时监测;利用 FeO 的等温转变结果,建立包括共析相变开始温度模型、共析转变的结束点模型的共析转变模型,结合热轧产品温度履历,预测连续冷却过程中的组织转变和最终氧化铁皮结构组成;基于氧化铁皮图谱分析、识别技术,采集工艺、氧化铁皮结构和表面质量数据,建立工艺-氧化铁皮结构-表面质量数据库,并对工业大数据进行数据清洗,为神经元网络模型的建立奠定基础。开发智能化工艺优化设计模块,根据用户需求的特定氧化铁皮结构给出所需的最优工艺。

2.基于工艺规则和大数据的全流程产品质量异常诊断技术

研究定性与定量相结合的全流程产品质量相关工艺、设备状态等因素的解析方法,根据冶金反应工程学和压力加工控轧控冷机理,结合产品质量规范和工艺规程,针对典型钢种和示范企业工艺路径,采用系统仿真、试验测试等方法定性分析影响产品质量指标的相关过程工艺参数、设备状态等因素;通过基于大数据的相关性分析和聚类分析,对上述因素进行定量的筛选、排序,分析确定关键过程变量及关键产品质量变量。

开发基于大数据的关键过程变量与关键产品质量变量关系模型。解析各工序产品质量指标相关关系,以及关键过程变量的受控范围和边界条件,建立典型产品质量指标评判标准和产品质量综合评判规则库。基于全流程各工序过程变量数据和质量数据,与上述评判标准和综合评判规则相匹配,实现产品质量在线精准综合评判。

基于全流程产品质量相关工艺、设备状态等因素的解析,综合考虑各工序多变量间非线性耦合关系,工艺机理规则和智能数据挖掘相结合,建立各工序产品质量到工艺过程变量逆映射的质量诊断模型。

该方向涉及的关键技术包括以下几种。

(1)机理与数据相结合的产品质量异常在线监控与诊断技术。

(2)全流程质量动态跟踪和质量闭环控制技术。

(3)过程运行与产品质量并发潜结构建模与监控技术。

(4)数据驱动的中间产品质量在线检测与诊断技术。

3. 多工序产品质量动态协同优化控制技术

钢铁生产涉及炼钢-热轧-冷轧等诸多相互关联工序,产生多种物理化学变化和非线性弹塑性变形,是多相多物理场强耦合的非线性复杂过程动态系统,非稳态过程的系统模型和多工序协调优化机制尚不明确,是制约产品质量控制精度和稳定性提升的关键。基于单工序关键参数精准控制,在多工序协调优化控制架构内完成钢铁制备过程的全局优化,提高个性化定制条件下的质量稳定性。将融合工艺机理与制备过程数据,研究非稳态生产过程成分、尺寸、温度等关键质量参数的高维非线性动态模型,进而在工序耦合与质量约束下的高性能多目标实时协调优化方法和理论方面取得突破,为实现钢铁生产从单工序的质量精准控制到多工序的全局协调优化提供理论支撑。

该方向重点研究钢铁生产多智能自主系统的协同优化控制,涉及的关键技术包括以下几种。

1)加热温度制度与轧制节奏的优化匹配

建立加热炉炉温和空燃比最优动态优化模型;研究炉内炉气与连铸坯的非稳态换热机理,开发复杂流动条件下综合辐射与对流作用的总括吸收率模型;研究连铸坯三维温度分布规律,开发对于冷热混装、规格/轧制节奏变化具有较强适应能力的智能燃烧控制模型,实现加热温度制度与轧制节奏的优化匹配。

2)粗轧-精轧-冷却多工序间精细化温度路径控制

建立三维温度场快速有限元计算模型,基于纵向各区域横断面温度场实时预报,开发宽向水凸度、边部遮蔽/加热等协调方法和柔性控制技术;开发钢板头尾低温区的速度/流量遮蔽等沿程冷却路径控制技术,实现粗轧-精轧-冷却多工序间精细化温度路径控制;融合生产先验知识和过程时序数据,开发多工序温度路径的实时动态调整技术。

3)热轧-冷轧综合协调超平形状控制

探索肋浪、局部浪等复杂板形的产生机理,开发优化窜辊与均匀化磨损等自由程序轧制技术;融合温控-变形机理与生产实测数据,揭示温度、相变等与残余应力的耦合关系,开发基于深度学习的热处理后板形预测方法;基于板形质量遗传特性,开发热轧-冷却-冷轧-轧后热处理等多工序板形预设定与综合匹配控制技术;建立边部减薄动态预设定模型,开发基于功效系数多特征点优化的前馈和反馈控制技术,实现热轧-冷轧工序边部减薄的协调控制。

4)热轧-冷轧-连续退火一体化控制

通过热轧工序相变控制来调控组织类型、分布及析出状态,开发冷轧工序的缺陷密度控制策略,基于轧制工序的变形储能,通过连续退火工序的铁素体再结晶、析出以及奥氏体相变行为调控成品组织形态和分布等,实现热轧-冷轧-连续退火一体化控制。

5)轧制及轧后处理的非稳态过程关键质量精准控制

针对产品/工艺状态切换中存在的设定精度偏低问题,研究材料微观组织、生产设备与变形区状态的动态变化规律,提高机理模型设定精度;通过变比例空间网格和动态滚动自适应方法实现规格跳变的优化设定。针对非稳态过渡过程的复杂性、非线性和时变性问题,研究关键工艺质量参数的变化规律和精细化控制方法。研究多机架交叉耦合影响机制,明确关键工艺参数对厚度、板形、镀层等质量指标的影响规律,建立三维尺寸控制的动态调节功效模型,制定多控制输出的替代策略,实现基于工艺和尺寸约束条件的多目标实时优化。基于高精度的中厚板微跟踪方法,建立平面形状智能预测模型,采用可控点动态自适应辊缝设定方法,实现厚向尺寸瞬态精准控制;开发基于图像识别的平面形状感知技术,实现平面形状控制效果的在线优化,提高产品的矩形化率。

4. 钢铁生产非期望运行工况下的动态重调度技术

在炼钢-连铸生产过程中,铁水或废钢(转炉生产的原料)供应不及时、钢水温度或成分不合格、运输设备(天车或台车)没有及时到位、设备故障等各种不确定扰动事件的发生,经常会使初始编制的静态调度计划优化性能大大降低,甚至变得不可行,此时需要根据扰动事件对静态调度计划进行重新调整,以保证调度计划能够有效执行,研究钢铁生产非期望运行工况下的动态重调度。

该方向涉及的关键技术包括以下几种。

(1)基于事件驱动的作业时间延迟扰动识别技术。

(2)炼钢-连铸生产调度计划异常工况预报技术。

(3)考虑实际生产工艺约束和动态特征的重调度技术。

(4)炼钢-连铸加工设备人机协同重调度技术。

5. 数据和知识驱动的全流程产品质量指标关联分析及反向溯源优化技术

钢铁生产的多元化产品需求、生产过程自身极高的复杂性加剧了全流程质量管控的难度,质量异常的发生、发展全过程难以掌控,须建立以信息深度感知理论与方法为核心手段的一整套质量异常原因分析与溯源技术,开发满足全过程留痕与可回溯管理需求的数据采集清洗、时空匹配、压缩存储、递阶查询技术,构建具有全覆盖能力的纵横向集成信息平台,建立适应定制化生产的产品质量规则库。

研究基于大数据智能解析的监控与诊断分析方法,提出工艺机理、经验知识、历史案例相结合的质量溯源技术。综合考虑多工序间产品质量性能继承关系,基于全流程产品质量相关工艺、设备状态等因素的解析,利用产品质量评级及缺陷分析结果,建立基于产品质量至工艺变量逆映射的全流程质量追溯模型,确定引起产品质量缺陷的工序以及关键过程变量,分析对比相应工艺参数设定和实际控制区间,评判工艺参数设定的合理性和实际过程控制的偏离程度,确定产品质量缺陷的成因。

综合各工序质量诊断分析和全流程质量追溯分析结果,汇集产品质量偏差或缺陷的成因,确定需要调整的工序以及关键过程变量范围,建立工艺参数设定与优化模型,研究基于规则和大数据分析的优化求解方法,通过定性规则确定优化方向,通过基于大数据的关键过程变量与关键产品质量变量关系模型确定优化定量区间,实现工艺参数设定与优化。建立关键工艺装备过程能力指数的动态监控制度,综合考虑性能特征、服役状况、操作水平等工艺装备要素信息,研发满足不同钢种质量指标要求的工序过程能力匹配与优化方法。

该方向涉及的关键技术包括以下几种。

(1)基于动态时序因果关系的异常溯源技术。

(2)产品品质稳定性、适用性 PDCA(plan-do-check-act)闭环管控技术(考虑产品服役性能)。

(3)数据与知识驱动的工艺参数设定与优化技术。

(4)满足不同钢种质量指标要求的工序过程能力匹配与优化技术。

4.4.3　智能化装备、系统与应用

1. 基于工业互联网的全流程全产业链信息集成系统

数据是冶金工业数字化、智能化制造的基础,这里的数据是广义数据,既有来

自企业现场检测仪表、射频识别(radio frequency identification,RFID)、质量分析仪表、过程控制系统的各种连续变量,也有声音图像信号、现场离散事件记录、物流能流空间信息、调度操作指令等非结构化数据,还包括设备规格、设计图纸、产品规格、工艺规程、电子商务等文档型资料。需要整合现场传感网、物联网、工业控制以太网、内部外部互联网、社会无线通信网,构成钢铁工业数字化智能化制造的工业互联网,实现数据在不同业务间的互操作集成和共享。工业互联网数据集成涉及数据获取、传输、存储、分析等环节。

钢铁生产装置繁杂,设备间运行相互影响,不同企业、不同型号设备间的数据差异共性并存,需合理分类以更好地进行知识表达。现场信号存在形式以及传输协议不尽相同,需开发适于不同通信协议的采集程序。另外数据需经过网络传输共享,因此采集过程还应保证数据的可靠性以及数据的安全性。

钢铁企业智能制造在功能描述方面不再突出 ERP-MES-PCS 纵向结构,而强调横向、纵向、端到端的数据集成,可根据企业管控需求、流程优化重组,类似 APP 方式扩展出新的功能,形成不断深入协同的企业智能制造整体解决方案。通过数据与业务"分离",管控对象与管控功能的解耦,促进数据、信息、知识的共享,以及新智能制造功能扩展。实现多源数据融合,包括物联网和工业互联网构建、不同业务数据互操作集成、多源大数据融合分析。实现数据智能处理,包括多业务数据仓库、多源数据可视化、数据挖掘和知识发现等。

具体包括以下几点。

(1)结构化与非结构化信息多传感器数据融合和智能软测量系统。

(2)新型传感检测、传感器网络,以及 GPS、地理信息系统、无线通信网络系统。

(3)钢铁恶劣环境下的 RFID 等标识、识别/复杂背景与干扰下的目标识别与跟踪系统。

(4)覆盖炼铁-炼钢-轧制全流程时空匹配的横向数据集成系统。

(5)多时间尺度多空间维度的管理-控制纵向信息集成系统。

(6)供应链协作制造企业信息集成系统。

2. 智能决策系统工业软件

1)钢铁工业智能优化决策的实现技术与工业软件

在现有制造执行系统、生产管理系统、设备管理系统基础上,结合大数据、人工智能、工业互联网、信息物理系统和云计算等新的信息技术建立智能优化决策系统平台与专用工业软件,通过钢铁企业系统和管理的智能化和云端化来实现计划任务实时智能调整、工艺流程智能优化,运行工况与关键设备状态的远程移动可视化实时监控与自优化。

建立工业大数据和知识驱动的钢铁智能决策机制和体系结构,研究工业大数据驱动的领域知识挖掘、推理与重组、多源异构多尺度生产指标预测、大数据和知识驱动的生产指标决策、优化运行与控制一体化决策方法与技术,研发钢铁工业智能优化决策的实现技术与工业软件,建立钢铁工业智能优化决策系统试验平台,形成钢铁生产全流程全产业链整体优化智能决策实现技术与工业软件。

相关的专用工业软件和系统包括以下几种。

(1)钢铁工业智能优化决策云服务平台工业软件。主要研究:钢铁工业过程的智能决策相关工业软件构件化和服务化;智能优化决策云服务平台系统体系架构与核心组件设计;钢铁工业智能优化决策的工业软件工具、平台及其构件化;云服务平台下的智能优化决策新服务发现、服务定制与整合;实现移动监控与远程操作决策的新一代控制系统软硬件平台。

(2)全流程大数据平台。在钢铁制备各工序控制系统的基础上,定义工序间的数据交互标准接口,构建全流程大数据平台,设计多工序协调优化控制系统的模块化架构。

(3)典型钢铁工业智能优化决策系统。面向钢铁工业具有先进工艺和指标的典型企业,研发相应的智能优化决策系统,并进行应用验证研究,实现智能决策、智能优化运行和优化控制一体化,实现大范围优化运行与动态实时调整。以典型钢铁过程为背景建立智能优化决策系统,形成可推广应用的示范。

2)以工艺质量参数窄窗口为目标的多工序智能协调控制 CPS 系统的闭环优化体系结构、模块化实现技术与工业软件

钢铁生产过程流程长、工艺复杂,不确定干扰多,通常采用机理/统计模型以及单工序独立控制的方式,难以保证产品/工艺状态切换中的质量精度;同时制备流程中多机构/多工序之间相互割裂,跨工序质量跟踪与多工序协调控制无法实现。基于"工序自治,流程协调"的思想,开发全流程制备过程中成分、三维尺寸、温度等关键质量参数的智能设定和控制技术,进而突破多机构/多工序的实时协调优化技术;并采用模块化方法将复杂 CPS 系统分解为多个易于实现的独立功能模块,支撑智能化技术的应用示范。

3)面向精准服务的钢铁电商智能决策工业软件平台

针对钢铁行业普遍面临产能过剩、整体微利的现状,探索电子商务与传统钢铁商业模式的融合,结合互联网技术、智能优化技术,开展基于"互联网＋"环境的钢铁供应链智能决策平台开发技术研究,提高供应链运作效率和面向电商用户的精准服务能力。围绕钢铁电商生态链,开发牌号知识工具、钢铁缺陷知识工具等钢铁材料工具型知识产品,建立基于移动互联网的钢铁材料知识交流平台,开发基于互联网平台的检测、选材、异议判定等技术服务,以及设计模拟、整体解决方案咨询等服务,为钢铁采购商、钢铁加工配送企业提供钢铁选材、加工、应用等领域技术支

撑。开发跨电商与加工中心的联合智能订货服务系统,基于最终用户需求,结合用户订货偏好与历史订货习惯,建立订货推荐优化模型,在线为用户推荐电商平台上可供选购的钢铁产品;基于加工配送中心的订单需求与库存原材料信息,结合用户加工偏好,建立最优剪切加工模型,在线为加工配送中心推荐最佳剪切方案;基于电商平台采集的客户采购、运输行为数据,建立钢铁材料智能化运输模型,为运输线路配置、运输任务调度等业务提供智能化决策支持。

4)基于工业大数据的装备智能视情维护软件

生产线故障涉及各个工序控制系统,故障呈现多样性和复杂性,故障原因具有隐蔽性,引起同一故障的原因具有多样性,故障具有不易察觉性,因此,故障的定位和早期故障诊断显得尤为重要。现有的设备诊断未利用过程大数据,主要是基于定期点检和事故后的修复的方式。为此,需要建立基于工业大数据的装备智能视情维护技术。

(1)基于相似性的故障诊断与预测。基于多元统计的故障诊断方法是基于数据且被广泛研究的故障诊断方法,对早期故障具有灵敏性。另外,从钢铁生产设备工作原理来说,不同厂家、不同型号设备的数据内在相关性具有相似性,研究基于相似性的故障诊断与预测方法。

(2)基于多源知识推理的智能故障诊断方法。钢铁生产过程具有大量异构异源数据,包括过程变量数据、操作数据、化验数据、声音数据、图像数据、振动数据等。不同类型数据适于采用不同方法进行特征提取,如过程数据可以数据潜结构方法[66]或小波变换等方法提取特征,声音数据、图像数据则采用神经网络等方法进行特征提取,振动数据可采用谱分析方法进行特征提取。在此基础上实现基于特征融合的智能故障诊断方法,形成知识规则进行故障的多源知识推理。重点关注生产设备多源故障数据特征的获取和知识权重的学习以及推理机制,形成故障诊断的知识库。

3. 钢铁复杂生产过程智能自主控制系统

钢铁复杂生产过程智能自主控制系统主要包括以下几种。

1)智能冶炼自主控制系统

(1)冶炼工位闭环控制,包括高炉过程多维可视化和操作优化,炼钢过程智能控制模型,工艺设定点实时优化,钢水质量自动闭环控制,铸坯凝固过程多维可视化和质量在线判定,基于应力、应变和凝固过程模型的连铸仿真优化。

(2)冶炼全工序协调优化控制,包括冶炼工序集成协调优化模型、各工序设定点动态协调优化。

2)智能轧钢自主控制系统

(1)轧钢工序闭环控制,包括产品性能预报模型,工艺设定点实时优化,冷、热连轧工艺模型和优化控制,基于轧制工艺-组织-性能模型的质量闭环控制。

(2)轧钢全工序协调优化控制,包括全工序控轧控冷模型、轧制工序动态协调优化、高端产品质量自动闭环控制。

4. 全流程能源、安防、装备的优化运行系统

通过企业资源计划管理层、生产执行管理层和过程控制层互联,实现物质流、能源流和信息流的三流合一,全流程能源、安防、装备动态有序优化运行,实现钢铁企业安稳运行、质量升级、节能减排、降本增效等业务目标。

(1)全流程多介质能源管控系统:通过能量流的全流程、多能源介质综合动态调控,形成能源生产、余热余能回收利用和能源使用全局优化模式,提升全流程能源效率。

(2)全流程污染物指标监控系统:建立全流程污染源排放在线实时监测系统,实时采集相关信息,并进行趋势分析判断,确保生产满足国家环保要求。

(3)生命周期质量管控系统:实现工艺规程、质量标准的数字化,基于大数据的全流程产品质量在线监控、诊断和优化,构建产品研发-工艺设计-产品生产-用户使用全生命周期多 PDCA 闭环管控体系。

(4)物质流与能源流协同优化系统:研究钢铁生产物质流与能量流的特征和信息模型,分析物质流与能量流动态涨落和相互耦合影响。综合考虑效率最大化、耗散最小化、环境友好性,实现多目标协同优化。

5. 钢铁购销与制造供应链社会化协同智能优化决策系统

在原料采购环节,研究基于购产销联动机制的原料智能采购与库存控制技术,基于制造工艺对原料消耗进行精准计算,基于市场感知能力对原料采购与库存控制进行优化决策,增强对顾客需求的快速响应、降低合金等大宗原料的采购与库存成本,提高采购和库存管理决策的科学性;针对制造环节,在资源优化配置层面研究工序横向集成一体化计划编制技术,在单工序生产组织层面研究工艺驱动的新型智能排程技术,实现生产组织准时化、生产过程精细化、生产排程自动化;在成品销售环节,研究智能化板材预测式销售、纵横切套裁等智能决策技术,实现用户需求与制造环节的精准对接与协同。

该方向涉及的智能化装备与系统包括以下几种。

(1)敏捷供应链整体运作系统。

(2)冶金企业间网络化新型竞合协作系统。

(3)跨行业生态工厂智能设计系统。

4.5　发展策略与路线图

围绕钢铁工业智能优化制造的重点领域,促进可循环钢铁流程"产品制造、能源转换、废弃物消纳处理与资源化"三个功能的价值提升。以"工业4.0"概念为指导,通过物联网、互联网、移动互联网、云计算、大数据及智能优化建模与控制等技术的应用,通过物质流、能量流、信息流网络协同,实现信息深度自感知、智慧优化自决策、精准控制自执行[68,69]。开展钢铁企业智能制造关键技术、技术难点的攻关以及示范应用,使钢铁制造领域内的资源、信息、物品和人之间相互关联,形成"虚拟网络-实体物理相互映射的系统",最终实现包括智能制造、智慧设备、智慧安全、智慧物流、智慧能源、智能机器人等在内的预测式智能制造系统。推动钢铁生产制造由自动化向智能化和网络化方向升级,以降低制造成本、提升运营效率、提高产品质量。

在典型钢铁工业过程智能优化制造实现技术方面,通过物联网、互联网、云计算、大数据及智能优化模型技术等技术的应用,构建虚拟网络-实体物理相互映射的系统,实时同步地采集钢铁制造过程信息(产品、物料、设备、安全、环境、能源等),在CPS平台上形成钢铁制造实体物理系统的映射-虚拟工厂,通过大数据分析,实时地支持钢铁制造过程的优化生产。钢铁行业智能优化制造系统不仅要实现企业目标、资源计划、调度、运行指标、生产指令与控制指令集成优化,而且要实现远程、移动与可视化监控与决策,最终达到尽可能提高生产效率与产品质量,尽可能降低能耗与物耗,实现生产过程环境足迹最小化,确保环境友好的可持续发展目标。

结合以上研究成果,构建钢铁工业智能优化的试验验证平台,通过数据采集与处理中心收集实际钢铁生产过程的生产数据,构造钢铁生产大数据仓库;并开发知识自动化与全流程整体优化软硬件系统,实现智能优化制造的核心技术;实现效果通过虚拟冶金可视化平台进行展示。提出的技术成果以实现钢铁生产高效化和绿色化为目的,并在典型钢铁工业过程中应用验证。

钢铁行业智能制造的发展策略包括如下四个方面。

(1)促进知识固化:以钢铁行业产品制造全生命周期管理为核心,全面支撑生产及质量管理的一贯到底。

(2)推进服务型制造:系统实现钢铁行业按单生产,解决用户的定制化、个性化和与规模化生产之间的矛盾,为企业、客户创造出更大的价值。

(3)推进柔性化制造:借由智能系统的技术优势,促进生产的自组织和快速响应,最大限度合并订单,降低生产成本,细化成本核算,满足管理需求。

(4)推进精益制造:通过建立全流程质量保障体系,将产品设计与制造集于一体,通过智能系统将生产管理与运行控制柔性连接,保证产品质量稳定可靠。

钢铁行业智能优化制造的发展路线实施"两步走"战略,包括中期规划(2020—2025 年)和远期规划(2025—2035 年)。

1. 中期规划

到 2025 年,攻克运行工况和关键产品质量(如高炉熔池温度分布与料面形状、钢水成分、铸坯缺陷、钢材机械性能等)智能感知与实时检测技术与装备、开发智能协同优化控制、生产计划智能决策等关键技术和系统。初步建立钢铁智能工厂示范,实现生产流程数字化设计、冶炼轧制工艺过程智能控制、产品生产和能源环境协同优化、供应链全局动态管理、经营管理智慧决策。

(1)构建面向生产管控、供应链、产品生命周期的统一协同的信息化运行平台,提升自动化、数字化和集成化水平,不同品种不同流程典型企业进行钢铁智能工厂的试点应用示范,达到国际先进水平。

(2)研发工艺变量实时监控、冶炼工艺过程闭环控制、轧制工艺过程闭环控制等重大智能装备,使先进智能控制系统应用率达到 60%。

(3)研发产品生命周期质量管控、产供销一体化、物质流能源流协同调配、供应链全局管理系统,形成完善的钢铁智能工厂运营支撑保障体系。

2. 远期规划

到 2035 年,建立涵盖钢铁行业全产业链智能感知、需求驱动的整体动态优化决策、全流程智能自主协同控制、智能溯源分析、可视化的智能优化制造技术、工业软件和系统体系,形成具有世界领先水平的钢铁行业智能优化制造科学理论和技术平台。钢铁行业智能制造水平将会有根本性的提升,重点冶金企业的智能制造能力成熟度将达到 4—5 级,冶金工业将呈现自动化生产、科学化设计、知识化经营、社会化协同的新局面、新模式。在实现冶金生产数字化、网络化和智能化基础上,钢铁行业中远期规划如下。

(1)自动化生产。钢铁生产全流程在线连续自动检测、生产过程全自动化控制、冶炼-轧制工序间高度协同,实现面向用户个性化需求的批量定制、柔性生产,并大幅提高产品品质稳定性、适用性。

(2)科学化设计。基于钢铁生产信息物理模型,进行流程离线仿真和在线集成模拟,生成一个分布式、网络化、集成的"虚拟工厂"工业软件系统环境,通过人机交互和协同计算,模拟钢铁工业产品设计、生产全过程。支持生产组织优化、生产流程优化、新生产流程设计和新产品开发优化,实现以科学为基础的设计和制造。

(3)知识化经营。利用钢铁企业信息化积累的海量数据和信息,按照各种不同类型的决策主题分别构造数据仓库,通过在线分析和数据挖掘,实现有关市场、成本、质量等方面数据-信息-知识的递阶演化,并将钢铁企业的常年管理经验和集体智慧形式化、知识化,为企业持续发展和生产、技术、经营管理各方面创新奠定坚实的核心知识和规律性的认识基础。

(4)社会化协同。研发钢铁生产物质能源环境动态优化、供应链全局优化、跨行业生态工厂智能设计系统,大幅降低能源消耗和污染物排放,形成面向社会的网络化新型业务协作和敏捷供应链整体运作等模式。

钢铁行业智能优化制造的发展路线从 2020 年开始到 2035 年,分为两个阶段,其中期规划阶段的目标即为攻克运行工况和关键产品质量智能感知与实时检测技术与装备;开发智能协同优化控制、生产计划智能决策等关键技术和系统;建立钢铁智能工厂示范,实现生产流程数字化设计、冶炼轧制工艺过程智能控制、产品生产和能源环境协同优化。远期规划的目标为建立涵盖钢铁行业全产业链智能感知的整体体系,准确掌握系统全局运行情况;创建自动化生产、科学化设计、知识化经营、社会化协同的新局面、新模式;构建全流程智能自主协同控制系统体系,在无人干预下协调高效工作。为实现发展规划目标,需要软硬件的支持,通过物联网、互联网、云计算、大数据及智能优化模型技术的应用,同时通过物质流、能量流、信息流网络协同作用,构建虚拟网络-实体物理相互映射的系统。在实现发展规划路线的过程中,还需要研发出一系列为实现最终目标的系统和平台等重点产品,在中期规划中,构建面向生产管控、供应链、产品生命周期的统一协同的信息化运行平台;研发工艺变量实时监控、冶炼工艺过程闭环控制、轧制工艺过程闭环控制等重大智能装备;研发产品生命周期质量管控、产供销一体化、物质流能源流协同调配、供应链全局管理系统。在远期规划中,实现钢铁生产全流程在线连续自动检测、生产过程全自动化控制;生成一个分布式、网络化、集成的"虚拟工厂"工业软件系统环境;构造数据仓库,通过在线分析和数据挖掘,实现有关市场、成本、质量等方面数据-信息-知识的递阶演化;研发钢铁生产物质能源环境动态优化、供应链全局优化、跨行业生态工厂智能设计系统。在钢铁行业智能制造的发展的过程中涉及一些关键技术,包括数据和知识驱动的全流程产品质量指标关联分析及反向溯源优化,基于工业互联网的全流程全产业链信息集成,运行工况和产品质量的智能感知,物质-能量-信息多流多尺度建模和仿真,基于工艺规则和大数据的全流程产品质量异常诊断,基于大数据和知识自动化的智能决策系统体系结构,基于工业大数据和知识自动化的钢材组织-性能预测与工艺动态优化设计,钢铁复杂生产过程智能自主控制系统,多工序产品质量动态协同优化控制,全局生产指标决策、计划与调度一体化智能决策,钢铁购销与制造供应链计划理论、建模与优化,钢铁购销与制造供应链社会化协同智能优化决策,钢铁生产非期望运行工况下的动态重调度,全流程能源、安防、装备有序优化运行,基于工业大数据的装备智能视情维护技术等。为了鼓励工业向现代化、数字化、自动化和智能化转变,国家提供了强有力的政策资金支撑,且现代化大数据与人工智能的应用技术人才也在慢慢增加,通过引进高科技人才也可以加快钢铁行业智能制造的发展进程。图 4-5 为钢铁行业智能优化制造发展路线图。

		当前	2025年	2035年
目标层		数字智能 ·全流程数字化	互联智能 ·运行工况和产品质量智能感知 ·智能协同优化控制、生产计划智能决策 ·流程数字化设计、冶炼轧制工艺智能控制、生产与能源协同	自主智能 ·工况自感知 ·全流程智能自主协同控制 ·自动化生产、科学化设计、知识化经营、社会化协同
实施层		·构建面向生产管控、供应链、产品生命周期的统一协同的信息化运行平台	·研发产品生命周期质量管控、产供销一体化、物质流能源流协同调配、供应链全局管理系统,性能指标与市场占有率达到国际领先水平	·核心技术自主可控,钢铁全流程生产过程自主控制、物质能源环境动态优化、供应链全局优化智能制造技术,跨行业生态工厂智能设计系统
保障层		·钢铁工业调整升级规划(2016—2020年)为钢铁行业智能制造指明了方向。政府鼓励工业化生产向自动化、智能化、数字化和网络化方向发展,减少劳动力,提高生产效益 ·国家鼓励工业产业改革,为现代化生产提供强有力的资金支持 ·企业引进更多大数据和人工智能专业人才		

图 4-5　钢铁行业智能优化制造发展路线图

第5章 有色行业智能优化制造的发展战略

5.1 需求分析

5.1.1 智能优化制造现状分析

1.有色金属工业生产面临的挑战

我国有色金属工业通过自主创新、集成创新和引进技术消化吸收再创新,使有色金属产量自2002年起跃居世界第一,技术装备水平也取得了明显提高。铜、铝、铅、锌等主要有色金属的冶炼工艺和生产装备已达到国际先进水平。随着技术装备水平的提升,有色金属产品质量明显提高。特别是近10年来,我国有色金属工业产生了一大批重要科技成果,并成功应用于生产实际,在技术进步、改善品种质量方面取得了明显成效,实现了有色金属产业结构的优化升级,增强了我国有色金属行业的国际竞争力,并保持着持续改善的势头。但从国际市场竞争和盈利能力来看,我国出口的有色金属高技术产品较少,价值相对较低。目前我国出口的有色金属产品,主要以有色金属矿产、有色金属粗加工产品为主,进出口产品差价较高,涉及军工、航天、半导体制造等领域所需的高精尖有色金属产品多数品种依旧缺乏,在整个行业的价值链环节,处于相对较低的地位,获利能力相对较差。与此同时,有色冶炼过程工艺多样、流程复杂、物料成分多变,导致全流程物料监控及"三废"的全流程源头在线管控难度较大。目前有色冶炼企业主要依托"三废"排放口进行在线监测,缺乏对监测数据的实时分析及溯源管控,导致有色金属生产环境风险评估、控制能力低,资源、能源和环境问题已成为制约我国有色金属工业发展的瓶颈问题。

1)资源利用率低是造成有色金属资源紧缺的重要原因

有色金属是不可再生矿产资源,我国铜、铝、铅、锌等主要有色金属矿产资源均严重不足,不能保证经济发展的需要,对进口原料的依存度不断上升。我国有色金属矿产资源相对短缺,随着资源消耗量持续增加,重要资源对外依存度逐年攀升,并且还有进一步扩大的趋势。资源利用率低是造成有色金属资源紧缺的一个重要原因,其中常用有色金属的资源回收率仅为60%,比发达国家低10%—15%。尽管近年来我国共伴生金属得到了综合开发,综合利用率提高到40%以上,但仍比发达国家水平低 20%。同时我国有色金属矿产资源禀赋较差,进口矿源种类繁多,造成有色金属冶炼工艺特殊,生产流程长,单位产品能耗高、水耗大、三废产生量大等问题[70]。

2)生产过程能耗高制约了我国有色金属工业的发展

我国能源供需矛盾尖锐,有色金属工业单位产品平均能耗为 4.403 吨标准煤,能耗约占全国能源消费量的 4.39%,其中铜、铝、铅、锌冶炼能耗占总能耗的 90% 以上,而电解铝能耗又占有色金属冶炼行业总能耗的 85%,占全国发电总量的 6%。与此同时,节能问题也是困扰有色金属工业发展的重要瓶颈,有色金属工业单位产量的综合能耗远高于其他行业,十种主要有色金属的平均综合能耗是钢铁的六倍多,这种高能耗制约了我国有色金属工业的发展。尽管经过不断的行业结构调整、技术进步及技术创新,我国有色金属工业能源利用效率得到了较大提高,但在能源消耗方面与工业发达国家水平相比仍有较大差距,我国有色金属行业单位产品能耗比国际先进水平高 10 个百分点左右。我国有色金属生产的能源费用占到了生产成本的 30%—40%,而我国有色金属工业能源消耗与工业发达国家相比又存在较大差距,导致我国有色冶金企业的生产成本远远高于工业发达国家,严重影响有色冶金企业的国际竞争力,制约了我国有色金属工业的发展[71]。

3)环保要求事关重大,决定生产企业的存续发展

有色金属工业每年都产生大量的废水、工业烟尘、工业粉尘、二氧化硫和工业固体废弃物,导致有色金属冶炼行业的环保任务异常艰巨。相关资料显示,仅 2015 年有色金属工业废水排放 7.76 亿吨,工业固体废物排放 5.17 亿吨,工业废气排放量 40726.9 亿立方米,分别占全国总排放量的 4.27%、16.62% 和 5.94%,其中二氧化硫排放 122.4 万吨、危险废弃物达 857 万吨,数量巨大。有色金属矿山尾矿中含有金属硫化物及混合硫酸盐,污染了地表以及地下的水源,尾矿扬起的粉尘也污染了空气。一旦出现暴雨天气,不安全尾矿将威胁当地人民生命和财产。我国有色金属大多以硫化物的形式储存在矿物当中,废弃物中存量最高的硫化物受到空气氧化,遇水形成酸雨,导致地表水和土壤受到威胁。除了硫化物之外,赤泥也是主要的废弃物,生产一吨氧化铝要排放一吨左右的赤泥,不仅破坏了耕地的动态平衡,还损害了人民身心健康[70]。此外,重点流域和区域砷、镉等重金属污染治理、矿山尾矿治理及生态修复任务繁重。资源综合利用率低造成没有回收利用的有色金属、伴生金属资源又成为工业污染源的一部分。由此可见,高效化和绿色化生产已成为我国有色金属工业发展的必然方向。

2. 有色金属工业智能优化制造现状分析

工信部发布的《有色金属工业发展规划(2016—2020 年)》指出,当前有色行业的两化融合正在逐步深化。计算机模拟仿真、智能控制、大数据、云平台等技术正

逐步应用于有色金属企业生产、管理及服务等领域,国内大型露天矿、地下矿数字化和智能化建设取得重要进展,铜、铝等冶炼生产智能控制系统,铜、铝加工数字控制成型技术,基于"互联网十"的电子商务平台等逐步推广,行业两化融合水平不断提高。应坚持两化融合方向,推动新一代信息技术与有色金属工业深度融合,推进以数字化、网络化、智能化为标志的智能制造,促进生产型制造向服务型制造转变,培育新型生产方式和商业模式,拓宽产业发展新空间。

智能制造是当前公认的制造业转型升级的核心高技术,其产生的背景主要是面向发达国家的离散制造业,如德国"工业4.0"计划。德国"工业4.0"强调个性化需求、柔性制造、零库存、数字化,即通过智能制造实现个性化定制,主要适用于产品加工过程可以数字化的离散工业。然而,有色金属工业是典型的原材料工业,与离散制造业有显著区别,具有以下特点:生产过程为一系列复杂物理化学反应过程,生产工序连贯且不可分割;生产过程中的某一工序出现问题,必然会影响生产线的最终产品。在从原料进入到最终产品输出的长流程中形成了复杂的相互影响的物质流、能量流和信息流,整个过程难以数字化描述。特别是,我国原材料工业自身原生矿产资源严重不足,进口资源成分日趋复杂,造成生产工况波动大,生产全流程的整体优化显得极其重要。面向离散制造业的智能制造技术难以有效解决我国原材料工业面临的难题。面对全球化市场需求和原料变化,有色金属工业智能优化制造的基本思想是在生产工艺优化的基础上,从经营决策、计划调度、过程控制、循环利用等各生产环节实现无缝集成优化,达到全流程整体优化运行,确保高效化和绿色化生产。因此,研究和实现有色冶金智能优化制造关键技术将为有色金属行业的产业持续升级提供保障,是提升我国有色金属工业国际核心竞争力的战略选择和高效化绿色化发展的必由之路。

有色行业目前正处于从自动化向智能化迈进的新阶段,智能优化制造是有色行业两化深度融合的根本内涵。对于有色行业来说,智能优化制造就是在已有的物理制造系统基础上,充分融合大数据并挖掘人的知识,通过新一代信息技术手段,构建智慧型制造执行系统,实现生产全流程的智慧决策和集成优化,提升企业在资源利用、能源管理、生产加工和安全环保等方面的技术水平,达到管理决策和生产制造的高效化和绿色化。

未来如果没有智能化的检测、建模、决策、控制等先进智能制造技术支撑,高效生产工艺无法运行于最佳状态,甚至无法稳定运行。可以说,新一代智能制造技术是实现有色金属工业绿色高效生产的关键技术。在智能优化制造体系下,对生产装置内各种转化行为的模拟与预测更加准确,实时参数掌握更全面,关键参数操作与控制更加精细,生产调度更加优化,物质流管控更加精准全面。有色行业智能优化制造相关技术领域的现状分析如下。

1)有色金属生产智能感知与在线检测技术

有色冶金过程生产环境十分恶劣,如存在高温高压、强酸强碱等,无法实现关键工艺指标和直接反映工艺状况的关键参数在线检测,严重影响有色冶金生产的过程控制和优化运行,需要不断深化和拓展现代过程控制中检测技术的内涵和外延。近年来出现的软测量技术,是一种实现复杂有色冶金过程变量在线检测的有效方法,其基本思想是通过分析有色冶金过程生产机理,构造描述易测的过程参数与难以直接测量的待测参数之间的函数关系,根据某种最优准则,采用相应计算方法,实现待测参数的测量与估计。这是一种通过工业软件推算代替传统传感器直接测量的检测技术,为复杂有色工业过程关键工艺参数的在线检测提供了新方法,并在实际工业生产中获得了成功的应用,如拜耳法氧化铝生产过程苛性比值和溶出率的软测量、湿法炼锌沉铁过程出口亚铁离子浓度的软测量等[72-74]。

有色冶金料液中多金属组分分析一直是国内外的研究热点,其中检测方法的选定取决于被分析对象的特性和对测定方法的灵敏度、准确度、精密度和选择性等要求。常用的分析方法主要包括电化学分析法和光谱分析法两大类。其中,电化学分析法通过电极直接检测溶液中离子的伏安特性,达到离子在线分析的目的,主要包括电位滴定法和极谱法。电位滴定法具有较高的准确度和精密度[75],但分析时间较长,灵敏度受低浓度时电极电位测量准确度的限制。极谱法灵敏度和准确度高、分析速度快[76],近年来得到了快速发展,出现了单扫描极谱、示波极谱、方波极谱、极谱催化波和络合物吸附波等极谱新技术,极谱分析已成为电化学分析中最重要、最成功和应用最广泛的一种分析方法。光谱分析法是基于物质的特征光谱测定物质化学成分的分析方法,可分为分子光谱法和原子光谱法。光谱分析法无须配制纯样品,只需根据已知特征光谱,即可直接进行光谱分析,其中原子光谱法无须对待测物质进行化学处理,可用于微量多元素同时分析且检出限低[77,78]。但现有的原子光谱法无法区分同一元素不同价态离子,仍停留于物质元素级别的分析。以分光光度法为代表的分子光谱法可以将物质分析的级别由元素级扩展至离子级,同时操作简单快速、灵敏度高、线性范围宽、精密度和准确度好。针对特定的检测对象,近年来出现了紫外分光光度法、可见分光光度法、红外分光光度法等,这些方法使分光光度法的选择性进一步提高[79],现已成为面向溶液中物质分析的重要方法。

在有色冶金过程在线分析检测系统开发方面,芬兰 Outotec 公司作为有色冶金技术的领导者,开发了 OTI 滴定分析仪、Courier 系列载流 X 射线荧光分析仪等多金属成分在线分析仪。此外还有澳大利亚 Amdel 公司开发的 ISA 矿浆载流 X 射线荧光品位分析仪及美国得克萨斯州核子公司 7200 分析仪等。这些在线分析仪主要用于单一金属元素的分析,但有色冶金料液的复杂性及生产条件的特殊性,使得这些仪器在我国很难取得应有的效果。如株洲冶炼集团先后花巨资引进了

Outotec 公司的 OTI95 金属滴定分析仪、Courier 30 分析仪以及直接浸出过程分析测试系统。这些仪器采用单一的滴定法或者 X 射线分析方法,测试流程复杂、参数校正频繁,无法长期在线准确测量料液的成分。该公司投入运行后不久,就不得不退出运行,最终仍采用人工化验方法分析料液成分。

在复杂生产过程关键工艺参数在线检测方面,我国学者提出了机理模型、数据模型与知识模型的多模型融合的关键工艺参数在线检测方法,研发了一系列智能集成软测量模型,实现了氧化铝生产、铜闪速熔炼、铅锌熔炼和锌湿法冶炼过程的关键工艺参数的在线检测[80];提出了基于数字图像统计特征、过程工艺检测数据以及工艺机理知识的多信息智能融合方法,形成了浮选矿浆品位、精矿品位和尾矿金属含量的实时预测技术;提出了基于视觉图像、生产数据和领域知识的多信息智能融合的工艺指标预测方法,形成了浮选矿浆品位、精矿品位和尾矿金属含量的实时预测技术[81]。

2)有色金属生产过程建模技术

有色冶金过程常用的过程建模方法主要有机理建模方法、数据驱动建模方法及智能集成建模方法等。机理建模是基于工艺机理分析,根据物料平衡、热量平衡和冶金反应动力学建立对象的机理模型。机理模型能反映对象或系统的主要规律,可以表达过程的基本动态特性。因此,机理模型是有色冶金过程描述、分析、控制和优化的基础。长期以来,有色冶金建模领域在国际上主要是以机理模型为基础进行研究,如赫尔辛基工业大学的 Komulainen 等[82]根据物料平衡建立了铜溶剂萃取过程的非线性动态模型,采用非线性扩展 Kalman 滤波方法辨识模型参数,并自适应调节模型参数以适应过程的变化;Stadler 等[83]建立了熔渣泡沫化过程的机理模型,通过试验研究确定了真正影响熔渣泡沫化过程的因素和机理,并根据试验结果修正模型机理模型。但是,机理建模依赖于开发人员对过程机理的认知水平,开发准确的机理模型成本高、难度大[84]。有色金属生产过程本质上是一个非平衡、非均一、非稳定和强非线性的过程,机理往往存在精度低及模型失配问题,模型的可靠性难以保证[85]。由于我国有色金属资源极其复杂,品位低且波动大、杂质种类多且含量高,一些过去在国外行之有效的有色冶金过程机理模型被国内引进后也出现不适应生产要求的情形,铜闪速熔炼过程中的"东予模型"[86]就是一个典型例子。

连续搅拌釜式反应器(continuous stirred tank reactor,CSTR)模型是描述大型湿法冶金反应器的典型机理模型。CSTR 机理建模假设物料以稳定流量流入反应器、物料与存留在反应器中的物料瞬间达到完全混合,再根据反应动力学、物料平衡、能量平衡等原理建立机理模型[87-89]。但有色冶金反应过程具有多相多场耦合的非均一分布特性,而且许多有色冶金过程的 CSTR 往往是多个反应器相互关联的,传统 CSTR 模型的假设很难满足。传统的 CSTR 模型及其稳定性分析方法都局限于单个反应器单元的某个稳态点,难以适应具有大范围参数稳定域的关联反应器。

有色冶金过程非常复杂,基于传统数学模型的手段和方法有时显得有些力不从心,即使建立了某一有色冶金过程的数学模型,使用范围和应用效果也很有限。有色冶金过程中存在大量的数据,这些数据包含了丰富的反映生产运行规律和工艺参数之间关系的潜在信息。数据驱动的建模是从复杂有色冶金过程中的输入/输出数据(即各种实时的或历史检测的数据,以及化验数据)中提取有用信息,构建生产过程主导变量与辅助变量间的数学关系。有色冶金过程数据驱动的建模方法主要包括主元分析法、部分最小二乘回归方法、人工神经网络方法、支持向量机方法、模糊建模方法、高斯过程建模方法及极限学习机方法等[90-95]。数据驱动模型几乎不需要过程对象的先验知识,建模十分方便。但采用的是黑箱建模方法,所建模型不具有可解释性,而且有色冶金过程数据存在噪声、随机、模糊等不确定特征,关键参数不可测,使得过程数据存在不完整性,建立完全基于数据的模型难以适应有色冶金过程外部环境等变化。

有色冶金过程工艺机理复杂、生产过程数据复杂,建立严格的机理模型并不现实,完全基于数据的模型也难以适应有色冶金过程外部环境等的变化,单一的模型难以有效地描述复杂有色冶金生产过程。机理模型和数据驱动模型都有其优点和不足,将机理模型和数据驱动的模型有机结合的智能集成混合建模方法能综合各自的优点,有效改善过程模型的性能[80,96]。考虑机理建模、基于知识的建模和数据驱动的建模等单一建模方法在复杂工业过程建模中的局限性,国内学者在复杂有色冶金过程智能集成建模方面做了大量研究工作,提出了多模型综合的智能集成建模方法,构建了有色冶金过程智能集成建模的基本结构和形式化描述,提出了面向应用对象特点的基于残差补偿、模型嵌套和多模型协调的智能集成建模方法,为准确描述有色冶金过程、解决有色冶金过程建模难题提供了有效方法[72]。智能集成建模方法已在多个有色金属冶炼过程得到应用,并取得了很好的应用效果,如应用基于机理模型和数据驱动的球磨机建模方法,首次揭示了铝土矿破碎速率的非一阶动力学特性,建立的铝土矿磨矿过程数学模型成功应用于世界上第一条选矿拜耳法氧化铝生产线[73]。智能集成建模方法是解决复杂有色冶金过程建模有效方法之一,也成为当前有色金属工业过程建模的一个研究热点。

3) 有色金属生产过程优化控制与智能决策技术

有色冶金过程固、液、气多相共存,多相交互作用下发生物理化学反应,生产过程机理复杂、边界条件动态变化、流程长、工序多且关联,生产过程优化控制实现困难,目前对于有色冶金过程还没有形成具有普遍适用性的优化控制方法。针对有色冶金过程优化控制难题,控制领域学者开展了大量研究工作。如 Kontopoulos

等[97]在产品质量连续预测动态模型基础上,开发了空气鼓入速率的混合专家优化控制系统,通过空气鼓入速率的优化控制实现高产量和低能源消耗的运行;美国内华达州金冶炼厂安装并运行了自适应过程控制系统,该系统在过程控制层采用基于模糊逻辑规则的专家系统,通过不断更新的预估和优化补充完善控制逻辑,增加了产量,仅两周就收回了相关设备投入费用;Maldonado 等研究了基于动态规划的粗选工序各浮选槽液位优化控制方法,在保证精矿品位的条件下最小化每一个浮选槽的铜尾矿品位,保护了环境,使经济效益也明显提高。在优化控制技术开发方面,南非 Mintek 公司积累了 25 年的选矿生产数据,结合大量的工业实践,开发了选冶过程优化工业软件包 StarCS;芬兰 Outotec 公司历经 40 年开发了 PROSCON 先进控制系统,这些都是国际矿业界优化控制工业软件产品的典型代表。目前国际上针对传统有色金属选冶过程和先进的冶炼生产开发了相应的优化控制工业软件,但其核心技术封锁,且难以适应我国复杂的矿源和生产环境,在实际运行过程中往往无法达到预期引进目标。

东北大学柴天佑等[98-100]分别针对电熔镁砂冶炼过程、浮选过程、两级磨矿过程和竖炉焙烧过程的特点提出了应用案例推理与规则推理、神经网络方法、模糊自校正方法以及多模型混合控制等优化控制方法,实现了在线优化设定;中南大学桂卫华[72]提出了面向多模型集成与多约束的智能优化方法、面向多目标的不确定分散满意优化方法、软约束调整满意优化方法,并结合有色冶金生产过程实际,研发了一系列关键工序优化控制系统,成功应用于铝、铜、铅、锌等主要有色金属生产过程控制中,明显降低了能耗,减少了环境污染。针对有色冶炼生产过程积累的大量工业运行数据,提出了操作模式优化的新概念,构建了从数据预处理、工艺指标预测、操作模式评价、优化操作模式库挖掘、操作模式匹配到操作参数协调的操作模式优化控制框架,形成了基于数据的操作模式匹配优化理论与方法[86]。应用操作模式匹配优化方法实现了闪速炉炉况优化、转炉吹炼冷料添加优化,以及万吨多向模锻水压机、大型立式淬火炉的操作优化,应用成效明显。

我国有色行业从国外引进了一些先进的数学模型、检测技术与装备、控制与优化工业软件等,但存在核心技术不能自主、技术服务费用昂贵、更新维护困难、难以适应我国复杂矿源等问题。这些引进技术和软件难以达到设计指标,智能优化制造水平整体上还有待提升。

5.1.2　智能优化制造发展态势

从全球来看,通过提升有色工业智能化水平来提高有色工业的产品质量、环保水平,降低生产能耗已经成为共识,但有色金属工业智能制造水平相对石化、钢铁等行业普遍较低。国外先进冶炼厂已建立智能工厂示范,以南非和智利为代表国家已有智能工厂应用案例,如智利的远程控制湿法炼铜厂和发电厂。有色工业智能优化制造发展态势可分为如下两个方面。

(1)着力开展物联网智能监管体系建设。通过部署在线计量、环境监测等信息化设备基础,并补充关键节点资源环境要素快速监测系统部署,与企业智能化决策系统进行有效衔接,以互联网技术为根基的 CPS 列为扶持重点,并引入企业与大学的技术专家,共同制定参考框架和技术协议,持续推进物联网技术在有色工业中的应用。通过在工业系统中逐步部署完善网络,使全要素、全环节、全生命周期中的信息得以有效汇聚,进而通过云计算和大数据技术实现安全可靠存储和大规模数据运算分析,以此为有色工业智能制造技术的推广提供网络基础。

(2)加快布局智能制造产品与服务产业生态。高科技巨头纷纷在智能制造领域发力。一方面,着力提升设备端工业软件系统能力,如 SAP 公司积极研发智能生产解决方案,利用工业软件控制实现 ERP、流水线、机器人、监控设备等各环节的数据对接,推动实现柔性制造,应用于有色工业可推动高端定制型有色产品的制造。另一方面,全力打造工业软件服务平台,如通用电气公司推出 Predix 工业互联网操作系统,在其上构建面向具体行业的解决方案和工业 APP 为企业生产提供服务,形成以通用电气公司为中心的制造业生态。在产业联盟的推动下,企业间的合作进入实质性层面,如 AT&T 公司为通用电气公司提供工业互联网高安全性无线通信系统,通用电气公司的机器可连接到 AT&T 公司网络和云端。

欧美发达国家和有色工业跨国巨头依托既有优势抢先布局智能制造,极有可能率先获取新一代信息技术带来的巨大收益,并引导全球有色工业参与各方在技术、标准、模式等方面形成新的路径依赖。我国有色金属工业如不及时跟进和部署智能制造,将面临再次被锁定在产业链低端的风险。

虽然我国有色行业发展迅速,但总体上与国际先进水平还有一定差距。多数有色金属生产企业依然以人工为主展开生产作业,生产工艺推进中的数据收集与分析、对应各工况的适合工艺选择、详细工艺参数的配置等均依靠人工完成。生产装备在运行中的实时状况无法获取,装备运行中的辅助工作也需要大量人工劳作支持,装备运行的逻辑顺序较多地依靠操作工决定。有色(铝)行业加工的智能制造发展规模、整体技术水平比较优异。有色(铜)行业加工板带箔生产工艺及装备水平参差不齐。在生产管理级,当前有色企业距离数字化依然有较大差距,管理信息的收集及其存档工作很少能形成可靠高效的系统,造成了管理上实现可追溯性、复盘分析等工作的成本居高不下。但目前国内有色金属企业均比以往更注重加强工艺及装备水平的提升工作,为智能工厂创造基础条件。如中国铝业股份有限公司 2015 年、2016 年、2017 年研发支出占营收之比分别为 6.36‰、5.7‰和 4.2‰,而山东南山铝业股份有限公司 2015 年和 2016 年的研发支出占营收之比已经达到了 30.85‰和 34.34‰。云南云铝润鑫铝业有限公司电解铝智能制造技术开发应用及智慧工厂建设项目入选工信部 2018 年工业互联网试点示范项目,江西铜业集团有限公司贵溪冶炼厂智能工厂、中国铝业股份有限公司兰州分公司铝电解智能工厂分别入选工信部智能制造试点示范项目,中铝视拓智能科技有限公司的"电解铝智能制造解决方案"入选 2018 年工业互联网 APP 优秀解决方案。

5.1.3　典型案例

1.株洲冶炼集团智能化建设现状及问题

1)株洲冶炼集团智能优化制造现状
(1)实施总体思路。
株洲冶炼集团是我国最大的铅锌生产基地,也是我国最大的锌湿法冶炼企业。株洲冶炼集团智能工厂以"绿色、安全、高效"为核心目标,以大数据分析平台为核心,打通各子系统间的业务流程,对业务系统进行合理有效的集成,对全厂信息进行集成化与可视化;采用大数据分析技术对 MES、ERP、OA 所形成的生产数据、运营数据进行处理,并且结合企业战略发展、行业发展趋势等进行业务建模,通过优化控制、分析预测、安健环管控、供应链优化等大数据应用实现企业智能化生产与管理,其相应的智能工厂总体框架如图 5-1 所示。

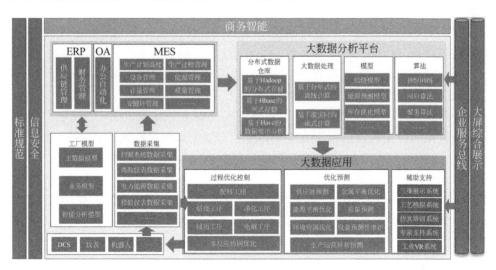

图 5-1　株洲冶炼集团智能工厂总体框架

(2)实施方向与举措。
方向 1:业务系统集成与协同。
实现智能工厂业务财务一体化、计划调度一体化等业务协同目标,在纵向上实现各业务部门自上到下的专业化管理,在横向上实现各业务部门之间转接流程的明确分工、高效协作,最终实现专业管理"纵向到底",协同管理"横向到边"的全闭环管理。

① 全厂信息集成化及可视化。

在信息化系统把整个过程采集的各个方面的信息进行预处理和综合归纳后,通过各工段的数学模型,对全工序进行数字化重构,使得调度员摆脱繁杂的现场数据分析,直接掌控生产实际状况。主要包括过程监控数据、现场视频监控、排污口及危险源视频展示、生产管理数据、统计分析数据等。

② 原料、辅料、设备、备品备件及材料等生产物流集成方案。

包括来料预报信息采集、车辆进厂门禁管理、物料汽车衡过磅检斤、物料取样化验质检、仓位卸车、自动检斤台账登记、洗车出厂门禁管理及原料入库等,完成对物料汽车、火车进厂入库的业务计划集成与协同。

③ 锌锭、热镀合金、硫酸、稀贵金属、渣料等生产物流集成方案。

包括自动检斤数采、成品自动分类入库、销售车辆进出厂门禁管理、锌锭在线出库、稀贵产品自动下线化验等,实现成品生产物流业务的集成与协同。

方向 2:大数据分析与应用。

以湿法炼锌全流程的绿色、安全、高效为核心目标,以优化控制系统为核心以大数据平台为辅助支持,对各个流程的机理和生产数据进行建模分析、过程控制以及设定优化,对生产及运行数据进行分析与处理实现供应链管理优化。其总体框架如图 5-2 所示。

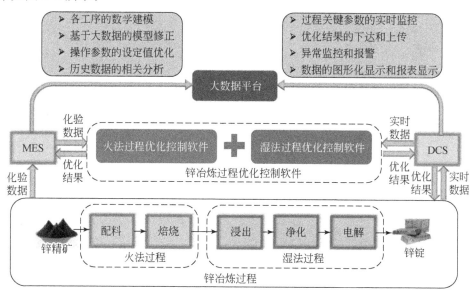

图 5-2　株洲冶炼集团智能工厂大数据分析与应用总体框架

① 配料过程优化方案。

通过专家系统、机会约束优化模型及贝叶斯推理等对各矿仓原料配比进行优化,降低原料成分化验滞后性大、矿仓锌精矿含量不确定性大、矿仓成分分布不均匀等带来的影响,提升入炉原料成分达标率,并在经济上达到最优。

② 焙烧过程优化控制。

通过对焙烧过程机理及生产数据进行挖掘分析,建立基于机理和数据的焙烧过程数学模型,分别在实时优化层和过程控制层实现焙烧炉沸腾层温度场设定值优化和智能控制,保证焙烧过程稳定运行,减少沸腾炉温度的大幅波动,提升焙烧过程的产品质量,降低焙烧过程中的能耗物耗。

③ 浸出过程优化控制。

分析浸出槽入口外来液浓度值不可测量及流量波动、成分不确定等因素对尾槽 pH 值造成的影响,通过机理和数据相结合的方式,建立废酸添加量优化模型,优化浸出槽废酸添加量,实现浸出过程 pH 值的稳定控制。

④ 净化过程优化控制。

建立除铜除钴过程数据机理集成模型、锌粉协同优化设定模型、除铜除钴 ORP 设定模型,对除钴过程砷盐、废酸、底流、锌粉等设定值进行优化,在提升同时提升除铜、除钴过程净化效果的同时,降低锌粉消耗量,降低综合成本。

⑤ 电解过程优化控制。

建立基于数据及机理的锌电解过程电效及电耗数学模型,面向能耗及电费对锌电解过程关键工艺参数及设备进行优化控制,提升电解过程效率,降低能源消耗。

⑥ 供应链管理优化。

从最小净锌需求量确定、价值预测、净锌采购总量确定、供应商选择优化、供应商采购决策五大方面出发,基于生产运营大数据构建优化模型,解决锌冶炼生产过程中出现的原料采购成本过高、原料供应不稳定、原料库存安排不当及生产鲁棒性差等问题,降低企业运行成本及风险。

(3)株洲冶炼集团智能优化制造成效。

① 建立大数据分析平台。

搭建完成大数据分析平台,实现对生产控制系统、离散仪表、电力能源等相关数据的采集存储,打通生产控制层与生产运营层的壁垒。

② 提升控制与运行优化水平。

通过对锌冶炼生产的配料、焙烧、浸出、净化、电解等主流程工序进行优化控制,实现生产全流程的控制与运行优化,确保产量、质量、成本和消耗等生产指标的最优化。吨锌产品直流电耗小于 3000kW·h,锌粉消耗小于 30kg,人均锌产能达 342 吨,达到国际先进水平。

③ 环保指标达到国内领先。

控制源头新水用量、实现工业废水零排放,重金属粉尘示性特别排放限值,烟气含二氧化硫控制在 $100mg/Nm^3$ 以内,环保指标达到国内领先水平。

④ 供应链优化降低原料采购成本。

实时响应产品市场与原料市场变化波动,原料采购、经营决策、计划调度无缝集成,原料采购成本降低 500 万以上,原料供货质量及供货稳定性大幅提升。

2)株洲冶炼集团智能优化制造面临的挑战

株洲冶炼集团未来智能优化制造面临的挑战主要在于如何形成一体化的经营管控体系,如何充分发挥大数据分析平台的价值。如何通过 ERP 系统的实施,形成从采购、生产、销售到财务的全业务链的横向信息化支撑,建立业务财务一体化的经营管控体系;通过 OA 系统的实施,实现各单位、各部门跨地域、高时效协同工作,建立"轻松、便捷、高效"的协同办公体系;通过 MES 系统实施,在生产运营层进行物料平衡、安排生产计划、实施调度、排产及优化,完成对整个生产环节的整合和系统优化,打破部门间信息孤岛,实现部门环节管控一体化运行。

2. 包头铝业——基于有色金属工业互联网平台的电解铝智能工厂

1)包头铝业智能优化制造现状

(1)实施总体思路。

包头铝业是我国十大铝冶炼企业之一,同时也是我国最大的铝合金生产基地。包头铝业电解铝智能工厂基于"数据驱动"的理念,构建"三中心、两体系"的智能工厂系统架构,围绕生产可视化智能监控中心,以智能过程控制中心和 IT 支持服务中心为基础,以标准管理体系和知识管理体系为支撑,对企业生产计划、能源、物流、质量、安环、设备、成本等管理职能进行系统模块划分,从决策指令下达到一线员工操作进行全过程的管控。通过生产计划、设备管理、质量管控、物流管理、能源管理、HSE 管控、视频监控等系统协同作业,完成生产、设备、能源、物流信息的实时管控,实现企业生产全流程、全过程的数字化、可视化、精细化管理,提升企业的运营效率,有效地节约资源、降低成本,由此获得良好的技术经济指标。包头铝业智能工厂整体框架图如图 5-3 所示。

(2)实施方向与举措。

方向 1:搭建有色金属工业互联网平台。

工业互联网平台构建基于海量数据采集、汇聚、分析的服务体系,支撑制造资源泛在连接、弹性供给和高效配置,为企业提供工业物联网、工业 PaaS、工业大数据、工业公共组件和贯穿各个层级的安全管理服务。

举措之一:工业物联网服务。

工业物联网服务对包头铝业生产、工艺、质量、设备、能源等数据进行汇聚采

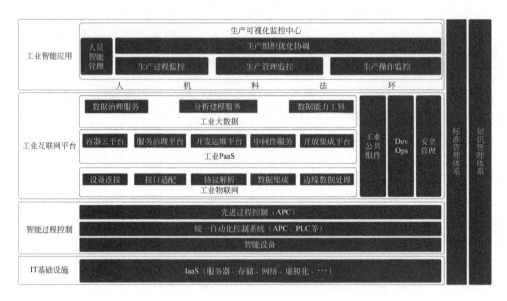

图 5-3　包头铝业智能工厂整体框架

集,以及异构数据的协议转换和边缘处理,实现海量工业数据的互联互通,构建工业互联网平台的数据基础。

举措之二:工业 PaaS 服务。

工业 PaaS 服务基于容器技术,在工业软件层(应用、中间件服务)实现自动化部署、负载均衡和弹性伸缩等功能。平台提供多种通用微服务框架,具备熔断限流、动态路由、调用链追踪等复杂能力。平台支持托管和非托管方式的服务发布和集成,为传统的中间件提供自动化和服务化能力,具有全维度的自动化运维体系,提供分布式海量日志管理和端对端一站式应用性能监控的能力。

举措之三:工业大数据服务。

工业大数据服务实现包头铝业数据资源的集中共享,开展工艺指标横向对标,建立各工序的最佳工艺模型,获得最优的生产工艺条件参数;平台提供数据可视化服务,帮助专家开展及时有效的诊断分析、制定改善方案并进行跟踪评价,为企业挖潜增效提供数据支撑。

举措之四:工业公共组件服务。

工业公共组件服务沉淀大量的电解铝知识模型,生产管控、质量追踪、运营优化和算法等组件,并将这些模型和组件封装、固化和复用,在开放的开发环境中以微服务的形式提供给开发者。

方向 2:打造企业智能制造应用体系。

包头铝业智能制造应用体系对企业生产过程、管理过程和操作过程进行全流程的在线管控,全面涵盖企业的工艺参数、设备状态、物料流动、能源消耗、人员状态、产品质量、安全环保、视频监控和现场操作,实现整个生产组织和工艺参数进行智能优化协调,达到生产全流程管理的透明化、标准化和智能化。

举措之一:生产管控。

生产管控应用以数据驱动为核心,对生产全过程的业务流程进行科学管理。主要通过对生产过程、管理过程和操作过程实施全流程节点的数据进行监控,实时掌握全厂工艺参数、设备状态、物料流动、能源消耗、产品质量、安全环保和现场操作等数据的变化。通过具体的数据建模,对生产全过程的数据进行统计和分析,进而驱动生产各环节业务的具体开展和不断优化。实现生产全流程管理透明化、数据化和智能化。生产管控主要功能包括总貌监控、计划管理、报警处置管理、工艺管理监控、操作管理监控、绩效管理和生产成本管控。

举措之二:设备管理。

设备管理应用建立企业设备管理模型,实现设备管理的数据化、精细化和智能化。设备管理主要功能包括设备基础管理、设备备件管理、固定资产管理、预防性维护与计划管理、工单管理、安全管理、故障/缺陷管理、巡/点检管理、设备运行管理、设备采购管理、报警管理和系统维护管理。

举措之三:质量管理。

质量管理应用建立电解铝质量数据模型,构建全工序的质量跟踪系统,帮助企业优化生产工艺、提高产品质量和降低生产成本,实现企业一贯制质量管控和精益管理。

举措之四:物流管理。

物流管理应用为"采购-生产-销售"全周期提供数据平衡,通过销售数据拉动生产数据,生产数据拉动采购数据,基于仓储、生产物流、销售物流、采购物流、计量等各个环节的数据,逐步构建企业有序、高效、合理的物流全流程智能管控体系。

举措之五:能源管理。

能源管理应用以"安全、稳定、经济、环保"为基本目标,对能源介质的生产、输配、计量、调度、运行、分析等进行全方位的管理,实现节能降耗、降低成本、保护资源和环境的可持续发展目标。

举措之六:HSE 管理。

HSE 应用以健康数据、安全数据、环保数据为原动力,通过信息化、可视化的技术支撑和管理手段,系统提升安全领导力和风险分级管控能力,规范厂区和生产现场的安全、健康、环境保护工作,实现"以人为本、安全发展、绿色发展"的安全环保目标。

方向 3:建立企业标准管理和知识管理体系。

标准管理体系包含数据标准、操作标准和流程标准。通过形成一套方法、一种思路、一整套操作模式,激发企业生产经营管理的自我完善,为企业智能制造提供一个可持续发展的基础环境。知识管理体系通过整合企业内外部知识,逐步识别和沉淀价值知识,构建企业的完整知识体系,为知识应用提供基础,实现知识传递和共享。

举措之一:标准管理体系。

标准管理体系以提高质量、降低成本消耗、为企业创造良好的经济效益为出发点,对客观问题制定复用的标准集合,并按其内在联系形成的科学的有机整体。包含数据标准、操作标准、流程标准。

举措之二:知识管理体系。

知识管理体系在企业原有知识管理的基础上进行扩容完善,梳理企业已有的功能模块和新增需求进行融合,满足企业知识资源管理的需求,包括企业业务流程知识库、CBS 知识库、人才培养基地知识库、专家问答知识库、项目知识库、竞争情报、设备知识库、专利与标准库、论文库、个人知识库和企业百科知识库。

(3)包头铝业实施智能制造实践成果。

① 有效提升企业设备互联率。

包头铝业能够利用先进的传感技术、网络技术、计算技术、控制技术、智能技术,对设备运行状态、关键参数进行全面感知,实现对设备的测量、控制、状态、功能、信息的全方位采集,同时确保多个系统间大范围、大容量数据交互,达到对设备的全面监控、远程诊断及大数据分析。

包头铝业通过电解铝智能工厂建设,使装置自动化控制率和生产数据自动化采集率均得到有效提升,其中装置自动化控制率由 60% 提升至 70%,生产数据自动化采集率由 55% 提升至 80%。

② 打造企业生产全流程可视化。

包头铝业根据工艺流程特点和监控要求,在主要生产车间、重要设备、流程处、重要场所、危险源及人员实现远程视频监控功能。使全厂视频覆盖率达到 80% 以上,可实时、直观地握现场工况,减少操作人员劳动强度,实现标准化流程管理,极大地升了企业管理水平。

③ 提升企业精益生产能力。

包头铝业通过智能排程和智能调度实现生产过程精益化,提升企业生产管理能力。根据生产任务目标,考虑内外部的制约条件(设备、物料、能源等),采用拉动式生产方式进行生产主要操作设备、操作工序的智能排程,实现设备利用最大化均衡化,减少人员工作量,提升工作效率。同时将计划逐层分解成具体的班组和精确的时间(小时或分钟),最终成为班操作任务单和配套的工艺操作标准,并通过移动终端推送生产执行人员。系统能对生产实绩进行统计、分析,对产出异常情况进行优化,给出调整建议,确保生产任务目标的完成,实现企业生产效率提升 10%。

2)包头铝业智能优化制造面临的挑战

包头铝业建立了基于有色金属工业互联网平台的智能工厂,下一步在智能优化制造方面面临的挑战主要是如何基于工业互联网平台实现企业管控一体化,如何实现系统对运营业务的事前计划、事中控制和事后分析,通过计划-执行-反馈-分析这个闭环,不断提升管理运营水平,提高运营效率,消除运营过程中的浪费,从而促进运营过程中质量、成本、交货期的不断提升,使企业运营成本降低,实现价值增值的目的。

5.1.4　发展需求

未来实现有色金属工业的可持续发展主要依靠采用新的高效生产工艺和应用先进的智能化技术。而生产工艺发挥最大的节能降耗减排效果,也离不开先进的智能感知技术、优化决策模型、智能控制策略等智能化手段。

目前我国有色冶金生产过程的智能优化控制水平不高,对蕴含机理知识、运行特性和控制响应规律的生产数据利用率低,主要依赖人工进行工况判断、趋势分析和运行操作决策。有色冶金生产过程及其他辅助流程会产生海量的生产数据,蕴含有丰富的知识,这些知识如何获取,如何与机理知识进行融合,实现智能自主的决策与控制,目前缺乏有效的方案和技术途径。

有色冶金行业现在尚处于智能制造的起步阶段,离真正意义上的智能制造仍有较大的差距。具体来说存在如下瓶颈问题。

1. 工况参数智能感知与动态建模困难

有色金属生产工艺环境恶劣复杂,冶炼体系封闭,造成数据实时获取困难。比如电解铝存在严重的电磁干扰,氧化铝生产过程检测环境容易结疤堵料,锌电解液杂质含量的检测容易被主元素掩蔽,因此参数检测的可靠性、稳定性、有效关联和运维成本都存在问题。铜、铅的火法熔炼过程中,由于设备的封闭性、熔炼过程的动态性及冶炼环境的高温,炉内温度场、动量场的实时测定困难,目前主要研究手段为流体仿真、水模型等间接方式,生产实测数据缺乏。再比如,有色金属矿物的分选过程中,浮选流程的操作往往要根据气泡形状及大小等定性指标来优化,此类指标难以量化,给数据的采集及工艺的优化带来了巨大的挑战[101]。以上问题导致许多与工艺状态有关的生产数据实时、可靠获取都难以保证,缺乏有效全流程感知能力是实现有色行业智能制造的重大障碍。

有色冶炼过程往往涉及气、液、固三相多个组分间的复杂反应,包含吸放热、溶解、分解、沉淀、氧化/还原、电解等多个过程;冶炼原料除主金属外,往往包含多种伴生金属及脉石成分,在冶炼过程中除主金属的冶炼反应外,还同时共存多种副反应,其中副反应与主反应、副反应之间还存在耦合机制,导致冶炼过程反应机理复杂,难以用现有的热力学、动力学经典模型准确描述,冶炼过程工艺参数有定性、半定量、定量等多种形式,由于工艺参数难以实时感知,有色金属过程元素分配行为、物质流分布行为与工艺参数的关联模型难以建立,导致加工过程的决策优化和协同操作优化难度大[102]。

2.工艺多样化导致技术普适性差

有色金属是包含铝、铜、铅、锌在内的 64 种金属的统称,加上各自衍生的合金、化合物等产品,产品门类极为复杂,品种繁多。上述产品的生产流程包括采矿、选矿、冶炼、加工众多生产领域,工艺、装置、工序环节都比较繁杂。不同的产品品类、同一产品不同的生产工艺、同一工艺不同的地区政策差别导致生产流程差异巨大,技术水平参差不齐。因此,各企业的数字化、自动化、智能化技术研发具有较强的特殊性,一般通用的智能制造和大数据技术难以直接照搬到复杂多样的有色工业场景。这一特点决定了有色工业智能优化制造技术的研发要求冶金工程科学和信息类科学的深度交叉融合。且技术的可移植性受工艺场景限制,这大大增加了研发成本、推广成本和时间周期。但也必须指出,有色行业又是一个充分竞争的资金、技术密集型工业领域,一旦相关技术取得突破,在同行企业间推广速度较快,行业技术示范效应将十分突出。目前,有色行业整体智能化水平较低,发展潜力巨大,未来有色行业的智能化相关技术研发工作大有可为。

3.操作与决策智能化程度低

有色金属生产涉及复杂的物理化学变化,难以精确建模,因此有色金属工业的经营决策、资源与能源的配置计划、生产计划调度、生产管理、生产过程控制仍然严重依赖知识工作者的经验,远远没有实现生产全流程整体优化,流程稳定性、产品质量和一致性也不高,影响了生产效益和产品附加值的提升。而单个企业的智能制造系统和数据平台规模小,企业内部和企业之间的数据分散而孤立。各个环节间信息不畅、脱节严重,难以支持智能操作、决策和管理的实现。单个企业知识发现能力不足,数据资源有限,迫切需要建立面向行业价值共享的智能化技术服务平台。

4.智能优化制造面对的安全环保挑战严峻

有色金属工业是最主要的重金属污染来源之一,从有色金属矿产的开采、分选到有色金属的冶炼再到有色金属深加工,废水、废气、废渣排放量较大,对生态环境影响突出,重金属污染历史欠账多、社会关注度高。部分大型有色金属冶炼企业随着城市发展已处于城市核心区,安全、环境压力隐患加大,与城市长远发展矛盾十分突出。

如何通过智能制造技术的推广,实现工艺全流程主金属元素和敏感元素的实时在线监控,并通过优化管理措施,从源头抑制污染物的产生及排放,实现资源最大利用和污染物零排放,实现面向有色金属绿色生产的在线感知、智能分析、溯源控制、环境风险评估,是摆在全行业面前的瓶颈问题。

5. 人力资源形势紧张,智能化需求迫切

伴随着我国有色金属工业的快速发展与技术的进步,有色金属工业人力资源形势日趋紧张,主要体现在以下几点。

(1)高级技术人才短缺。有色金属工业的产业结构优化升级与新旧产能转化加快,对高技能人才提出了数量、质量和结构的要求。有色金属工业需要建设一支具有精湛技艺、掌握核心技术并具有创新能力的高技能人才队伍。但是高技能人才的总量、结构和素质还不能适应有色工业发展的需要,高技能人才严重短缺,已成为制约有色工业持续发展和阻碍产业升级的瓶颈。行业技术工人,特别是高技能人才短缺,严重制约了行业的可持续发展。产业发展快,但发展方式粗放、资源浪费严重等问题不同程度存在,缺少懂技术、会管理、能操作的高技能人才是重要原因。另外,行业高技能人才结构严重不合理。一是层次结构不合理,中、高级技师比例严重偏低。二是专业结构失衡,企业急需的采、选、冶等主要专业人才严重匮乏。三是能力结构不均衡,对新技术、新工艺掌握少。四是年龄结构老化,年轻高技能人才所占比例持续下降,随着老一代高技能人才逐渐退休,许多企业和专业原本就紧缺的高技能人才将后继乏人。多年来社会环境造成的高技能人才供给量少,市场需求量大,竞争激励的情况在短时间内也难以转变。目前,有色金属行业资源保障度不断下降,资源市场竞争力增大。矿产资源的争夺同时也是地质、测量、采矿、选矿、资源回收、深加工等专业技术人才的争夺,在资源和外部市场矿山人才同时紧缺的现状下,高价值矿产资源以及专业技术人才将成为决定企业成败的关键。有色行业需求量最大的人才主要集中在:地、采、选、冶等主专业人员,电气控制技术、机械制造及自动化、热处理技术、设备维修与管理等高级技术人才,高技能型技术工人[71]。

(2)高素质劳动力供应紧张。有色金属生产过程许多岗位往往依赖人工直接操作,由于处于高温、高酸、高粉尘等恶劣操作环境中,工人劳动强度、安全风险和健康威胁较大,岗位自身对高素质劳动力缺乏吸引力。且由于有色行业利润率低、盈利能力不足等原因,岗位待遇难以随物价水平的上升而有所提高,这进一步造成了有色工业高素质劳动力的流失[103]。很多发达地区的有色冶炼龙头企业均存在当地劳动力占比低,甚至不得不到欠发达地区招工的局面。异地员工普遍存在离职率高等问题,进一步给企业的长远发展带来了不稳定因素。有色企业正在向我国西部能源丰富地区以及境外合作地区进行产业转移布局,在这些地区高素质劳动力的供给面临着新的严峻挑战,无法满足可持续运营需求。

（3）现有工业机器人的应用受到特殊环境制约。有色行业操作环境恶劣,对于设备的耐腐蚀性、稳定性有极高的要求;有色行业操作工况动态变化复杂,操作要求苛刻,要求工业机器人具备快速的机动反应能力;从经济成本考虑,又要求生产机器人具有极高的性价比,使得常规的工业机器人难以适用。少数技术先进的有色冶炼企业对机器人的应用往往也仅停留在金属锭码垛、搬运等简单的操作领域,目前部分领域急需特种操作机器人取代难、险、重的人工操作,减少人力成本[104]。有色冶金行业的生产过程大多是在极端的生产环境下进行的,工业机器人的使用将极大地改善这一状况。有色金属生产比钢铁生产的企业规模小,非标准设备多。多种金属进行综合回收,需要多道工序和复杂的分离提纯技术。而自动化技术就可以减少工序人力物力的投入,把浪费和消耗尽量地减小。有些元素,本身就是放射性元素,也有些金属本身虽是无辐射性危害,但其矿物中含有放射性元素,如钽精矿、铌精矿、锂精矿,会对人体造成危害,而应用自动化技术,就可以避免这一不良影响。有色金属生产过程中的尘毒有较大危害,高温辐射、噪声对人体也有危害,且作业条件和生产环境差,防治职业病和环境污染任务较艰难。最大限度地减少人力的投入,才可以从根本上减小有色金属冶炼对人体的伤害。随着人工智能的进一步发展,工业机器人的智能也在不断提高,具有较高通用性、灵活性和快速反应能力的有色工业机器人的研发对于缓解劳动力压力,改善劳动岗位环境,提高产品稳定性具有重要意义[105]。

5.2　发展目标

有色冶金智能优化制造的目标是在现有有色冶金先进生产工艺基础上,充分融合工业大数据和机理知识,通过云计算、新一代网络通信和人机交互（虚拟现实等）的知识自动化技术,构建智慧自主的优化控制与决策系统,实现"产、供、销、管、控"的智慧决策和集成优化,提升企业在能耗管理、生产模式和安全环保等方面的技术水平,实现智能化、绿色化与高效化生产。

有色冶金智能优化制造的发展路线实施"两步走"战略,包括中期规划（2020—2025 年）和远期规划（2025—2035 年）。到 2025 年,基本解决有色金属工业过程控制中所面临的挑战性难题,攻克智能感知与工况识别、智能协同优化控制、生产智能优化决策等关键技术,开发形成主要有色金属生产的虚拟制造系统、安全评估与自优化系统、智能云服务平台,并在大型有色冶金企业进行相关理论方法及技术验证。到 2035 年,建立涵盖感知、协同、决策、诊断及可视化的智能优化制造服务体系,取得明显成效;形成具有世界领先水平的有色冶金智能优化制造科学理论和技术平台,依托自主知识产权的技术产品形成相关高技术产业。

5.3　发展思路与重点任务

5.3.1　发展思路

面向有色冶金绿色发展需求,通过将有色冶金先进制造与新一代人工智能技术深度融合,研制与推广具有自主知识产权的有色冶金智能自主控制系统、全流程智能协同优化控制系统、智能优化决策系统、智能安全监控与自优化系统和虚拟制造系统,取得一批重大标志性成果,实现有色冶金工业智能优化制造的快速发展。依托流程型智能工厂组织实施智能制造试点示范,鼓励铜、铝、锌等典型有色企业与装备制造商、工业软件供应商形成智能制造系统解决方案联合实施,形成可复制、可推广的经验与模式,带动核心装备、工业软件、系统集成服务等智能制造供给能力持续提升。

5.3.2　重点任务

(1)有色金属生产过程智能感知。包括复杂工艺环境下的参数智能检测分析技术、有色冶金料液多金属离子快速检测技术与装置、数据驱动的关键参数软测量技术、环境敏感因子/元素的动态迁移监控技术和机器视觉智能感知技术等。

(2)数据与知识融合的有色金属生产工况分析与评估。包括数据与知识融合的典型工况智能识别与趋势分析技术、临界条件下关键工序运行风险评估技术、生产过程异常工况诊断与调控技术、面向行业领域的知识自动化服务技术和大数据分析服务技术等。

(3)虚拟有色冶金与有色冶金过程可视化。包括冶金反应过程多相流数值仿真技术、多场耦合的数值模拟与计算技术、有色冶金过程物质能量转化的多尺度关联建模技术和全流程数字孪生和虚拟可视化技术等。

(4)有色金属生产全流程智能优化制造技术。包括工况智能分析的精细化控制技术、高价值新材料生产的多目标智能优化操作技术、全流程智能协调优化控制技术、价值驱动的有色金属制造流程智慧决策与资源优化配置技术等。

(5)有色金属全产业链绿色生产技术。包括原料组分、生产条件与有害元素产排量的定量建模技术,目标元素最大转化与污染成因溯源抑制技术,有色金属废料的跨流程循环资源化技术,敏感元素全流程定向富集分布调控技术,有色冶炼污染物环境风险预警技术,污染物代谢模拟与环境影响评估技术,有色冶炼工业园区环境智慧化管控技术等。

(6)有色金属生产工业机器人技术。主要包括机器人行为优化及自主学习技术、面向有色生产环境的特种机器人技术、具有灵巧作业能力的多臂操作机器人技术和具有协同智能感知的多机器人合作控制技术等。

(7)有色金属生产工业软件。包括有色金属生产工业互联网平台工业软件、有色金属生产工业大数据分析工业软件、基于知识自动化的有色金属生产运行优化决策系统、有色金属生产数字孪生系统和工业生产高效运维支撑平台等。

5.4　亟待突破的基础理论、方法、关键技术与系统

我国有色金属工业实现智能制造必须结合我国有色金属生产的特点和需求，不能照搬德国"工业4.0"与离散制造业智能制造的技术路线，要通过研究有色冶金智能优化制造的基础理论和关键技术，为实现有色金属工业高效化和绿色化生产提供核心支撑技术。主要从以下三方面突破有色冶金智能优化制造的基础理论和方法、关键技术与系统。

5.4.1　基础理论和方法

基础理论和方法主要包括以下内容。

1. 有色冶金过程的知识自动化理论

有色冶金过程产生大量多源的数据和信息，这些数据和信息包含着对过程建模、控制、优化和调度决策有用的知识。但知识在有色冶金过程优化运行和决策中的应用还未得到重视，主要是从数据和信息中提取知识还存在很多的难点，比如很难统一表示知识的表达模式和涵盖范围、不同工业机理、设备性能、生产运行与管理决策的知识很难进行关联、优化重组和演化，多时空重组的知识很难通过深度学习产生新知识等。因此，必须研究有色冶金生产全生命周期大数据的管理，多时空尺度知识的统一表示，生产管理大数据和经验中语义知识的自动提取，多源异构知识的关联、调和及重组，知识的深度学习及新知识发现，以及新一代知识管理工业软件等关键理论方法和技术。主要理论方法包括以下几种研究。

(1)大数据和互联网环境下有色冶金过程知识的表示与获取方法。

(2)多源异构知识的关联、重组与推理方法。

(3)知识更新、校正与协同管理方法。

2. 基于知识自动化的全流程优化方法

有色冶金过程优化运行和决策具有多层次、多尺度、多目标等特点，目前的研究工作缺乏基于全生命周期价值链的一体化优化决策，关键的难点在于如何由知识形成有色冶金生产全生命周期的价值链模型，如何基于模型分析物质转化过程的特征关系和全流程构效关系，如何基于知识实现企业经营管理决策与生产制造

过程的全局多目标优化。因此,必须研究知识与数据融合的有色冶金过程多尺度、多维度建模,全流程异质混杂模型的集成与快速模拟,高效的并行计算方法,基于知识的精细化控制、优化、调度和计划优化,需求驱动的供应链智慧决策与资源优化配置,多介质能源管理,基于知识的全流程生产运行与决策的多目标协同优化,工业过程数字化与虚拟制造等关键理论方法和技术。主要方法包括以下几种。

(1)知识与数据融合的建模、控制与优化。

(2)知识驱动的全流程优化运行和智慧决策的一体化。

3. 有色冶金多工段多目标自主协调智能决策方法

有色冶金原料矿石特性不一,生产流程长,工序复杂,掺杂湿法、火法,具有显著多工段的特点;同时,有色行业又是高污染高能耗行业,往往需同时考虑质量、环保与能耗等多类决策任务。然而,当前生产现状依然普遍单独考虑各个层面的决策问题,未进行有效协同。从整个流程来看,各个生产工序的单独决策仅能实现整个厂级的次优目标。为此,有色冶金多工段多目标自主协调智能决策亟须研究并实现全流程的协同决策机制,主要包括以下几种。

(1)多工段动态生产过程耦合机制研究。

(2)多工段多目标智能决策机制研究。

4. 智能自主体的复杂操作技能主动学习方法

针对有色行业操作环境的恶劣性,要求工业机器人等智能自主体对复杂环境具备快速的机动反应能力,目前的工业机器人以简单重复性操作为主,自主体不具备闭环鲁棒性以及难以应对突发情况,将主动学习机制嵌入至自主体以实现复杂操作技能将极大地改善这一状况。研究内容主要包括以下几种。

(1)自主体对高温,低亮度等恶劣环境下的感知。

(2)面向复杂环境的智能自主体的自主学习机制。

(3)智能自主体的智慧决策与操作控制等。

5. 多机器人合作策略和行为优化方法

有色行业的物料配送、扒渣与天车调度等流程都需要不同执行机构的机器人进行协同,而传统协同模式以程序性参数配置为主,难以应对复杂环境下的生产要求。为了实现多机器人的协同作业,需要进行多机器人合作策略和行为优化方法研究,具体包括以下几种研究。

(1)有色行业知识驱动的多机器人协同作业研究。

(2)面向有色行业的多机器人行为规划研究。

5.4.2　关键技术

针对有色冶金生产过程存在大量多源异类数据及关键特征参数、工艺指标数据不完备、生产操作复杂、生产环境恶劣等问题,具体突破以下关键技术。

1. 有色冶金物料智能检测技术

开展有色冶金料液在线自动取样制样技术、球磨颗粒的检测技术、配料成分在线检测技术、基于光谱和极谱法的离子浓度分析理论、多核并行处理的多源信息处理方法等研究工作,并研制有色冶金物料在线检测分析仪。

2. 矿物浮选过程智能感知技术

研制高质量浮选泡沫图像视觉信号采集系统,并研究浮选泡沫图像特征分析、处理泡沫状态的机器识别方法,建立基于泡沫视觉信息的浮选过程模型,从而实现对矿物浮选关键工艺指标参数的智能感知。

3. 关键参数智能软测量技术

以有色冶金过程中积累的实际生产数据和操作经验知识为基础,研究不确定及不完整的多源异类数据的预处理方法、面向大数据的过程建模方法,从而实现有色冶金过程关键参数的智能软测量。

4. 特种机器人智能操作技术

以有色冶金各类智能化技术为基础,面向动态生产环境,开发特种机器人建模与智能感知技术以及多臂特种机器人的灵巧作业设计和协同控制技术。

5.4.3　智能化系统和装备

针对典型有色冶金生产过程,探讨有色冶金生产智能优化制造的智能化系统和装备,主要包括以下内容。

1. 基于云架构的工业化与信息化综合网络系统

研究信息获取新理论与方法,建立动态仿真模型与软测量数学模型,解析各类关键复杂反应器内部的状态参量。通过采样点合理布设,结合传感器、XRF 等快速分析测试手段,通过 Wi-Fi、工业 4G 网络、ZigBee、NB-IoT 等物联网信息技术,构建基于云架构的复杂环境下有色冶金企业智能数据网络,实现数据高速传输。在有条件的企业集团构建跨冶炼企业的生产数据快速采集平台。

2. 有色生产过程智能物联网

研究各生产工序的主要物流智能标识及自动追溯方法与技术,实现物流的智能标识与跟踪;构建基于 5G 的有色生产过程智能物联网,优化物料的成分配置、仓储量与物流,实现物料管理信息化和智能化。结合对环境敏感因子的分布特征研究,设计基于资源效率和环境风险评估模型的嵌入式应用,输出关键控制参数,为智能决策、智能操控、智能运维与移动管理工业软件系统提供基础数据。

3. 典型有色金属生产数据中心与验证平台

以典型有色金属生产过程为主要研究对象,研究有色生产过程生产数据的噪声过滤技术、不完备信息处理与加工技术、多源异类信息的智能融合技术以及基于语义的数据挖掘方法,建设数据采集与处理中心(大数据仓库),构建有色冶金/加工智能优化制造验证平台,包括知识自动化与全流程整体优化软硬件系统以及虚拟冶金可视化中心,实现有色行业大数据汇集、智能优化制造关键技术验证与虚拟可视化显示。

4. 有色金属生产智能决策工业软件

当前,工业软件正从产品、技术、业务形态、产业发展模式等多维度重塑工业体系,成为我国制造业发展和转型升级的当务之急。有色金属行业长期依赖国外工业软件体系,但存在适用性差、难以维护、成本高昂、信息安全风险突出的问题,急需自主研发适合我国有色行业特点的工业软件系统。

(1)有色金属生产智能决策工业软件。基于智能工业互联网采集的海量数据与专家知识,研发智能管理、智能运营、智能维护的覆盖全供应链的敏捷决策系统。

(2)有色金属生产智能操作与运行控制工业软件。依托数据驱动和知识引导融合的方法,研发智能操作与运行控制决策系统,实现操作精细化、运控智能化的工业软件系统。

(3)智能操控与移动管理工业软件。研究关键工序的移动操控技术,实现智能工厂的移动互联网络架构,基于移动终端完成生产、设备、能源、物流信息的实时管控。

5. 有色金属生产过程数字孪生系统

研究典型工厂的三维虚拟现实实现技术,建立全过程数字化孪生系统,实现面向生产过程行为模拟的运行、管理、决策数字化、虚拟化仿真平台,实现下一代高水平人力资源技术培训支撑体系。

6. 典型有色金属生产过程智能操作机器人

复杂有色冶金生产过程中关键的生产工序往往依赖人工直接操作,处于高温、高湿度、强腐蚀的恶劣生产环境,经常存在生产操作的不及时和不准确,严重影响生产的性能指标,同时越来越高的人工成本,导致当前过度依赖人工的生产状态不可持续。复杂有色冶金生产流程关键工序的恶劣生产环境和生产状态动态变化的苛刻要求,使得常规的工业机器人难以适用。为此,研究复杂有色冶金过程关键工序的特种机器人(如换阳极操作机器人、扒渣机器人、具有复杂操作能力的智能天车、特殊物料装运特种机器人等),模拟工人的生产操作自动完成复杂的生产任务,可以提高生产过程中关键工序自动化和智能化水平,为新一代有色金属生产过程环境下的特种操作机器人提供理论指导和关键技术支撑。

5.5　发展策略与路线图

围绕有色冶金智能优化制造的重点领域,开展有色冶金智能感知技术、知识自动化的优化理论方法及智能优化制造实现技术三大关键技术体系的研究,并搭建有色冶金智能优化制造验证平台,通过典型有色冶金生产过程的应用验证,达到实现有色冶金高效性和绿色化生产的目的,发展路线图如图 5-4 所示。预计到 2025 年,在技术实施方面攻克智能感知与工况识别、智能协同优化操作、生产智能优化决策、智能操作特种机器人等关键技术;在政策保障方面围绕有色行业需求构建智能优化制造创新技术联盟,建立有色行业智能优化制造技术标准规范体系。到 2035 年,在技术实施方面建立涵盖感知、协同、决策、诊断、可视化的智能优化制造服务体系,并取得明显成效,形成具有世界领先水平的有色冶金智能优化制造科学理论和技术平台;在政策保障方面将通过政策和规划推动形成跨区域的有色行业数据和知识共享机制,形成较完善的有色行业可持续发展技术服务和政策体系。

从智能感知、全流程优化和智能优化制造实现技术进行技术实施规划,具体如下。

在有色冶金智能感知方面,开展冶金料液金属离子浓度在线检测、阳极电流分布在线检测、基于机器视觉的智能感知以及面向大数据的智能软测量等技术的研究。

(1)针对冶金料液金属离子浓度在线检测这一科学问题,考虑冶金料液痕量金属离子信号极易被高浓度基体掩蔽、特性相近离子信号重叠以及过饱和料液易结晶等问题,研究面向掩蔽峰重现的极-光谱高新测试体系与高分离度试剂优化方法、基于高效计算和特征点优化的高分辨率重叠峰解析分离方法、极-光谱信息融合与高强噪声背景下微弱信号析取方法,以及结合基体沉降的恒温多级自动取样

	当前	2025年	2035年
目标层	突破有色智能优化制造基础理论与关键技术	形成有色金属行业绿色高效智能优化制造体系 构建行业智能制造支撑平台和工业软件平台 打造行业绿色高效智能优化制造示范基地	
实施层	有色冶金智能感知 有色冶金智能优化制造实现 ·在智能感知、知识自动化、全流程优化、智能优化制造支撑平台、智能操作机器人等核心技术方面取得重要进展	有色金属工业软件 ·基本解决有色金属工业过程控制中所面临的挑战性难题,攻克智能感知与工况识别、智能协同优化控制、生产智能优化要有色金属生产的虚拟制造系系、安全评估与自优化系统、智能云服务平台	知识自动化的全流程优化 智能操作机器人 ·建立涵盖感知、协同、决策、诊断、可视化的智能优化制造服务体系,取得明显成效; ·形成具有世界领先水平的有色冶金智能优化制造科学理论和技术平台,依托自主知识产权的技术产品形成相关高技术产业
保障层	·在智能感知、知识自动化、全流程优化、智能优化制造支撑平台、智能操作机器人等重点领域培养高水平的人才队伍和创新团队	·构建有色行业技术创新技术联盟 ·建立有色行业智能优化制造技术标准体系系	·构建政策和规划推动形成跨区域的行业数据和知识共享机制 ·形成较完善的有色行业可持续发展技术服务和政策体系

图 5-4　有色行业智能优化制造发展路线图

和快速顺序制样方法,突破极-光谱联用的痕量多金属分析检测关键技术,研发在线分析检测样机,形成较系统的多金属离子在线检测理论与方法。

(2)构建高质量图像视觉信号采集系统,研究泡沫图像特征分析、处理与泡沫状态的机器识别方法,融合机理和数据建立基于泡沫视觉信息的软计算模型,实现对矿物浮选关键工艺指标参数的智能感知。

(3)基于有色冶金过程中大量的实际生产数据和操作经验知识,研究不确定及不完整的多源异类数据的预处理方法以及面向大数据的智能集成建模方法,实现有色冶金过程关键参数的智能软测量。

在有色冶金知识自动化的全流程优化方面,从有色冶金过程的知识自动化理论和基于知识自动化的全流程优化方法开展如下工作。

(1)针对有色冶金过程知识具有类型多样性、结构化与非结构化并存、强耦合性、不确定性、不完备性、不一致性等特点,研究基于语义网络、描述逻辑等的有色冶金过程知识表示方法;研究从大数据中获取有用知识以及人脑隐性知识显性化的方法。

(2)研究多源异构知识的关联方法、实现知识压缩和精炼化的知识重组方法、基于前向/反向/双向的知识推理方法与推理控制和评价方法。

（3）研究知识在线更新和校正技术，以适应实时变化的应用需求、技术发展与市场变化，并研究海量知识的存储、传输、维护和安全性技术。

（4）研究知识与数据融合的工业过程多尺度、多维度建模理论与技术，面向大规模混合整数非线性问题的高性能并行计算方法与工业软件，基于知识的主动响应、精细化控制和优化运行的理论与技术，面向柔性制造的调度与计划优化理论与技术。

（5）研究需求驱动的供应链智慧决策与资源优化配置理论与技术、全生命周期环境足迹最小化的多介质能源管理方法与技术，以及基于知识的全流程生产运行与决策的多目标协同优化理论与技术。

在典型有色冶金过程智能优化制造实现技术方面，以典型有色金属生产过程为例，通过数据采集与处理中心收集生产数据，构造有色冶金大数据仓库，依托工业物联网等新一代信息技术形成有色冶金智能优化的智能制造支撑体系和验证平台；开发形成有色金属典型工业软件系统，实现智能优化制造的核心技术；通过虚拟冶金可视化平台进行智能优化制造的实现效果展示；研究开发有色冶金生产过程特种操作机器人技术与装置，突破难、险、重体力劳动岗位的机器换人关键技术。提出的技术成果以实现有色冶金生产高效化和绿色化为目的，并在典型有色冶金过程中应用验证。

第6章　水泥行业智能优化制造的发展战略

6.1　需求分析

经过多年的快速发展,我国建材工业已成为门类齐全、规模庞大、体系完整、产品配套能力强、具有明显国际竞争力的重要原材料和制品工业,在国际市场中占据举足轻重的地位。我国建材行业主要产品为水泥、玻璃、建筑卫生陶瓷等,本章则以建材行业中产量最大的水泥工业为对象,对水泥工业的发展现状、发展目标、重点任务和发展路线图进行分析、阐述。

6.1.1　智能优化制造现状分析

1.水泥工业生产面临的挑战

水泥生产流程由紧密衔接的多个生产工序构成,每一生产过程涉及复杂的物理化学变化且难以用机理模型描述,全流程物质流、能量流呈现大惯性、非线性特征,体现为"运行信息感知难""行为特征建模难""运行管控实现难"等固有瓶颈问题。

(1)运行信息感知难。水泥生产管控需要依据过程运行实时信息作为反馈,然而受现有检测技术及煅烧过程的恶劣工况环境限制,回转窑烧成过程关键运行变量和重要质量参数难以在线实时获取,过程控制和运行优化缺少反馈信息支撑[94,106]。

(2)行为特征建模难。水泥生产过程气固相混合非均相、非稳态、非平衡、大惯性等特征,难以用机理模型描述,原料波动、设备运行状态变化常常引起生产工况条件变化,加之过程输入条件、状态变量和生产目标之间的关系十分复杂,现有数学模型不能完全描述这些关系,导致管控决策的盲目性,需要解决融合机理、经验、数据和知识的水泥生产过程和管控流程建模问题。

(3)运行管控实现难。水泥生产过程是一个多变量、强耦合、非线性、大时滞过程。水泥生产过程存在原料、燃料性质波动大的问题,大扰动导致过程运行工况难以稳定。因缺少长期稳定的生产工况过程,难以实现稳态设定点的全局优化。除此之外,水泥生产过程使用的机械设备往往需要定期维护和不定期更换,这导致了水泥生产过程连续运行周期短,无法部署长期稳定优化策略。更一般地,水泥生产运行控制和企业运营决策优化涉及流程重整、人员主观能动性发挥等因素,需要解决人机协同、知识工作自动化等问题。

而目前我国水泥工业的主要生产制造过程仍处于自动化控制阶段,生产线操作控制大多数还采用人工操作方式。随着多变量先进控制、模糊逻辑控制以及神经元网络技术的不断发展,国际知名水泥、水泥装备制造商以及控制系统制造商都在研发水泥专家优化控制系统,以实现水泥生产线中控操作的智能化。但除了中控操作智能化外,生产设备的智能管理以及基于工业大数据的智能分析应用和生产过程的精细化管理,也是智能化水泥工厂建设的核心内容。因此,水泥工业发展需要信息化和工业化深度融合,了解工艺过程、生产组织和企业运营知识,理解水泥生产过程机理、因果关系和优化控制手段,把握管控流程、调控目标原则和约束限制条件,并通过 CPS 建立数字化孪生体,在此基础上建模、仿真、优化,这是水泥生产过程优化运行需要面对的新的挑战[107]。

简而言之,国内要实现水泥生产的智能化还有相当长的路要走,要"软硬并重",即软件技术和硬件设备两手抓。硬件上,水泥企业要提升设备硬实力,包括提升现有自动化设备的能力和数据采集处理平台,重视生产线历史数据与实时数据资源的获取;软件上,需要组建一个与各专家优化系统相互联系的集成控制系统,在遇到具体问题时互为借鉴分析,主动介入,具备自我学习、自我纠错能力,让水泥生产线具有"生命"特性[108]。

2. 水泥工业智能优化制造现状分析

大力推进智能制造对我国制造业转型意义重大,并成为全球范围的共识和热点。自 2015 年以来,工信部围绕智能制造开展的试点示范、智能制造新模式与标准化工作取得较大进展。我国智能制造整体上处于国际中等水平,而建材行业更处在国内制造领域智能化水平中下游。水泥工业在过去十多年间,经历了快速并购、市场整合的发展时代,熬过了水泥板块整体低迷期,又迎来了整个市场的复苏。水泥企业应积极抓住这一向智能化转型的机遇,从创新驱动、强化基础、智能转型、绿色发展等多方面谋篇布局,从生产端、采购端、运输端多方面并行发展。

在生产端,有运用于水泥工业余热发电的冷端智能运维系统——CIMS;北京国鼎源创智能科技有限公司研发的智能专家实时控制系统——ICAPS;史密斯温特马克公司最先进的自动化水泥袋包装机系统等。

在采购端,金隅冀东水泥有限责任公司深入了解京东"亚洲一号"智能物流园先进的仓储配送流程和优质服务,并与京东进一步合作展开深入交流;华新水泥股份有限公司、甘肃祁连山水泥集团股份有限公司等企业在大宗原燃料、物资采购方面应用了集中采购平台,大大降低采购成本,提高资金效率;宁夏建材集团通过手机 APP 库存系统,实现了下属十家生产基地备品备件协同调拨,并与供应商合作打通供应链,打造虚拟仓库,基本实现零库存管理。

在运输端,海螺信息工程公司为海螺水泥若干子公司智能工厂项目提供的供销物流系统;宁夏建材集团自主开发找车网平台,实现工业企业"滴滴"找车服务,对自营车辆、社会车辆进行物流管理,并为其他第三方工业企业提供物流服务;广东塔牌集团股份有限公司的销售智能发货系统通过使用 RFID 卡流转,将整个现场流程从进厂刷卡、业务开单、称重放料、门卫收卡各阶段流程进行时时管控、防作弊、防疏漏。

可见,智能工厂建设,对于水泥企业而言,既是一个机遇也是一个挑战。其中,污染是智能工厂需要解决的第一个问题。目前建材行业污染物治理的核心在于氮氧化物治理。从氮氧化物生成机理而言,窑内温度过高是重要原因,通过智能化系统与脱硫技术融合,可以从源头大幅度降低氮氧化物的生成,对于水泥厂实现超低排放甚至近零排放具有重要意义。另外,在氨回收方面,智能控制技术与脱硝技术的融合应用也可以大幅度减少水泥厂氨水的用量。同样,在能耗方面智能制造带来的帮助将同样巨大。除了整个生产线流程的优化升级以外,更稳定的生产工况,更集约化的智能管理模式将真正地实现水泥生产能耗的最大幅度降低。以专家控制系统为例,可以根据生产线烧成系统运行情况,借助大数据对用煤量、风量等参数实施优化控制,实现水泥生产过程节能降耗。

另外,水泥工业具有高温、密闭、无间断等特性,缺乏有专业的、成熟的智能化业务解决方案和一站式智能化工厂建设的集成商。针对水泥工业整体性的智能化硬件、软件集成商较少,影响了水泥工业的智能化步伐。

虽然目前我国水泥工业装备技术基本达到世界先进水平,水泥生产的关键工艺装备已全部实现了国产化,但是在水泥生产智能化与信息化方面与世界先进水平尚有部分差距。国内外水泥企业都在朝着全面智能化的目标迈进,国外水泥装备公司和自动化公司建立了种类繁多的生产智能化控制系统、过程管理系统,并实现规模化应用,如 ABB 的能源管理软件 Knowledge Manager 和专家优化系统 cpm Plusr、Rockwell 的水泥煅烧与粉磨智能优化系统 Pavilion、FLS 的专家优化系统 ECS/Process Expert、Powitec 的窑炉火焰指示器 Pit Indicator 及煅烧智能化系统 Pit Navigator、Schneider 的能源管理与优化软件 CEMOS、Siemens 的 CML 设备预知性维护技术等。

我国在水泥生产智能化方面也做了有益的探索,取得了可喜的成绩,中国建材集团下属的泰安中联水泥有限公司 5000t/d 熟料水泥生产线的智能化控制系统,通过进厂原料、燃料自动检测计量系统、厂内物流自动管理系统、矿山智能开采系统、在线分析自动控制系统、生产线全线专家优化系统、生产现场无人值守系统、互联网远程终端管控及诊断系统等自动化智能化技术,使得工厂职工减少到 90 人,处于国内领先水平。该项目曾入选工信部"2015 年智能制造试点示范项目",并入选全球契约组织 2015"生态文明美丽家园"关注气候中国峰会"中国绿色技术创新成果"。未来,随着我国人口老龄化,通过智能化实现无人工厂是大趋势,水泥工业也将逐步实现这一变革。

另外,随着水泥工业朝着协同处置废弃物、规模化应用工业废渣等方向变革,引起生产工况复杂多变的因素呈现出不断增多的趋势,为保证生产过程稳定优化运行,也需要引入人工智能技术,提高水泥生产的智能化控制水平。

当前,在线检测技术、计算机与移动互联网技术处于突飞猛进的时期,这为建材行业向智能化和信息化转型提供了良好契机。将互联网等信息处理技术广泛应用在水泥工业技术装备上,开展多学科综合交叉研究,实现我国水泥工业从超越到引领的飞跃。根据对我国水泥工业的现状和国际水泥工业发展趋势分析,未来 20年,我国水泥工业在智能化和信息化方面将会取得长足的发展,实现水泥工厂全流程智能化生产和管理。

6.1.2　智能优化制造发展态势

1. 信息化管理与生产系统

国外很早就将先进的生产与管理技术应用到水泥工业当中去,通过这些年的研发与努力,建立起部分专家系统和数字神经网络系统。这些系统的建立促使水泥工业在生产过程中日趋信息化与自动化,能够不断提高水泥的产量与质量,提高水泥工业的竞争力,也能够为世界各个国家的建筑行业的发展奠定扎实的基础。在这方面做得比较好的有美国、英国、德国等经济较为发达的国家。据调查显示,国外信息化管理与生产主要体现在以下几方面:首先是计算机辅助制造系统、计算机集成制造系统等,这些系统实现了水泥生产过程的自动化;其次是管理信息系统、办公自动化等系统的应用促使管理决策的科学化、网络化;最后是电子商务、电子支付系统等系统的应用能够让电子商务活动信息化、网络化。如通过协同工作平台,华新水泥股份有限公司员工可轻松获取待办事项等工作相关信息,实现多部门信息的协同,解决部门沟通难题,在高效完成工作的同时,整体提升了企业内部管理水平[109]。

2. 专家优化控制系统

专家优化控制系统是基于计算机的系统软件,实现对工业过程的控制、稳定及优化。它所拥有的技术使得优秀操作员的操作法则在任何时候都可以精确、省力、持续地运用。这种知识系统通过标准化的程序规范确保了高度可靠性及维护的便捷性。专家优化的中心概念是最小化操作人员的操作负担,代之以自动导航方式来完成过程操作。一个配置了专家优化系统的生产线将会受益于系统性能从"普通操作员级"到"优秀操作员级"的转变。这意味着优秀操作员每天、每时、每刻都在进行最佳状态的操作。专家优化系统主要应包括：实现水泥厂生产过程控制的设备全自动操作，以及过程控制和操作优化。后者包括：通过智能化的优化操作和控制，降低生产线的运行和维护成本，提高生产效益；最小化风险，尽量避免因操作员错误，原材料变化，燃料质量变化，以及仪器或执行机构故障带来的风险。从水泥生产角度看，专家优化控制系统的优化方向应为：①烧成工段（预热器、回转窑及篦冷机工段），提高熟料产量，提高熟料生产的能源效率（降低热耗），稳定熟料质量；实现更优的热工学稳定性；②原料磨，产量、质量稳定性，改进整体运行稳定性；③水泥磨，改进生产的稳定性，稳定产品质量，降低电耗，改进整体运行稳定性。

专家优化控制系统的应用致力于解决以下关键问题：①帮助利用低品质或种类各异的废弃燃料；②控制工厂的排放，使其符合环保标准；③连续逼近的过程控制，消除偏移及偏移变化；④从工艺和动态工艺的角度提高窑专家知识；⑤将操作员和管理者从常规的生产过程中解放出来，从而将精力转移到一些其他重要的管理事务中去；⑥提供有效的工具和信息，以便更加客观地分析和管理生产过程；⑦增加产量从而降低生产成本；⑧提高运转率从而降低工厂的维护成本[110]。

3.设备智能在线管理系统

在工业自动化水平不断提高的今天，设备智能在线管理系统的建立属大势所趋，它的应用可以保障生产设备的正常运转，能够使生产人员及时发现设备隐患，延长设备的使用时间，同时也是企业实现信息化管理的途径，能够在真正意义上实现实时通信，为生产运行提供有力保障。根据现场生产的特点，从设备技术资料、设备日常保养维修、辅材备件等方面建立起来各类软件，都整合到设备智能在线管理系统进行调阅查看，是踏出水泥行业信息化管理、全面走向智能化的第一步。设备智能在线管理系统的主要功能包括：①整合企业各种设备维修分析及管理信息，打造一个集中式的网络平台；②业务流程电子化，建立企业设备巡检智能化管理模式；③运用巡检智能报警模块，有效地对相关设备进行分析、检修及润滑管理；④对设备运转信息图表进行多角度分析，为生产决策提供辅助。同时，设备智能在线管理系统应实现以下目标。①完善的设备状态在线监控功能。提供简单明了的设备监控报警信息，可根据后台设置阈值进行智能提醒。提供具体信息分析和历史趋势查询功能，提高设备巡检结果处理效率，便于分析决策。②支持设备维护全生命周期管理。能够从设备维护的计划、润滑和检修的全生命周期管理，给公司的设备运行管理提供有效的管理手段，给生产决策提供有力的决策依据。③基于Web组态的设备监控画面。在Web页面即可查看主要设备运转情况及历史运行轨迹，以及设备异常报警，有效提高设备运转的管理。工厂技术人员可根据工厂实际情况自行配置和修改组态画面，使整个系统更加具有灵活性和自主性。④灵活的数据接口功能。

4. 生产制造执行系统

MES 在工厂综合自动化系统中起着中间层的作用——在 ERP 系统产生的长期计划的指导下,MES 根据底层控制系统采集的与生产有关的实时数据,对短期生产作业的计划调度、监控、资源配置和生产过程进行优化。作为一种计算机辅助生产管理系统,MES 的重要使命就是实现企业的连续信息流。它包含了许多功能模块。通过实践,MES 国际联合会归纳了十一个主要的 MES 功能模块,包括工序详细调度、资源分配和状态管理、生产单元分配、过程管理、人力资源管理、维护管理、质量管理、文档控制、产品跟踪和产品清单管理、性能分析和数据采集等模块。

水泥生产制造执行系统的主要发展目标如下。①实现基础数据统一规范集成:建立统一规范的设备资产、资源、人员等主数据,用共享数据库和一体化的应用系统改变目前信息割裂和重复维护的现状。②实现信息流转和处理自动化:从计划、调度、生产到产品入库及发货,实现业务数据的自动流转和自动处理,消除大量的重复录入和手工处理。通过对生产计划与进度控制、质量控制、设备管理等功能,构建一个协同的企业管理平台,实现对生产计划、调度、资源分配、过程监控、成本计划与控制等全方位管理。③实现企业范围内的信息共享:实现人员、资产、库存等全局信息的共享。在此基础之上,增强计划对于工作的指导性。④全面提高质量管理水平:物资进厂、原料调配、质量控制等各个环节集成,记录整个生产过程中的质量信息,建立质量数据库和多维的质量分析体系,并进行持续改进。⑤为企业决策者和管理者提供有效的决策支持:提供准确及时的数据、丰富的分析和报告工具,为企业决策者和管理者提供支持。⑥建立企业的对外信息平台和交互渠道,通过企业间的在线合作,降低自身的经营成本,增强市场竞争力。

5. 面向低碳发展的智能系统

早期,国内很多水泥企业只顾眼前利益,没有考虑生态建设,造成了水污染、大气污染、资源过度开采等生态问题,这些问题严重制约着其长远发展。在国外,这种现象也曾经普遍存在。但是自从 20 世纪 70 年代以来,国外很多企业已经意识到生态保护的重要性,在生产过程中开始采取一系列措施,切实做好生态保护工作。

首先,经过研发将可燃废弃物替代自然资源。从 20 世纪 90 年代中期开始,一些企业就开始使用可燃废弃物替代自然资源,替代率高达 80%,这大大节省了资源,降低了污染指数。日本在生态保护方面做得比较到位。众所周知,日本国土面积狭小,资源短缺,因此日本多年来致力于水泥工业生产过程中的再资源化、再能源化以及环境污染管控,并取得了较大的成效。原料品位的波动不利于工况的稳定,亟须发展智能优化系统对工况参数进行优化设定。

同时,开发可燃废弃物替代燃料技术,鼓励生物质替代燃料的研发,提高水泥窑替代燃料比例,降低水泥工业化石能源的消耗和 CO_2 的排放。实施水泥窑炉热工效率提升行动,降低单位产品能源消耗和碳排放量。可燃废弃物热值低、灰分大,会对生产线的稳定运行造成影响,亟须发展抗扰能力强、具有工况预判功能的智能调控系统。

其次,开发水泥窑炉烟气中 CO_2 智能分离、回收和利用技术。加快碳资产智能管理系统建设,着力提升水泥企业碳交易能力建设,稳步推进水泥企业加入到全国碳排放权交易市场开展碳交易。

6. 新一代信息技术助力智能制造

贯彻落实制造强国和网络强国战略,通过政策引导和鼓励,进一步加快推动建材行业两化融合工作,全面推广并实现智能制造、控制、管理。深化互联网、移动互联网、工业互联网、物联网、云计算、大数据在水泥工业中的系统应用,加快两化融合技术及管理体系标准制定与推广。重点推进水泥企业信息技术的综合集成应用,实现生产制造、经营管理等过程的信息贯通。促进信息技术在节能、降耗、减排和循环经济等全方位应用,加快企业能源管控中心项目建设,推广水泥企业能效管理优化技术等。

深化智能感知技术、物联融合技术、水泥生产全流程智能协同控制技术、生产智能监测及预警技术等在生产过程中的集成应用。推进工业机器人、智能传感器、智能仪器仪表、在线检测设备、固体废弃物智能化分选装备、智能化除尘装备等应用,推进建材行业生产过程数字化、智能化、柔性化。重点支持开发适合建材行业高温窑炉和大流量传输实时监测的温度、压力、质量、流量、物料成分等传感器,实现水泥生产过程数字化、可视化。开展包装"机器代人"等专项试点,应用智能制造关键技术开展智能工厂、数字矿山、工业机器人试点示范研究等。

将工业互联网与水泥工业设计、研发、制造、营销、服务等各个阶段进行充分融合,才能提高整个系统运行安全及效率。同时加强人机融合系统的升级,在工厂内部,利用语音识别、手势控制途径、增强和虚拟混合现实、传感器数据融合等技术,使得机器接管更多人力工作。

6.1.3 典型案例

1. 全椒海螺水泥有限公司(简称"全椒海螺")

1)全椒海螺优化制造现状

围绕新时代水泥工业未来发展方向,海螺集团在全面总结探索的基础上,积极建设水泥智能工厂。历经国外考察、国内调研,并与国内外相关专业设备厂家进行了广泛和深入的交流,海螺集团在首次技术创新大会上讨论并通过海螺集团智能工厂建设方案,确定全椒海螺作为海螺集团首个智能工厂试点项目。

该项目于 2018 年 6 月份全部投入运行,总投资 6000 多万元,主要包括三大平台。

(1)智能生产平台。包括专家优化控制系统、数字化矿山智能管理系统、智能质量控制系统。该平台可实现"一键输入、全程智控"的生产模式,据此向矿山智能开采系统下达开采和配矿指令;专家优化系统则按照配料参数和品质要求在节能稳产模式下自动引导生产。

(2)运行维护平台。包含设备管理及辅助巡检系统、能源管理系统。该平台突出"稳产助优产、优产促节能、节能优环保"的特点。

(3)智慧管理平台。包含生产制造执行系统和营销物流管理系统,旨在利用工业和商业信息化的深度融合,推动工厂的卓越运营。

通过智能工厂项目的建设实施,企业打造了国内首个水泥数字化矿山、首个集成了自动取样、自动制样和采用熟料率值配料的智能质量控制系统,首个集成在线销售+智能发运+物流监控一体化销售系统,积累了关于智能制造项目自主规划设计、自主开发、项目实施推广的经验,取得一批有商业价值的知识产权。全椒海螺智能工厂项目实施后,制造执行系统实现整个制造过程信息化、可视化、无纸化和智慧化,使企业能始终以最经济、最稳定的方式生产运营。互联网+营销+物流三网合一让企业获得更强的市场竞争力。

在系统地总结国家课题示范应用的基础上,站在水泥工业领先的高度,采用自主研发与集成创新相结合的方式,运用移动通信网络、数据传感监测、信息交互集成和自适应控制等先进技术,实现专家优化系统控制、质量检测控制智能化、矿山智能调度管理、设备管理、智能物流等覆盖整个水泥生产及发运环节的全系统智能优化;努力实现工厂运行自动化、故障预控化、管理可视化、全要素协同化、决策智慧化。在海螺集团第二届科技大会上,提出在未来 3—5 年全面推广智能制造项目,重点实现以下目标:①专家优化系统全覆盖;②大型和复杂矿山实现数字化矿山管理;③成熟基地推广设备管理及辅助巡检系统;④千万吨基地上线质量管理系统;⑤分模块实施生产制造执行系统;⑥探索和开发海螺工业云中心。

通过智能工厂建设,提高资源利用率,增加产能。控制成本,提高产品的质量控制水平。优化水泥企业现有的生产指标和物流模式,尽可能减少厂内的人员配置,减少不必要的人员工资支出,提高水泥企业整体管理水平,从而增加企业管控的效益。

2) 全椒海螺水泥有限公司优化制造面临的挑战

(1)智能制造目前基本处于起步阶段,厂商掌握技术但不熟悉行业智能化的业务流程和需求,用户有需求但难以找到合适的智能制造解决方案和产品;企业的装备、技术和管理等实际情况千差万别,需求也各自不同。

(2)水泥工业属于传统流程行业,近二十年得到了快速发展,但与智能制造的要求相比,设备的检测和智能化需求还有较大差距。现场设备改造资金投入较大,并且部分改造还需要生产线停机方可进行,对生产线的运行影响较大,一定程度上影响了智能制造项目的推广。

(3)企业对智能制造的认识和管理力度不足。由于智能制造还在探索阶段,带来的效益不像传统技术改造那样立竿见影,实际实施过程中反映出运行情况不佳,投运率低等问题。为保障智能制造系统的顺利实施和长期稳定运行,需要制定与之相匹配的管理架构和管理流程。

(4)缺少相关政策,鼓励高校科研院所、设备厂商、生产企业开展智能制造相关的研究、开发和应用,给予一定的税收优惠和科研资源倾斜,提高各方推动智能制造的动力。

(5)缺乏具有企业核心技术的自主研发知识产权,在智能制造研究、开发和应用过程中产生的新技术、新产品和新应用应当及时申报知识产权。从国家层面保护创新,鼓励创新,不断提升智能制造的水平和带来的效益,将智能制造的推广和应用变成企业自发的行为。

2. 芜湖海螺水泥有限公司(简称“芜湖海螺”)

1)芜湖海螺优化制造现状

在做好全椒海螺智能工厂项目建设的同时,海螺集团积极参与国家重点研发计划项目“水泥生产智能化控制关键技术及应用”的示范应用工作,积极推动智能制造的产学研工作。项目围绕“水泥制造全流程系统的能效提升机制”“水泥制造过程快速监测与智能调控”“水泥制造全流程信息系统集成与全生命周期管理”三大科学问题。在“原料均一化技术”“制粉过程优化技术”“窑炉煅烧过程强化技术”“窑炉煅烧过程智能优化控制技术”“全流程信息化系统集成”“生产要素全生命周期管理”等技术研发方向取得突破。最终形成三条水泥生产智能化控制示范线,完成控制系统投运率、节能降耗等具体考核指标,总体技术指标达到国内领先。

该项目由西安建筑科技大学承担,钱锋院士担任项目负责人,参与单位包括西安建筑科技大学、华东理工大学、浙江大学及安徽海螺集团有限责任公司。项目于2016年10月份启动,在芜湖海螺生产线上进行了实际应用。

(1)完成智能优化控制系统(i-OCS)开发,并开展应用。

智能优化控制系统利用深度融合机理与大数据技术,使自身具有良好的工艺过程控制能力,可通过优化代理模型获得最优工况设定值,而对于异常工况有良好的预判和纠错能力,并且能够在线评估和优化控制系统自身性能,达到不断提升控制性能的效果。

　　智能优化系统包含烧成、原料磨、煤磨以及水泥磨四个子系统,控制策略充分考虑了系统的工况条件,在参数稳定的基础上,可实现自动提产;同时,控制方案兼顾了系统的安全性,在关键被控参数开始恶化时,各操作变量间实现协调切换控制,保证系统稳定运行。优化策略则以生产过程稳态模型为基础,并以系统总体能耗最低为目标。系统运行优化系统可通过设置指定的优化目标和约束条件,实现关键参数目标值的优化计算,供下层控制系统使用,智能优化系统如图 6-1 所示。

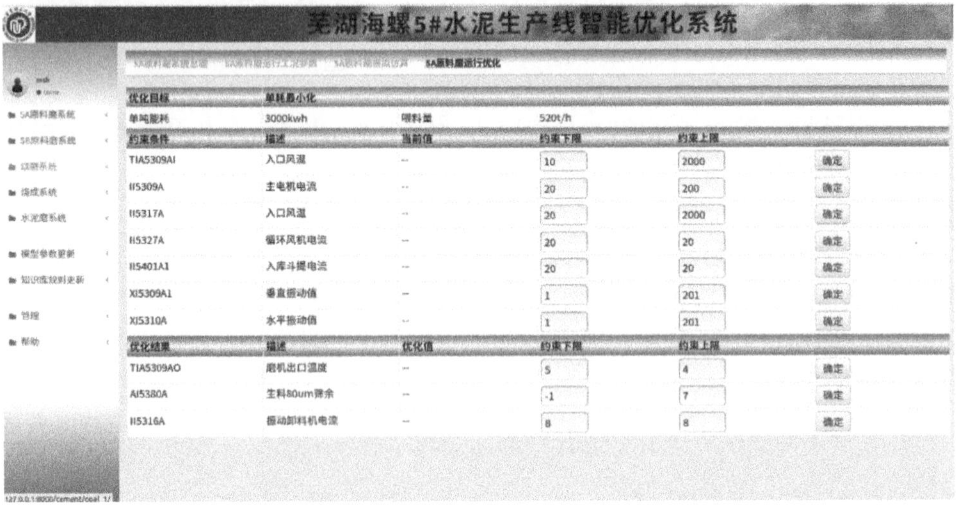

图 6-1　智能优化系统

　　(2)完成芜湖海螺综合分析平台开发,并开展应用。

　　芜湖海螺综合分析平台由水泥制造工业大数据系统、信息化系统、全生命周期的设备管理系统构成,具体如图 6-2 所示。

　　① 水泥制造工业大数据系统。

　　水泥制造工业大数据系统由实时信息平台、关系数据库、集成接口平台和工厂建模平台组成,可集成不同应用系统,形成统一的用户体系,提供单点登录功能、用户管理、消息通知等功能。一次登录即可访问各个系统,实现异构系统的统一访问,统一登录,统一界面操作等功能。通过流程图可以直接显示工艺实时数据、视频数据、生产统计报表数据、各类数据的趋势、报警及仪表盘监视等,从而实现通过流程画面集成控制系统、视频系统、设备系统、共振系统、MES 系统、ERP 系统等业务内容,简单方便,具体如图 6-3 所示。

　　② 信息化系统。

　　水泥制造生产过程中生产、设备、质量、库存、能源及安环等数据存在于不同的

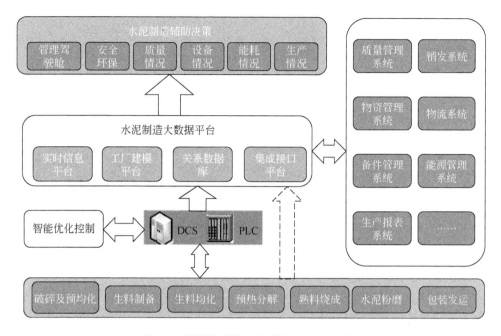

图 6-2　芜湖海螺综合分析平台系统架构图

图 6-3　大数据系统的监控界面

系统中,针对数据形式多样的现状,研究不同系统的数据通信规范和数据集成标准,开发相应的系统集成接口软件,实现多源异构数据和系统的集成。利用工业大数据平台集成现有的信息化系统,同时基于工业大数据平台开发相关的信息化系统,具体如图 6-4 所示。

③ 全生命周期的设备管理系统。

全生命周期的设备管理系统与工业大数据平台无缝集成,改变单一设备管理功能模式,与生产实时数据、手机 APP、库存管理系统、物资采购系统的数据、流程集成,实现设备、备件的日常巡检维护、隐患预测、维修工单、备件申领、费用统计、人力核算等全流程的管理。实现设备档案自动更新、历史信息自动归档、关键主机

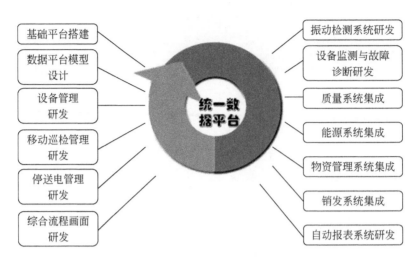

图 6-4　信息化系统的研发与集成

设备状态监测与故障诊断等功能。

　　系统投运以来,根据芜湖海螺 5♯ 生产线 2019 年 1—3 月份生产数据,5♯ 生产线回转窑、生料磨、煤磨智能优化控制系统投运率均在 95％ 左右;系统投运前,测得二三次风温分别为二次风温 1143℃,三次风温 1025℃,出篦冷机熟料温度 173℃（2017 年 4 月标定值）。投运后,对热回收效率进行计算,1—3 月份篦冷机热回收效率均值为 71.30％,较投运前提高 1.3％;熟料烧成能耗分别为 2988kJ/kg 熟料,3050kJ/kg 熟料和 2963kJ/kg 熟料,均值为 3000kJ/kg 熟料,能耗较系统投运前降低 3.22％;智能优化系统试投运以来,中控室操作员对系统的干预次数大幅减少,操作员基本以监控工况参数为主,降低了中控室操作人员劳动强度。回转窑停机 0 次;水泥磨停机 7 次;生料磨 8 次。备件成本分别为 1.04 元/t 熟料,0.94 元/t 熟料,0.97 元/t 熟料（统计范围:从预均化堆场至熟料库）。

　　2)芜湖海螺优化制造面临的挑战

　　(1)芜湖海螺智能工厂建设目前处于中期阶段,从生产线装备先进水平而言,部分生产线虽然装备水平处于行业领先,但部分执行机构的性能依然达不到先进制造的水平,需要进行配套的升级改造。资金投入较大,并且部分改造还需要生产线停机方可进行,对生产线的连续运行有一定的影响,制约了智能制造项目的推广。

　　(2)生产过程参数的检测和智能化需求还有较大差距。目前,虽然关键过程参数已实现全面检测,但由于传感器安装位置受人工因素影响较大,难以保证测量数值的准确性和一致性。需要进一步规范作业标准并发展有效的信号处理技术,实现生产工况的智能感知。

（3）制造企业缺乏与智能制造相关的高级技术人员。新技术的使用和推广,需要熟悉智能制造系统的技术人员进行操作和维护,同时需要制定与之相匹配的操作规程,才能发挥系统的最大效能。

（4）全生命周期的设备管理系统缺乏对设备故障的寿命预测。虽然目前的系统对全厂关键设备信息实现全生命周期管理,但是缺少行之有效的设备故障预测模型,暂时无法对设备寿命或故障进行预测和诊断,需要开发相关的设备故障智能诊断技术。

（5）智能化发展过程中的软件开发应用、智能化标准制定仍需完善。芜湖海螺智能工厂的建设需充分发掘行业在软件应用上的潜力,制定完善的智能化政策,打通领域、系统和内外部之间的联系,真正做到智能优化技术领先。

6.1.4　发展需求

根据发达国家和地区的发展经验,一个国家的水泥需求量,与该国的经济发展阶段密切相关,我国目前水泥产量已趋于稳定。由于我国人口数量多、建筑寿命周期短、国土面积大等特殊原因,我国在水泥消费平稳期的水泥消费量可能会较长时间保持在 15 亿吨/年以上。到 2035 年,我国水泥工业应该步入了水泥消费量平稳期,国家社会经济发展会持续保持对水泥用量的稳定需求。

1.节约能源需求

《绿色制造工程实施指南（2016—2020 年）》中提出,到 2020 年,吨水泥综合能耗降到 85 千克标准煤。而根据 2015 年的数据估算,水泥工业消耗了全国原煤能源量的 6%—7% 和全国电力能源量的 4%—5%。水泥工业作为能源消耗大户,应该承担起节约能源的责任,为国家的节能减排目标作出积极的贡献,在今后 20 年的发展中,水泥工业应注重提高能源利用效率。对旧设备进行技术改造和升级,加强水泥厂能源系统管理,研究水泥生产过程的风、煤、料智能匹配控制技术,降低水泥和熟料的单位产品煤耗和电耗;加强水泥节能技术和智能装备的研究和开发,淘汰行业落后产能,提升行业整体能源利用效率。

2.节约资源需求

水泥生产的主要原料有钙质原料、硅质原料,而钙质原料主要来源于石灰岩矿。我国是世界上石灰岩矿资源丰富的国家之一,在大多数省、自治区、直辖市均有分布。但矿产资源的储量是一个逐步探明的过程。从局部来看,目前已经有不少地区和水泥厂,出现了矿产资源用尽或即将用尽的状态,如:海螺集团白马山水泥厂早已开采到海平面以下,上海地区石灰石资源已枯竭等。针对这些情况,从节约资源、善用资源、资源可持续的角度,水泥工业在未来的发展中,应注重以下方面[111]。

(1)建设数字(智慧)矿山系统,提高矿山利用率。采用先进技术和装备,完善生料预均化处理,科学搭配高低品位矿石,最大可能利用矿石资源。例如,国内不少水泥生产线都配置了 γ 射线在线分析仪用于生料配料控制,取得了良好效果。有数据显示,加装 γ 射线在线分析仪后,石灰石 CaO 合格率平均提高了 17.6%,促进了石灰石资源的综合利用。

(2)研发智能控制系统,提高系统的抗扰性能,增加工业废渣的综合利用。目前水泥工业已经使用了较多的工业废渣,如在熟料生产中使用了电石渣、硫酸渣、铁矿渣等,在水泥生产中使用了粉煤灰、矿渣、钢渣、脱硫石膏等。为了顺应节约资源对于水泥工业的要求,应拓宽工业废渣的使用范围,大力研究低品位石灰石($CaCO_3$ 含量低于 45%)在熟料煅烧中的使用,研究煤矸石在熟料烧成中的应用。这种情况下,势必需要研究相应的智能优化算法来实现工况参数的自适应设定。

3. 环境保护需求

为了支持和履行巴黎协定,我国提交了自主贡献预案,在预案中,我国提出了以下减排目标:CO_2 排放争取在 2030 年达到峰值,并尽力实现提前达峰,为了达到以上目标,我国在预案中着重强调了在未来几年需努力构建低碳能源体系。水泥工业高耗能、高环境负荷,未来节能减排的压力会更大。经过几十年的发展,水泥工业目前最先进的生产工艺技术——新型干法生产工艺在降低熟料烧成热耗方面已经达到极限,为了进一步达到水泥工业节能减排的目的,研究和发展新的水泥生产工艺,在水泥生产技术上彻底变革,有助于实现智能优化制造。高固气比水泥熟料煅烧新工艺的发明为降低水泥烧成热耗提供了一种可能。与同规格回转窑的普通新型干法生产线相比,该技术可以将产量增加 40% 以上,热耗减少 20% 以上,单位电耗减少 15% 以上,废气中的 SO_2 排放降低 70% 以上,NO_x 排放降低 50% 以上。新工艺的施行同样需要与之匹配的智能调控技术及建模方法,以满足系统的需求[112]。

4. 信息化需求

水泥的生产制造流程涉及工艺控制、设备维护、质量监测、物料流转及存放、能源消耗、安全环保等不同业务环节,相关数据形式多样,存在于不同系统之中,同时水泥生产过程工况复杂多变,具有多层管理层级、多种生产要素、多种业务活动、丰富多样的合作形式,不同业务之间互有关联、相互影响,导致资源建模和业务建模形式呈现多样化趋势,而且常规的数据分析方法也无法满足生产管理的需求,同时水泥生产线由一系列的设备组成,其中磨机、窑炉、风机等关键主机设备的运行对生产的影响比较大。亟须研究水泥制造智能化系统集成方法,实现多源异构数据和系统的集成;研究工业大数据智能分析技术,开发水泥制造全流程工业大数据平台,实现异构数据的长周期存储、统一管理和多维度的智能数据分析;研究多分辨率建模技术和工作流技术,开发面向对象的资源建模平台以及工作流引擎,建立水泥生产、设备、质量、库存、能源及安环的数字化资源模型、多维度标准化业务网络模型,构建全流程信息化系统,进行生产要素的跟踪溯源与统计分析,实现基于工业大数据的智能分析应用和生产过程的精细化管理;研究设备故障诊断技术,开发设备全生命周期管理系统,实现水泥制造过程中的磨机、窑炉、风机等关键主机设备的状态监测与故障诊断,降低设备故障率,实现设备从进厂的设备档案到设备运行的维修维护再到设备最终的报废封存等全生命周期的规范管理,同时对备品备件进行规范化管理,控制备品备件合理库存,减少单位产量的备件成本。

5. 智能化需求

目前,我国水泥企业信息化总体上尚处于起步阶段,绝大多数水泥企业的信息化尚停留在部门级应用层面,严重影响了我国水泥业竞争力的提升。长期以来,我国水泥企业普遍对生产过程控制水平比较重视,许多大、中型水泥厂都装备了生产过程自动控制系统;但是,对业务管理信息化的重视不足。多数的应用还停留在解决部门内部问题或解决某一方面的问题,不能适应企业进一步发展对信息系统的高端需要。

在工信部下发的原材料工业两化深度融合推进计划(2015—2018 年)中对水泥工业提出,建设基于自适应控制、模糊控制、专家控制等先进技术的智能水泥生产线,实现原料配备、窑炉控制和熟料粉磨的全系统智能优化,并在工业窑炉、投料装车等危险、重复作业环节应用机器人智能操作。开展具有采购、生产、仓储、销售、运输、质量管理、能源管理和财务管理等功能的商业智能系统应用。我国水泥工业在今后二十年里,将开始逐步走入工业化和信息化两化融合的中高级阶段。从数量增长阶段,过渡到质量和效率提升的阶段,信息化和智能化是必要的手段和工作内容。

为实现该目标,首先,要注重人才的培养。水泥工业属于传统的工业,其本身存在高新技术短板。大型水泥企业在寻求智能化发展过程中普遍存在无人可用的情况。另外要提升过程的综合智能水平,降低生产线人力投入水平。尽管经过三十多年的努力,一条日产 4000 吨的熟料生产线,基本定员已经从 20 世纪 80 年代的 3000 人左右减少到目前的 300 人左右,中国建材联合会制定的第二代新型干法水泥技术指标中,日产 5000 吨规模生产线定员为 60—80 人。其次,需要提升水泥集团的综合竞争力。提升核心竞争力归根到底就是提升综合运营能力,但目前国内所有的大型水泥集团企业都面临着劳动力成本高居不下且逐年上升、技术型人才常年缺少、生产线及水泥质量稳定性有待提高等一系列问题。而智能化恰恰在这些方面能提供有效的解决方案。智能化所能解决的基础问题正是减少劳动力成本,以信息化、自动化相结合的手段代替人力劳动,为企业的经营提供决策支撑,通过智能化设备为生产制造乃至日常管理提供稳定精确的保障。

6.2　发 展 目 标

国内水泥工业经过最近十余年的高速发展,已经在装备发展领域取得了丰硕的成果,能耗和污染物排放量大幅度降低。但是,一方面水泥工业技术升级仍然存在较大空间,另一方面庞大的基数决定了水泥工业能耗和污染物排放总量仍然巨大。基于此,水泥生产过程中的污染和能耗问题一直备受社会各界诟病。

从长远看,水泥工业工程科技的发展,应面向国家经济社会发展对不同时期工程科技的需求,结合工程科技未来发展趋势,立足国情和现状,合理规划发展进程,分阶段逐步完成最终目标。力争在 2035 年,使我国水泥工业的技术装备和包括各项排放指标在内的主要经济技术指标均达到世界领先水平,完成超越引领。

1. 2025 年战略目标

至 2025 年,水泥工业在结构调整和产业升级上取得显著成效,生产集中度大幅提高;主要产业技术装备研发取得重大突破,达到世界领先水平;水泥工业现代化、智能化和技术信息一体化基本实现,主要经济技术指标、劳动生产率达到世界领先水平,70% 左右的水泥生产线达到世界领先水平;数字化矿山在较大范围内得到应用,烟粉尘、重金属、汞、NO_x、SO_x、CO_2 等污染物减排技术及装备达到世界先进水平;与 2015 年相比,规模以上企业单位工业增加值能耗降低 20%,单位工业增加值 CO_2 排放量降低 30% 左右,烟粉尘排放总量削减 35%,SO_2 排放总量削减 15%,NO_x 总量削减 45%;水泥窑协同处置等利废环保产业在技术和产业研发、产品规模、应用及政策上取得重大突破与拓展,资源能源利用效率和经济效益取得重大提升,综合利用废弃物总量比 2015 年增加 25% 以上,水泥窑协同处置生产线占总量的 25% 以上;个性化和定制化装备、产品的品种和质量均达到世界先进水平。

2. 2035 年战略目标

随着智能制造的深入,除了完成基本的能耗指标且环境污染降低,未来的水泥厂应该是全自动的工厂。水泥厂本身也应当具有自主优化选择上游原料和下游产品的能力,能够从产品的全生命周期的角度实现从采购到销售的综合信息集成;能够实现装置装备的自检功能,实现生产线的长期健康状态预估,大幅提升企业安全稳定高效生产;能够具备自我纠错、自我学习能力,通过对历史生产经营数据的分析,作出最科学、最高效的决策。

伴随水泥工艺技术装备和企业生产经营管理水平的不断提升,水泥工业国际竞争力全面提升,具备超越并引领国际水泥工业发展的能力;前10家水泥企业产业集中度达80%以上,培养造就一批世界领先优势企业,关键技术、关键装备等在国际上占据相当市场份额;国内水泥工厂90%以上将实现智能化过程控制,部分工厂实现准无人化生产,在线计量全面覆盖;绿色矿山开采全面普及,PM2.5、重金属、Hg、NO$_x$ 等污染物减排的技术和装备得到完善,碳排放和处理技术得到广泛应用;废渣和各类废弃物将成为水泥企业的伴生产业,综合利用废弃物总量比2025年增加15%以上,水泥窑协同处置生产线占总量的40%以上,水泥工业真正成为绿色无污染行业。

6.3 瓶颈问题与重点任务

6.3.1 瓶颈问题

瓶颈问题1:水泥生料来源多而杂,成分波动大而无规律。基于在线实时分析数据,研究最优生料在线配比技术是提高生料化学成分均匀性的关键。而针对熟料率值检测的滞后性,需要开发专用的快速监测系统,并融合过程机理与大数据技术研究相关参量在线软测量技术,使出磨生料成分波动水平达到入窑生料控制水平[113]。

瓶颈问题2:矿石质量检测很重要,要做到取样分析检测和在线监测的有机结合。其中取样代表性极其重要,选取的少量样品需能够代表物料的整体情况,才可在后续的装运工作中将合适的物料装运到搭配地点,实现均匀的混合。另外在有限矿车数量条件下实现最优调度,合理搭配高低品位矿石是提高劳动生产率、降低生产成本的关键。

瓶颈问题3:现有的控制策略在很大程度上仍然依赖人工技能和经验,很难实现炉窑优化操作运行,这必然带来生产运行不稳定、能耗高、热效率低、产品质量和产量波动大等诸多问题[114]。其根本原因是目前尚未挖掘出能够表达水泥熟料生产过程的重要隐性技术参数,没有精确表达复杂多相运动、传热和反应过程的数学模型。因此,针对水泥生产过程,尤其是炉窑能效优化控制方面,需要研究先进的关键变量监测手段,构建全窑系统能效分析模型,采取智能化的操作策略,这对于实现生产过程的优化控制具有至关重要的作用[115,116]。

瓶颈问题4:我国目前拥有数量巨大、品种繁多的适合于做水泥原料和混合材的工业废弃物,包括高炉矿渣、粉煤灰、煤矸石、钢渣、电石渣和赤泥等工业废渣和尾矿。据统计,废弃物每年高达25亿吨,仅具有潜在水硬活性的废渣就高达10亿吨以上。如何针对矿石资源的分布,通过智能优化配置策略,逐步有效利用这些工业废弃物,是值得研究的课题。面对当前每年 20 多亿吨的水泥产量,这些工业废弃物的总量对传统硅酸盐水泥的资源节省和潜在的替代将是个不小的数量。

瓶颈问题 5:水泥工艺为“两磨一烧”,关于“磨”,目前,我国的水泥粉磨主要使用辊压机＋球磨机,原料粉磨主要使用立式磨;关于“烧”,新型烧成方法和新型燃烧器技术会大力发展,高效低阻型预热器的改进,熟料冷却技术等都是发展重点。我国水泥工业的装备技术与国际先进水平已十分接近,在部分装备上处于国际先进水平。大型装备如辊压机、立式磨、烧成装备等已完全实现了国产化,但缺乏与之配套的智能系统优化控制系统,节能设计仍然是未来发展重点。

6.3.2　重点任务

从矿山智能开采系统、专家优化生产系统、自动化验配料系统、清洁包装发运系统、设备管理系统、能源管理系统、安全管理系统、生产制造执行系统等方面进行深入研究[117]。

1. 智能检测与感知

针对海量工况检测数据存在的信息容量大、关系复杂的特点,怎样对大量多源数据进行协同与融合是一个重要目标。包括:如何通过深度学习技术使传感器采集到的信息与工艺知识有机融合,更好地估计工况的变化态势;如何提高数据的有效利用率,服务于推理与决策,改善系统的认知性能。而在信息处理方面,排除冗余与噪声数据,降低测量数据的不确定性,提高信息的可靠性以及数据融合方法的设计等是解决系统建模、能效评估和智能优化等问题的关键。

同时,信息融合系统的开发与实现,需要借助概率统计推理方法、人工智能方法与知识库技术等,并建立统一的标准及通用的数据平台。目前,水泥工业的信号处理及融合技术仅处于检测级层次的融合,需发展出打通决策层与过程优化层的信息处理技术。同时,在水泥工业制造过程中,物理、化学反应机制与工艺流程复杂,生产制造过程产生大量的数据,这些数据和信息包含着对过程建模、控制、优化和调度决策等有用的知识。但由于制造过程的数据和信息中直接提取知识还存在很多的难点,不同设备性能、生产运行与管理决策的知识很难进行关联并优化。因此,必须研究水泥工业制造全生命周期大数据的管理,多时空尺度知识的统一表示,知识的深度学习及新知识发现,以及新一代知识管理软件等关键理论方法和技术。

2. 智能建模与数字孪生

水泥熟料烧成系统模型对于理解水泥熟料煅烧过程,改进煅烧工艺,优化控制煅烧状态,提高燃烧效率至关重要[118]。由于物理化学反应复杂,运行工况不稳定,具有强耦合性、大滞后性和强非线性等特点,存在建模难的问题。

(1)研究融合机理与数据的多模型组合优化建模方法。在水泥熟料煅烧过程中,物料流与气流相向运动贯穿于生料预热、生料分解及熟料煅烧多个阶段,各阶段既相对独立又相互影响,在不同阶段机理不尽相同,单一模型难以模拟水泥熟料煅烧的整个过程。基于水泥熟料煅烧过程机理,分阶段建立数学模型,并通过数据驱动的方法优化模型组合,以有效模拟水泥熟料煅烧过程各阶段的特性[119]。

(2)研究基于深度认知神经网络的多维度过程模型。水泥熟料煅烧过程是典型的流程工业过程,表征过程的主要参数如温度、气体浓度、生料分解率、热交换率等具有时空分布特性及不均匀性,传统的一维数学模型不能反映系统参数的分布特性。多维度数学模型能够更好地反映水泥熟料烧成系统参数的分布特性,描述水泥熟料煅烧过程的动力学特性[120]。

(3)研究基于迁移学习的水泥熟料煅烧过程智能建模方法。水泥熟料煅烧过程具有很强的连续性,对快速性和协调性要求高,特别是风、煤、料之间的协调关系,必须实时监控调整工艺参数。智能系统模型能够自适应、自学习、自动调整模型结构及参数,实时响应物理系统,适应水泥熟料煅烧过程的动态变化[121,122]。

(4)研究基于知识、数据、机理的智能混合建模方法[19]。水泥熟料煅烧过程物理化学反应复杂,难以建立精确的数学模型。随着传感器技术、计算机技术、通信技术、物联网、数据存储等技术的发展,水泥熟料煅烧过程产生并存储了大容量数据,而这些大数据中蕴含着大量的系统信息。但工业大数据具有采样不规则性、多时空时序性、强噪声混杂性,传统的数据驱动建模方法难以适应。加之水泥熟料煅烧过程部分机理尚不完全清楚,机理模型精度不足。水泥熟料煅烧过程存在诸多不确定因素,致使工况变化频繁、关键数据缺失等情况发生,严重影响数据驱动模型的可靠性。专家知识可以增强机理建模和数据驱动模型的可靠性。综合利用反应机理、操作经验和过程大数据建立智能混合模型,能够进一步提高建模精度与可靠性[120,123]。

另外,生产设备运维智能化建设还可以利用多维多尺度数字孪生建模技术,进行数字双胞胎体系建设。基于采集物理模型、传感器、运行历史等数据,开发多学科、多物理量、多尺度、多维度的仿真技术,实现虚拟空间映射。数字化建模技术系统的模型在功能结构上等价于真实的水泥生产线。通过数字孪生系统提供标准化的三维数字化虚拟空间的数据访问接口,使得企业不同层级人员可以在不同场景下随时随地获取装置、设备设施的工程设计、工艺、运行数据,提高数据可见性,实现信息的透明化;可借助设备三维模型管理焊缝、检测点等部位的全生命周期业务数据,实现设备级管理向安全要素级管理的转变。可借助设备三维模型进行设备培训,通过建立与现场机组完全一致的精细化模型,向设备人员、检修人员、操作人员提供直观、准确的认知培训和维修培训,同时可以进行实操模拟,提高管理、技术、操作人员业务水平和应变处置能力;可借助三维可视化虚拟场景,集成现场各种传感器数据,模拟人在现场巡检时的真实场景,解决大范围厂区、高危区域、恶劣天气下巡检难问题[124]。

3. 智慧决策

水泥制造过程的优化运行和决策具有多层次及多目标等特点,亟须研究水泥制造过程全生命周期的价值链模型,并基于模型分析全流程能效关系,从而实现基于知识的企业经营管理决策与生产制造过程的全局多目标优化。因此,必须研究知识与数据融合的工业过程多维度建模技术,基于知识的智能化控制、优化、调度和计划优化方法,需求驱动的供应链智慧决策与资源优化配置技术,基于知识的全流程生产运行与决策的多目标协同优化等关键方法和技术[125]。主要包括:全流程的调度、计划与决策优化的理论与技术;融合数据、图像和工艺知识的水泥生产线运行指标与生产指标预测及优化决策;需求驱动的水泥供应链智慧决策与资源优化配置理论与技术;全流程生产运行与决策的多目标知识协同优化理论与技术[126]。

4. 智能运行与自主控制

水泥工业自动化系统普遍存在着现场总线、工业以太网和信息网等多种网络形式,各层次功能相对独立,往往忽略了不同生产过程之间以及调度管理信息间的紧密联系,使大量的信息和知识得不到有效利用,无法有效实现智能优化的协同控制。因此,如何构建工业认知网络,实现多源信息的可靠互联互通、并实现协同决策和控制是值得研究的内容。

在生产资源调配环节,针对生产资源的多时空分布特性,以全面感知和智能控制为目标,重点研究生产资源的多时空数据统一表征方法,实现生产资源的动态感知和协同控制。通过建立利用统一表征数据的协同感知体系,以数据间的潜在关联关系完成信息的高效协同处理,解决生产过程资源受限、数据冗余等问题,提高网络感知能力。同时,研究和分析制造执行层与过程控制层之间的关系,实现从单机的过程控制操作到生产线宏观性能的综合,建立层与层之间的协调优化控制机制,设计具有性能保证的控制算法,从而形成基于工业大数据的、对不确定性具有感知、预估功能的智能优化控制策略[127]。

5. 智能操作机器人

未来的水泥工厂,将会是真正的无人工厂。原来一条生产线成百上千的工人会被机器人所取代,优秀的产业工人如同技术专家一样坐镇厂区,协同智能工厂的核心大脑操纵着整个厂房的运行。无人化的生产方式不仅降低了人员操作过程可能出现的误差问题,也将大幅度减少安全事故的发生。

　　针对典型的制造环节研制具有柔性感知功能的智能机械手臂,在实现程序控制的基础上能够适应数据与场景驱动用以替代人工劳动,并在工业窑炉、投料装车等危险、重复作业环节应用机器人智能操作。主要包括:智能码垛机器人、产品自动化验机器人、智能巡检机器人、无人驾驶矿车、自动清理窑皮机器人等。

　　6. 智能制造平台与工业软件

　　水泥的生产制造流程涉及工艺控制、设备维护、质量监测、物料流转及存放、能源消耗、安全环保等不同业务环节,相关数据形式多样,存在于不同系统之中,同时水泥生产过程工况复杂多变,具有多层管理层级、多种生产要素、多种业务活动、丰富多样的合作形式,不同业务之间互有关联、相互影响,导致资源建模和业务建模形式呈现多样化趋势,而且常规的数据分析方法也无法满足生产管理的需求。同时,水泥生产线由一系列的设备组成,其中磨机、窑炉、风机等关键主机设备的运行对生产的影响比较大。通过研究水泥制造智能化系统集成方法,实现多源异构数据和系统的集成;研究工业大数据智能分析技术,开发水泥制造全流程工业大数据平台,实现异构数据的长周期存储、统一管理和多维度的智能数据分析;研究多分辨率建模技术和工作流技术,开发面向对象的资源建模平台以及工作流引擎,建立水泥生产、设备、质量、库存、能源及安全环保的数字化资源模型、多维度标准化业务网络模型,构建全流程信息化系统,进行生产要素的跟踪溯源与统计分析,实现基于工业大数据的智能分析应用和生产过程的精细化管理。

6.4　亟待突破的基础理论、方法、关键技术与系统

6.4.1　基础理论和方法

　　1. 水泥生产过程智能检测与感知方法

　　国内部分先进控制系统已在水泥工业炉窑上进行大规模的应用,但是在工业炉窑的能效评估方面,大量的工业数据并没有得到有效利用,需进行以下方面的研究。
　　1)融合实际生产过程数据的熟料煅烧过程能效评估模型和提升方法
　　针对不同类型的水泥回转窑、分解炉、预热器和冷却机,在理论分析的基础上建立各子系统的纯理论能耗模型,求解出一系列重要而现场难以直接测定的隐性技术参数,作为分析和评议系统能效的科学依据。通过监测各子系统的工作参数及能耗数据,进行数据采集、生成和统计分析;以此为基础,分别建立各子系统的能

源模型,评估各子系统的能源利用效率。从系统工程的观点出发,在满足工艺生产要求及单体合理设计的基础上,研究各单体的组合特性,探讨各子系统的能效状况对全系统的综合影响,确定每个子系统能效指标的权重,建立全系统能效提升的评估模型。

2)基于大数据的工业炉窑运行工况智能评估与分析方法

针对水泥工业炉窑生产过程的特征,利用大数据方法和机器学习技术设计基于大数据的工业炉窑运行工况智能评估与分析方法。另外,考虑性能和安全指标的多源异构数据的分布式特征提取和非优工况识别方法,用以提升炉窑煅烧过程异常工况早期识别和精细工况的监测效果,以期进一步解决实际水泥炉窑系统的工况智能评估和运行工况自优化问题。

3)面向智能化控制的窑炉的工况识别方法

包括基于大数据分析和人工智能方法的工业数据聚类以及数据知识挖掘新方法;基于机理分析和人工智能方法的软测量和控制模型的构建新方法;融合以大数据解析、深度学习为代表的能效评估和工况智能识别新方法等。

2. 基于高固气比理论的炉窑燃烧场重构方法

通过开展煤粉燃烧研究、生料分解模型的研究、燃烧分解耦合问题的研究和燃烧烧结耦合问题的研究,揭示反应器内燃烧、物相反应和传热传质的耦合机制与多相运动规律,选择合适的数学模型进行模拟和仿真,并对照模拟结果优化模型得到符合实际的简化模型,指导实际工程应用。借助CFD技术优化系统各单元内的气固相流场、温度场与浓度场,进行旋风筒、分解炉、燃烧器和回转窑的流场、温度场、压力场和组分浓度场等模拟分析[119,128,129]。

1)水泥工业炉窑内煤粉燃烧动力学机理

对分解炉和回转窑中煤粉的燃烧过程、反应机制和影响因素等进行深入的研究,获得准确可靠的动力学数据,为水泥工业炉窑燃烧系统的模拟提供基础数据和参考。具体研究内容如下。①回转窑内煤粉燃烧动力学研究。采用热分析联用技术,对煤粉燃烧过程的质量、热量变化,以及释放气体产物的种类和流量进行测试和解析,并采用热分析动力学方法计算燃烧的反应机理和动力学参数(活化能、指前因子等)。②分解炉内煤粉燃烧动力学研究。采用热分析联用技术,研究不同CO_2分压下煤粉燃烧、碳酸钙分解、煤与碳酸钙共解的反应动力学参数,以及动力学参数与CO_2分压的关联关系[130]。

2)耦合热量传递、燃烧与反应的炉窑内燃烧场数值模拟

借助CFD技术对回转窑进行建模研究。一是喷煤燃烧器燃烧过程的模拟,研究喷煤管结构和操作参数对火焰热力强度、形状和燃烧效率的影响规律。二是对全窑系统的反应和燃烧进行模拟,考虑物料、窑壁、煤粉燃烧器,以及在过渡带、固

相反应带和烧成带发生的核心物理化学现象的耦合,研究燃料性质、空气过剩系数、二次风温度、内外风量比、物相成分等参数对窑内传热和反应过程的影响,并对主要参数进行优化,从而求得烟气、物料、窑内外壁沿窑长方向的温度变化规律,借此了解煅烧窑内温度分布及炉窑热工特性,为回转窑系统的优化控制提供基本的解决方案。

分析分解炉内核心的物理化学过程,剖析炉内气固两相运动、煤粉燃烧过程、碳酸钙分解过程以及两者之间的相互耦合关系,建立描述煤粉燃烧和生料分解耦合作用模型,以及描述燃烧、分解、传热和传质过程的数学模型,通过数值模拟获得分解炉内的速度场、温度场和浓度场,研究结构和操作参数对分解炉燃烧和反应效率的影响。为窑尾系统的优化控制提供基本的解决方案[131]。

3)水泥工业炉窑内 NO_x 释放规律

探索不同类型炉窑体系内对不同类型的煤粉燃烧生成 NO_x 的反应机制,分析粉料中 CaO 的浓度、烟气中 CO_2 浓度变化对煤燃烧过程中生成 NO_x 反应的影响。在悬浮态下研究活性 CaO、煤粉及煤焦对 NO_x 的还原作用,确立活性 CaO 浓度对煤粉的挥发分和焦炭还原 NO_x 反应的催化作用机制;考察煤粉的挥发分及焦炭在不同气氛条件下对窑尾烟气中进行还原的动态特性,得到分解炉内灼烧生料对 NO_x 生成和还原动态变化的影响机制,揭示分解炉中 NO_x 被大量还原的内在机理[132]。

根据熟料煅烧过程中气固反应的过程和机理,结合回转窑、分解炉及各级预热器的理论状态参数,分析进入窑系统的原料、燃料和空气中的 N 元素化学变化过程和流向,确定各设备中 N 元素的状态及含量,探讨其理论变化规律。

4)基于结构优化的燃烧场重构场分布分析与燃烧场重构

基于水泥工业炉窑内煤粉燃烧动力学基础数据,建立描述燃烧、分解、传热和传质过程数学模型,进而对工业炉窑进行全场三维数值模拟,将模拟结果和实际生产中的分解炉具体指标进行比较,验证模型建立和模拟结果的合理性。

开发炉窑装备的虚拟样机,利用线性规划、神经网络和遗传算法等工具进行基于结构优化的燃烧场重构场分布分析,提出一套分解炉和回转窑优化设计的方法。采用系统工程的方法,周密研究全系统内各组成单元相互间的制约关系和内在联系,构建全窑系统完整、严密的热效率优化模型,探明各种影响因素的内在联系,求解出符合实际并对工艺控制具有现实指导意义方案,使各子系统有效能分数最优匹配,全系统的热效率处于最佳。为炉窑煅烧系统的能效提升和智能控制系统的建设提供原理性知识。

6.4.2　关键技术

1.融合机理与数据的炉窑生产过程建模与模拟技术

1)复杂炉窑煅烧动态过程特性分析和动态建模技术

通过机理分析获得反应和煅烧过程的惯性特性和结构特征,进而分析工业过程的动态特性,以此设计数据模型的机理结构[133-135]。利用专家知识,抓住生产过程的本质规律和主要矛盾,从而确定合适的控制策略、控制系统结构和相适应的动态模型结构[136-139]。进一步基于过程大数据,利用以深度学习为代表的知识挖掘和机器学习技术挖掘数据深度信息,建立融合机理知识的动态过程模型,形成针对炉窑煅烧过程的机理分析和数据驱动相结合的建模方法[140-142],解决复杂水泥炉窑煅烧过程风、煤、料的匹配控制难题。

2)融合慢特征分析、深度神经网络的关键状态变量软测量建模技术

在原料与燃料变化、设备退化等众多频繁、不确定的影响下,研究炉窑煅烧过程中无法直接测量的关键变量——烧成带温度的软测量模型构建方法,以解决水泥炉窑煅烧过程安全、平稳、高效运行的瓶颈问题[143-146]。包括:研究融合机理分析白箱建模方法和基于数据驱动的灰箱建模方法的软测量建模方法,重点是数据驱动建模的潜变量方法研究、深度学习网络结构和学习机制[147]。动态模型需要考虑时序逻辑,在输入变量选择、深度学习网络结构及学习机制上都要研究时序逻辑的特点,能针对实际变动的过程数据识别状态并进行跟踪管理。

3)基于深度神经网络和慢特征分析的动态软测量建模技术

软测量建模本质上描述的是在闭环条件下系统整体受扰动时的动态行为,因通常获得的过程数据和状态变量是闭环运行数据,需要清楚开环的动态关系,应当探讨其闭环可辨识性等诸多问题。同时研究回转窑耐火砖脱落、窑皮状态、系统风量变化等时变效应下软测量模型的自适应智能更新机制[148-150]。

2.面向能效提升的炉窑生产过程智能优化控制技术

为建立炉窑煅烧过程智能优化控制系统,稳定生产过程,实现节能减排的目标,研究基于融合过程机理与大数据技术的相关参量在线软测量技术,综合运用自适应控制、协调控制、前馈控制及模糊控制等先进控制技术,设计控制精度高、适应性强、鲁棒性好的控制系统,最大限度地将人的智能行为引入到过程控制中,建立人机交互的智能优化控制系统,进而解决水泥回转窑过程控制难题。重点针对新型干法水泥生产过程的核心单元进行智能控制方法的研究,以提高水泥生产的效率和产品质量,从而降低水泥生产成本,提高经济效益。

　　1) 面向优化控制的炉窑煅烧系统过程机理知识库

　　从工业历史运行数据中,分析不同炉窑状态关键操作变量的调整规则及顺序,以及对炉窑产生的动态影响,构建基于炉窑历史操作经验数字化和固化的操作规则推荐及评判打分系统,为炉窑煅烧系统的智能控制系统提供丰富的过程机理知识库。进而研究基于炉窑过程模型和炉窑操作规则知识库的工业炉窑先进智能控制策略,以最优的炉窑状态估计为出发点,根据过程动态特征模型评估不同操作变量变化对跟踪设定值及满足生产指标和安全约束的影响,同时利用专家操作规则知识库对将要作出的控制决策进行合理评价,形成具有可行性和可靠性的控制决策[110]。

　　2) 工业炉窑生产过程关键参量的智能控制方法和技术

　　在新型干法水泥生产过程中,传统的基于模型的控制方法难以达到较好的控制效果。需研究利用大数据技术挖掘历史数据中蕴含的经验知识,并结合模糊推理技术,对回转窑的工况进行识别,进而根据具体的工况对生产线关键设备实施智能优化控制,避免人工设定的主观性和随意性[151]。另外,鉴于传统多回路控制方法各回路之间相互干扰,目前多采用先进控制方法对过程回路进行控制,如:最优控制方法、神经网络控制方法、模糊控制方法[152]及预测控制方法[153-155]。但是这些方法大多依赖于被控过程的精确数学模型。研发基于神经网络架构的无模型自适应控制技术,不必对复杂的生产过程进行辨识,控制器只需首次配置即可进行自动控制,大大降低了模型失配带来的不利影响。

　　3) 工业炉窑生产过程面向能效提升的优化方法和技术

　　针对工业炉窑系统高能耗、高污染的特点,研究融合智能全局优化算法和过程特征模型的新型工业炉窑实时优化技术,可降低能量消耗、提高资源利用率、减少环境大气污染,提升绿色智能制造水平。由于过程稳态模型的非线性非凸性以及各种各样的生产、安全约束的存在,实现炉窑煅烧过程实时优化问题的全局优化具有极大的挑战性。应研究以确定性全局优化算法和基于种群的智能进化算法为基础、适用于高维复杂约束问题的智能全局优化算法,实现非线性约束问题的高效在线求解。

　　鉴于确定性算法依赖于原问题的松弛模型,需要研究新型的问题松弛方法以提高确定性全局优化算法效率,避免智能进化算法优化结果具有较大随机性且难以处理高维约束问题的缺点。然后,以智能进化算法作为广泛探测空间域的手段来进行全局搜索,利用收敛到一定程度的一组解作为确定性全局优化算法的初始点再次进行局部搜索,避免确定性全局优化算法在优化空间域内松弛问题效率不高的缺点,提高收敛速度。进而,以确定性全局优化算法给出具有下界证明的全局最优点,并实施到先进智能控制器上,保证所得全局最优解的可靠性和可行性。

　　研究基于稳态过程模型的实时优化和基于非线性动态模型的先进控制策略的

集成化方法。在不同扰动变量的影响下,系统的经济性全局最优点往往具有较大差异,需要对过程的运行状态进行大幅度的调控。为了保证控制器的可实施性和系统的稳定性,研究基于经济性的控制器稳态目标在线更新策略,建立与先进控制器具有相同执行频率的转换层,对实时优化层给出的最优操作条件不断修正和更新,以使系统平稳过渡到实时优化层所指示的全局最优运行状态。

研究基于工业大数据的各类具有显著经济性影响的过程扰动变量辨识和归纳。根据对历史数据的分析,重点标识变化频繁且具有显著经济性影响的过程变量,针对此类过程变量,分析其对过程经济效能的定量影响,分别设定各变量变化幅度触发实时优化的阈值,实现优化层基于事件触发式更新机制,降低不必要的在线计算量[156,157]。

另外,水泥炉窑煅烧过程减排技术也是亟须研究的内容。包括窑系统热效率优化模型构建方法;融合实际生产能效数据、工艺参数和设备运行参数的水泥烧成系统的能效提升机制构建方法;熟料煅烧过程污染物足迹监控与智能控制新方法等。

3. 智慧矿山与原料优化配置技术

包括石灰石矿山三维数字化技术、融合大数据抽样检测与在线监测的矿石优化开采技术、矿石品位动态优化配置技术、矿车机动调度技术等。

智能配矿系统是在建立矿山地质三维模型的基础上,运用软件系统科学地计算矿区范围内各台阶、各工作面的矿石、夹石等矿岩量以及有益、有害组分的化学成分,编制矿区中长期进度计划,在中长期进度计划的基础上编制月进度计划。依据三维数字化软件系统的月采矿计划,指导爆破生产;通过爆破后取样化验的结果对三维地质模型进行更新修正;结合月开采计划、不同爆区的品位分布和资源量分布情况制定详细的日生产计划及配矿日计划;据配矿日计划及爆区品位分布情况,规划各装载设备单位时间出矿量,通过卡车调度系统指导生产,实现配矿精细化控制;对卡车运行状态进行检测;对破碎后的矿石通过在线分析仪检测反馈。同时,基于均化后的石料堆场,研究原料均一化技术及制粉过程智能优化控制方法。包括原料成分在线原位检测及最优配比技术、融合过程机理与大数据技术的相关参量在线软测量方法、融合大数据和模糊专家知识的智能粉磨控制技术等。

另外,矿山领域的科技创新将有以下几点突破。①研究、开发并使用移动式、半移动式破碎机及其输送系统,满足智能化开采的需要。②低品位矿山搭配和均化开采与在线快速分析前馈控制结合技术的开发;采用先进的技术装备,减少物料在设备和系统内的循环,建立资源管理系统。在生料质量控制方面,解决传统的滞后检测,难以实现超前控制的缺点,研发和推广前馈控制新技术。③利用数据库和计算机网络技术,大力发展矿山的企业信息化建设,达到资源共享实现高效化管理、统计、分析、远程监控,有效地保障矿山建设发展的安全性。④加强进厂原燃料的质量控制,采用高、低质矿物资源搭配使用,降低生产成本。

总之,通过数字化矿山的建立,将生产过程自动化与水泥生产线的信息化有机融合,实现信息资源共享,可以为计划管控、效能控制、成本控制等方面提供决策支持,降低能耗与事故率,安全生产,实现精细化运营。同时建立统一的数字化矿山标准和规范,加强数字化矿山安全保障和预警、高效生产以及新型传感技术与智能化高可靠装备的关键技术研究,将海量异质的矿山信息资源进行全面、高效和有序的管理与整合。加快在开采装备、开采技术和开采理念方面的不断创新,如计算机仿真技术、物联网、超前探测、利用光谱技术实现自动识别和三维雷达技术等,多学科知识的交叉应用,使矿山资源、生产、安全、经营、管理、效益和环境等环节实现高效的整体协调优化,最终实现矿山开采的安全、高效、节能及环保[158]。

6.4.3　智能化系统和装备

1. 工厂智能化系统

传统的水泥生产企业在智能化方面找到适合行业发展的切入点,提升产量降低消耗,进而利用新兴信息化技术来提升智能化应用水平,增强在全球市场的竞争力将成为迫在眉睫的任务。当前水泥生产线自动化的核心是计算机控制技术,它是计算机技术、网络技术和传统的自动化技术等相结合的产物,涉及从管理架构、运作层次乃至企业理念等多个层面,并导致了人力资源、技术资源的重新整合。为打通信息化数据孤岛,建设标准化软件系统,提高生产管理效率,适应新的竞争模式下市场,对生产和管理过程提出的高质量、高速度、高灵活性和低成本的要求,需发展具有生产过程自动化和管理信息自动化相结合的工厂自动化系统。

因此,针对上述问题和目标,通过运用模糊逻辑、神经网络理论和模型预测控制技术,将现代智能化控制与现代管理的原理融入水泥生产全过程,全面提升自动化生产控制和管理水平。而相关智能化装备研究应主要开发水泥生产能效监测控制技术、智能化运行控制技术、数字化计量分析管理技术、设备属性预测的预知性维修技术,将智能型工艺控制技术运用于现代工艺流程、物料燃料配置与消耗检测、产品质量检测、物流和经营成本计量等,实行水泥生产的全方位系统智能化管理,整体提升生产过程和管理的控制,提高运营效率与效益。最终,建设涵盖智能控制、智能管理、智能物流、智能分析和智能服务等在内的智能化水泥工厂,以此来实现水泥产业的智能制造。

在智能制造平台与软件研究方面,则包括:①水泥生产过程资源优化配置,包括粉磨、烧成一体化过程虚拟制造系统,供需匹配下的熟料及水泥成品生产计划优化与调度技术,水泥产品全周期生产成本表征与资源优化配置技术等;②水泥制造全流程信息系统集成与全生命周期管理。包括水泥制造智能化系统集成方法,基于工业大数据智能分析技术的水泥制造全流程工业平台,基于多分辨率建模技术和工作流技术的全流程信息化系统等。

MES 在工厂综合自动化系统中起着中间层的作用——在 ERP 系统产生的长期计划的指导下,MES 根据底层控制系统采集的与生产有关的实时数据,对短期生产作业的计划调度、监控、资源配置和生产过程进行优化。

水泥生产制造执行系统的主要研究内容包括以下几点。

(1)水泥制造执行系统集成方法。针对水泥制造生产过程中生产、设备、质量、库存、能源及安全环保等数据存在于不同的系统中,以及数据形式多样的现状,研究不同系统的数据通信规范和数据集成标准,提出系统集成的通信标准和数据规范,开发相应的系统集成接口软件,实现多源异构数据和系统的集成。

(2)工业大数据智能分析技术,开发水泥制造全流程工业大数据平台。针对水泥制造生产过程中数据量巨大而且不同数据之间相互影响、耦合性强等特点,研究当前主流的大数据分析技术,从中选择适用于水泥制造的分析技术,构建多维度的智能数据分析平台,同时研究数据存储和压缩技术,进而开发工业大数据平台,实现异构数据的长周期存储、统一管理和多维度的智能数据分析应用。

(3)多分辨率建模技术和工作流技术,构建全流程信息化系统。针对水泥生产过程工况复杂多变,具有多层管理层级、多种生产要素、多种业务活动、丰富多样的合作形式,不同业务之间互有关联、相互影响,常规资源建模和业务建模方式无法满足实际情况的现状,研究多分辨率建模技术和当前主流的工作流技术,开发资源建模平台和工作流引擎,建立水泥生产、设备、质量、库存及安环的数字化模型和多维度标准化业务网络模型,构建全流程信息化系统,进行生产要素的跟踪溯源与统计分析,实现基于工业大数据的智能分析应用和生产过程的精细化管理。

(4)以水泥制造过程中磨机、窑炉、风机等关键主机设备为主要研究对象,实现设备状态数据的采集、处理和存储和展示,通过研究现代智能诊断技术中的模糊数学、神经网络和专家系统等技术,结合水泥制造过程中的关键主机设备运行情况,对故障类型、产生机理、表现特征以及故障防治方法进行研究分析,实现关键主机设备的状态监测与故障诊断,降低设备故障率[159,160]。开发设备全生命周期管理系统,实现设备从进厂的设备档案到设备运行的维修维护一直到设备最终的报废封存等全生命周期的规范管理,依据设备的不同状态和生命周期,采取计划检修、预防性维修、预测性维修等不同维修维护策略,结合备品备件库存管理,对设备的维修维护过程进行全面管理,控制备品备件合理库存,减少单位产量的备件成本。

关键技术则包括:①水泥制造过程中不同系统的数据通信规范、数据集成标准及数据集成;②适用于水泥制造的大数据分析技术,建立水泥制造全流程工业大数据平台;③适用于水泥制造的资源建模平台和工作流引擎,构建全流程信息化系统。

2.高效粉磨设备和预热设备

粉磨过程电耗要占水泥总电耗的 70% 以上,目前粉磨作业的效率还比较低下,大量的能量都耗费在无用功上面,即使是在现今最先进的料层挤压粉磨理论指导下研发应用的辊压机和立式磨等技术装备,其真正用于粉磨的有用功也只有其实际消耗的 20% 左右,所以粉磨装备降低电耗的研究大有可为,新型节能粉磨装备的开发将成为发展重点。比如进行机理研究及各类工艺改进与创新,利用计算机技术仿真建立高压料床粉碎机理动态化研究模型,重点分析高压料床稳定性的影响因素,并且经实验室中间试验验证,指导工业性生产应用及粉磨装备的开发与完善;降低立式磨在超细粉磨时的喷水量,节省用来烘干物料的能源,进一步降低立式磨系统的粉磨电耗。

关于热耗方面的降低,在三个方面继续进行研究。①过去二十年里典型的水泥窑预热器系统已由 4 级增加到 5 级、6 级,借助于更合理的预热器结构设计以及气体、物料管路设计,使预热器的分离效率和气固传热效果得到改善。而未来二十年,还会针对降低热耗方面继续相关的研发。②关于新型烧成方法会有不同方向的探索,如富氧燃烧、低氮燃烧、纯氧燃烧等。③目前应用较多的第四代冷却机,较之前的技术提高了冷却机热回收率和操作可靠性,同时有效降低设备的制造成本。在此基础上,今后还会继续就熟料冷却工艺进行研发,涌现第五代、第六代冷却机[161]。

需要指出的是,只有将工业与互联网在设计、研发、制造、营销、服务等各个阶段进行充分融合,才能提高整个系统的运行效率。随着工厂自动化的升级,机器将接管更多工作,在工厂内部,利用语音识别、手势控制、增强和虚拟混合现实、传感器融合等技术将越来越普遍,因此需要着重通过人机融合,去加强工业互联网的安全及工厂未来的竞争力。

而在技术装备水平方面,以正在攻坚的"二代"技术装备创新研发与达标为牵引,实现水泥技术装备达到国际领先水平,参照"二代"提出技术装备研发的目标和达标的指标,全面推进水泥产业的技术装备创新与提升。①研发水泥窑协同处置技术与装备,专用水泥制备成套技术与装备,水泥基复合材料研发及智能制造成套技术与装备。②研发微细粉颗粒捕集、烟气深度脱硫、脱硝高效捕集及其协同控制技术与装备。并重点研发突破智能制造、清洁生产等关键技术。

6.5　发展策略与路线图

水泥工业智能优化制造的发展创新是实现产业结构调整、化解过剩产能、使水泥工业转型升级的有力保障,是我国建材行业实现可持续发展的基础。为确保完成战略目标,必须面向国家经济社会发展对水泥工业工程科技的需求,坚持以绿色化、自动化、信息化、智能化发展为主题,全面提升水泥工艺、装备技术和生产管理技术,推进水泥工业转型升级,从而不断提升我国水泥工业发展的质量和水平,力争成为占领世界水泥工业工程科技制高点、引领世界水泥工业工程科技发展的水泥强国。

1. 坚持水泥工业绿色化发展

绿色发展是水泥工业工程科技发展的轴心和立足点。水泥工业工程科技的发展必须以推进生态文明建设,实现节能减排、资源综合利用和清洁生产为重点,积极提升并推广先进生产工艺和节能减排装备技术,发展循环经济,推进利废环保产业发展,提高资源综合利用水平,努力减少 CO_2 排放,向低碳和绿色发展主题靠拢。

2. 推进水泥工业智能化发展

以进一步提高生产效率,降低资源、能源消耗以及环境保护为目的,推动"两化"深度融合。工业化和信息化的加速渗透融合,将对传统水泥产业的制造、生产、管理、物流多方面产生重大影响,催生更为先进高效的生产方式,为行业转型升级提供强大动力。智能制造围绕数字化、智能化、网络化和自动化"四化融合"主攻方向,以此作为水泥工业工程科技发展的核心突破口。通过对生产线实施先进装备技术和智能化改造,打造智能水泥工厂,是水泥工业工程科技发展的集中体现。

3. 增强水泥工业创新化发展

实施水泥工业工程科技战略,根本在于增强科技自主创新能力。必须注重一线创新人才和青年科技人才培养,着力培养和造就大批高层次创新型科技人才,结合人才引进和人才激励措施,积极推进创新团队建设;在此基础上,以产业发展的重大需求为导向,通过改革科技管理体制、改善创新政策环境和创新体系,组织多主体联合自主创新,集中力量开展科技攻关,研发拥有自主知识产权的核心技术装备,制定引导产业发展的技术标准,持续推进水泥工业工程科技发展。

总体而言,智能制造对于水泥企业来说,既是机遇也是挑战。随着水泥工业节能环保压力的增加,产业升级步伐的加快,智能制造的趋势也将日益清晰。而伴随着相关智能技术的进步,企业布局智能制造的意识不断提高,因智能制造带来的红利效益不断显现,水泥智能制造也定会取得更多的突破性成就。未来的水泥工厂,可能将是一个真正的无人工厂。无人化的生产不仅降低了人员操作过程可能出现的误差问题,还将大幅度减少安全事故的发生。未来的水泥工厂将是真正意义上的高科技企业,而这种趋势随着节能环保压力的增加,产业升级步伐的加快,也将日益清晰。

至 2025 年,面对水泥生产行业的能源、资源、环境保护、水泥品种多样化、高质量水泥比例以及智能化水泥工业等多方面、多层次的需求,我国水泥生产行业需根据目前实际情况加强产学研合作联动,增加科技研究投入。在水泥窑协同处置技术、水泥制造过程污染物形成机理及控制方法,以及水泥生产工艺模型与智能化控制理论研究等领域夯实基础并深入研究,着力突破水泥生产关键质量指标智能预测技术、炉窑系统动态特性智能识别技术、水泥窑协同处置成套技术、水泥生产各工段智能化控制,以及水泥生产线智能化生产管理技术等各专项技术。通过水泥智能制造示范生产线重大工程的不断前进与实践,力争完成新型煅烧工艺装备技术研发、主要污染物减排、水泥协同控制优化技术开发、水泥工业技术装备和生产经营管理水平达到世界领先水平等阶段重要任务。

至 2035 年,面对可能依旧存在的水泥工业能源与资源利用效率不高、环境保护意识尚需提高、水泥品种多样化程度不足的产业背景,应加强政策引导,加大科技投入和政府扶持力度,推进国际合作。深入碳捕集、运输、资源化利用与封存技术的基础研究,加强矿山生物多样化保护、碳捕捉与储存、产业个性化和定制化产品生产,深入并推广低温煅烧水泥反应机理、低碳水泥生产工艺理论、矿山复原及资源综合利用技术,开发推广水泥生产全厂智能化控制等技术应用的实施投用。通过碳捕捉、运输、资源化利用与封存技术研发重大科技专项与碳捕捉、运输、资源化利用与封存技术示范线建设、低温煅烧新工艺线建设,以及低碳水泥示范工程重大工程的落实与发展,针对智能水泥制造示范线推广、低碳水泥生产技术示范线建设,以及碳捕捉和储存技术应用示范线建设等实际任务需求,加强产学研各方面投入,全方位地促进水泥产业的进一步现代化发展,以实现水泥工业国际竞争力全面提升,超越并引领国际水泥工业发展;水泥工厂 90% 以上实现智能化过程控制,部分工厂实现准无人化生产,在线计量全面覆盖;碳排放处理技术得到广泛应用,主要污染物减排的技术和装备更加完善,综合利用废弃物总量比 2025 年增加 15% 以上,水泥窑协同处置生产线占总量的 40% 以上,使水泥工业成为绿色无污染行业,具体如图 6-5 所示。

	2025年	2030年	2035年
目标层	水泥生产过程高效化	水泥生产过程绿色化	水泥生产过程智能化
	水泥生产智能化控制优化技术研发		水泥智能化生产技术的推广和应用
实施层	·工艺模型及智能化控制理论；污染物形成机理及控制方法；煅烧过程动态特性智能识别技术；产业个性化和定制产品生产技术；关键产品质量参数智能预测技术；生产计划智能决策关键技术；水泥窑协同处置及原燃料替代技术		·水泥制造过程工况智能感知；协同优化控制、智能推断决策、智能评估及诊断、可视化的智能优化制造技术；数字化矿山及矿山复原和资源综合利用技术；低碳水泥生产工艺理论及技术；低温煅烧水泥反应机理及低温煅烧技术；水泥生产过程碳排放机理及捕捉和存储技术
保障层	·加强产学研合作，增加科研投入，推进国际合作 ·夯实基础并深入研究，着力工程应用方面取得突破 ·制定保障智能制造系统顺利实施的管理架构和流程	·保护创新，鼓励创新，从而不断提升智能制造的水平和带来的效益 ·给予一定的税收优惠和科研资源倾斜，提高各方推动智能制造的动力	·培养和造就大批高层次创新型科技人才，建设创新团队 ·研发拥有自主知识产权的核心技术装备，制定引导产业发展的技术标准，持续推进水泥工业工程科技发展

图 6-5　水泥工业智能优化制造发展路线图

第7章　我国原材料工业智能优化制造的政策建议

通过几十年的发展,我国原材料工业取得了长足的进步,但其总体运行情况依然存在如下问题:①低端产能严重过剩,高端产能供给不足;②高端材料依赖进口,原始创新不足,核心技术缺失;③企业普遍获利能力差,资产回报率不如国际先进企业;④环境问题突出,绿色化制造滞后;⑤企业发展不均衡,发展质量差距较大。大数据、人工智能等现代信息技术必将带来原材料工业生产、管理、营销模式的变革,促使我国原材料工业"由大变强"。但目前,我国原材料工业在智能化方面存在如下不足:①生产过程中的工况判断、趋势分析和控制决策依靠人工经验判断的现象仍较为普遍,智能化率不足;②缺乏全流程、全生命周期的智能化制造技术;③关键产品的智能感知与实时检测技术与装备不足;④生产过程中的数据采集率和利用率有待进一步提高;⑤缺乏智能制造系统架构;⑥各种工业分析和优化软件依赖国外产品,软件产品的国产化率严重不足;⑦高端人才储备不足,智能装备维护机制不健全。

鉴于原材料工业在国计民生中的战略地位,结合国内外制造业发展态势和我国国情,提出如下建议。

7.1　原材料工业未来产业政策导向建议

1. 继续缩减过剩低端产能,推动原材料行业高质量发展

坚持质量第一、效益优先的发展态度是我国经济发展在新时期的"指路灯"。在国家经济转入高质量发展的攻坚期,做好过剩低端产能的"减法"仍将是未来原材料行业的重要任务。未来的原材料产业政策仍将利用环保、节能、质量、安全等法治化政策严格落实产能退出和置换,进一步规范落后产能的退出与置换细则,避免重复置换和僵尸置换等现象发生;与此同时,市场化的去产能政策也逐步推广,引导低端产能有序退出,激励留存产能进行技术创新和升级,推动行业高质量发展;此外,相关政策还将继续支持高端原材料产品的开发、生产和应用,提升生产环节和产品应用环节的清洁技术含量和效率技术含量。

2. 大力支持技术创新,提高原材料行业附加值水平

原始创新不足、核心技术缺失是阻碍原材料行业迈向高质量发展的一大障碍。

因此,未来的原材料产业政策仍将继续鼓励原始创新、集成创新和引进消化吸收创新,推动新技术、新工艺的研发应用,尽快形成一批带动原材料工业发展的核心技术。具体地,原材料产业的高新技术应用将围绕信息产业、生物工程、航空航天、海洋工程、新型能源、交通运输、建筑工程等高新技术和支柱产业的发展进行;进一步加强"政产学研用"的产业创新体系契合度,提升企业研发投入占主营业务收入的比重,力争在高端精深加工、智能制造、资源综合利用等基础共性技术和产业化技术上实现重大突破;在工业化和信息化深度融合的背景下,未来产业政策也将推动生产型制造业向服务型制造业转变,培育新型生产方式和商业模式,拓宽原材料产业发展新空间。

3. 推进原材料行业循环经济发展,提高资源利用率

环境破坏严重、能源约束趋紧是我国经济连续数十年高速增长的现实代价。原材料行业面临的禀赋约束尤为明显,亟须得到突破。在经济增长与环境压力、资源约束的矛盾下,加大对资源综合利用产品的财税支持力度,对于大力发展循环经济,稳定国内原材料供应,保持产业健康可持续发展具有十分重要的意义。因此,未来原材料行业的财政税收政策优惠将进一步对城市矿山等循环经济企业加大扶持力度。

4. 构建废弃物综合利用产业规划,缓解资源瓶颈

随着环境和资源压力的不断加大,工业废弃物排放已影响并制约着原材料行业的高质量发展。不断提高工业废弃物综合利用水平,不仅对缓解资源瓶颈压力,培育新的经济增长点具有重要意义,而且也是进一步延伸产业链,构建产业链"闭环"发展模式的重要途径。因此,未来产业政策还将增加废弃物综合利用的产业规划建议,鼓励企业对工业废弃物进行综合利用,不断提高工业废弃物综合利用技术水平、装备能力、应用规模和效益等,实现废弃物的再产品化。

5. 依托国家发展战略,支持企业"走出去"

境外资源开发受所在国家政治、经济、文化等影响较大,困难多,风险高。国家将多方位支持资源开发国际合作,鼓励具有实力的企业参与国际资源开发和并购,以"一带一路"沿线国家为对外投资地,化解国内过剩低端产能,突破资源约束,保证国家资源供应安全。

7.2　原材料工业智能优化制造的科技发展政策建议

1. 鼓励企业智能化改造,提高行业智能化率

原材料工业企业发展质量存在较大差距,许多企业生产过程中的工况判断、趋势分析和控制决策仍需依靠人工经验,缺乏全流程、全生命周期的智能化制造技术,关键产品的智能感知与实时检测技术与装备不足,智能化率亟须提升。因此,未来有关工业智能化的科技政策应当积极鼓励企业推动智能化改造,制定弱势企业智能化帮扶计划,推动原材料行业整体智能化水平提升,实现生产过程的智能化和精细化。

2. 加快实现工业过程数据采集,利用大数据支撑智能优化制造

大数据时代离不开海量数据的支撑和应用。充分利用原材料工业在生产过程创造出来的海量数据(如能耗、温度、反应状态等)有利于挖掘进一步提高生产效率的可能。在工业生产过程中,大数据支撑着智能优化制造的改进;在工业供应链管理、质量管理等过程中,同样离不开大数据对工业过程的优化改进。因此,未来在推动工业过程智能化的过程中,应当注重多维数据的采集,对工业过程进行实时监测与分析,从而实现工业过程的实时优化。此外,企业间,特别是产业链上下游关联企业间也应当积极构建数据共享关系,将投入产出的关联数据化,从而共同制定更优化的生产计划。

3. 聚焦"卡脖子"技术,系统规划需要解决的关键问题,确定优先发展领域

集中力量办大事,攻破智能化"卡脖子"技术,是实现工业生产体系自主智能化的重要途径,也是维护国家原材料产业安全的重要保障。未来在攻克"卡脖子"技术方面,应结合原材料工业和下游战略性新兴产业的发展基础、规模、增速和未来增长潜力,以需求为导向,由政府组织技术需求侧和供给侧各领域的专家,从基础研究到技术创新再到工程应用逐个分析产业链条,寻找需要突破的关键理论和核心技术瓶颈,厘清哪些地方被卡住了脖子,系统规划哪些核心技术需要重点突破,确定优先发展领域。

4. 整合科技资源,研发一批具有全局性影响、带动性强的原创性关键技术、软件和系统

智能装备软件系统、数据分析软件及过程优化软件等依赖国外产品,严重制约我国原材料工业生产的智能化进程。对此,需要协调、整合各类国家科技资源,合

理配置人、财和物等创新要素,加强对原创性、系统性、引领性创新研究的支持,设立重大基础研究基金、科技专项和创新载体,研发一批具有重大影响的核心技术和系统,加大国产软件和系统的研发投入。例如,依托长三角组建"国家石油基清洁能源与高端材料制造创新中心",加强石化产业链的协同创新和世界级产业集群建设区域合作,大力推进具有自主知识产权的核心技术、软件和系统的研发,引领石化产业的高质量发展,将长三角区域(杭州湾)打造成为中国版的"墨西哥湾"。

5. 建立国家级创新平台,构建智能制造标准体系,进行"原材料工业智能优化制造"的顶层设计与战略布局

建议组织原材料工业龙头企业、大型信息集成商、高校院所各方面的专家与团队建立原材料工业智能优化制造国家创新平台,推动原材料工业智能制造标准体系构建,并针对我国原材料工业"去产能、去库存、去杠杆、降成本、补短板",统筹石油、化工、钢铁、有色、建材等行业发展,研究新时代原材料工业智能优化制造的内涵与挑战、智能转型和绿色发展的思路、目标及重点任务、重点工程科技问题、重大关键技术及实现路线图等。加强原材料工业企业智能优化制造、智能工厂创新和科学发展的评价体系。

6. 加大工程科技人才培育力度,建立健全科研评价机制

随着原材料行业智能化水平的不断提升,智能设备的运行、管理、维护以及智能化软件平台的深度开发能力尤为重要,但行业内的"生产+科研"复合型人才储备严重缺乏,无法做到生产与科研的无缝结合。未来应当加大对科研人才的生产技能培育并加大对生产线技术人才的科研能力培训,做好复合型人才储备工作,助力行业智能化发展。此外,还应积极探索以代表性成果、标志性成就和原创性贡献为主要内容的科研评价机制,营造良好的创新环境。培养造就一批具有国际化水平的工程应用型人才、战略科技人才、科技领军人才和高水平创新团队。

参 考 文 献

[1] 中国石油和化学工业联合会. 2018 年中国石油和化学工业经济运行报告[R]. 北京：中国石油和化学工业联合会, 2019.

[2] 戴厚良. 我国石油化工行业发展面临的机遇、挑战及其技术进步战略[J]. 石油炼制与化工, 2012, 43(9)：1-4.

[3] Zeng C, Hu Q. 2018 petroleum & chemical industry development report[J]. Chinese Journal of Chemical Engineering, 2019, 27(10)：2606-2614.

[4] 李寿生. 开创下一个未来—中国石油和化学工业 2030 年展望[M]. 北京：化学工业出版社, 2018.

[5] 国家节能中心. 2019 中国能源化工产业发展报告[J]. 资源节约与环保, 2019, 206(1)：6-7.

[6] 白颐. "十四五"我国石化和化工行业高质量发展分析[J]. 化学工业, 2019, 4：1-5.

[7] 赵武壮. 面向新时代的中国有色金属工业[J]. 中国有色金属, 2018, (2)：34-35.

[8] 工业和信息化部原材料工业司. 2018 年有色金属行业运行情况及 2019 年展望[J]. 中国有色金属, 2019, 6：24.

[9] 前瞻产业研究院. 2019—2024 年中国有色金属行业市场前瞻与投资战略规划分析报告[R]. 北京：前瞻产业研究院, 2019.

[10] 智研咨询集团. 2019—2025 年中国铝材加工行业市场发展模式调研及投资趋势分析研究报告[R]. 北京：智研咨询集团, 2019.

[11] 前瞻产业研究院. 2019—2024 年中国铜材市场需求预测与投资战略规划分析报告[R]. 北京：前瞻产业研究院, 2019.

[12] 王华俊. 新中国成立 70 周年有色金属工业取得辉煌成就——建立了完整的有色金属工业体系, 正由有色金属大国向强国阔步迈进[J]. 中国有色金属, 2019, 18：26-31.

[13] 赵静宇, 刘鹏飞, 赵汗青. 有色金属自动化技术与应用[J]. 世界有色金属, 2016, 24：213-214.

[14] 前瞻产业研究院. 2019—2024 年中国有色金属行业市场前瞻与投资战略规划分析报告[R]. 北京：前瞻产业研究院, 2019.

[15] 张念. 守正笃实 共度时艰——回顾 2018 年的中国铝行业[J]. 中国有色金属报, 2019, 4223.

[16] 彭勃. 2018 年我国有色金属工业销售收入前 50 名企业名单公布[J]. 中国有色金属报, 2019, 4288.

[17] 周济, 李培根, 周艳红, 等. 走向新一代智能制造[J]. Engineering, 2018, 4(1)：11-20.

[18] 潘云鹤. 人工智能走向 2.0[J]. Engineering, 2016, 2(4)：409-413.

[19] 钱锋, 杜文莉, 钟伟民, 等. 石油和化工行业智能优化制造若干问题及挑战[J]. 自动化学报, 2017, 43(6)：893-901.

[20] 龚燕,杨维军,王如强,等. 我国智能炼厂技术现状及展望[J]. 石油科技论坛,2018,37(3)：28-33.

[21] 严刚. 建设九江石化特色智能工厂[J]. 中国科技信息,2014,(1)：190-191.

[22] 梅辽颖,陈彬. 镇海炼化：插上智能的翅膀[J]. 中国石油石化,2016,11：54-55.

[23] 张志檩. 世界石油化工智能化生产技术的发展与展望[J]. 当代石油石化,2005,13(12)：7-10.

[24] 解怀仁. 石油化工智能化工厂的演变[J]. 自动化博览,2017,(S1)：34-40.

[25] 罗敏明. 流程企业智能制造实践与探讨[J]. 石油化工建设,2016,38(1)：16-18.

[26] 覃伟中. 传统石化企业的智能工厂建设探索[J]. 中国经济和信息化,2016,(1)：38-43.

[27] 钱锋. 智能优化制造：流程工业转型发展的关键[J]. Engineering,2017,(2)：7-8.

[28] 钱锋,钟伟民,杜文莉. 流程工业智能优化制造的基础理论与关键技术[J]. Engineering,2017,3(2)：154-160.

[29] 柴天佑,丁进良. 流程工业智能优化制造[J]. 中国工程科学，2018,20(4)：59-66.

[30] 钱锋,杜文莉,钟伟民,等. 石油和化工行业智能优化制造若干问题及挑战[J]. 自动化学报,2017,43(6)：893-901.

[31] 安筱鹏. 重构数字化转型的逻辑[M]. 北京：电子工业出版社,2019.

[32] 李杰. 工业大数据：工业 4.0 时代的工业转型与价值创造[M]. 北京：机械工业出版社,2015.

[33] 智能制造发展规划(2016—2020 年),2016 年 12 月.

[34] 王国栋. 钢铁全流程和一体化工艺技术创新方向的探讨[J]. 钢铁研究学报,2018,30(1)：1-7.

[35] 王国栋. 加强钢铁行业与装备制造业协同创新推进钢铁行业转型升级与绿色发展[J]. 冶金设备,2016,(4)：1-10.

[36] 袁国,孙杰,付天亮,等. 高质绿色化发展趋势下轧制技术的创新实践[J]. 轧钢,2021,38(4)：1-9.

[37] 中华人民共和国国家质量监督检验检疫总局,中国国家标准化管理委员会. 工业自动化系统与集成制造执行系统功能体系结构(GBT 25485—2010)[S]. 2010.

[38] 中华人民共和国信息产业部. 企业信息化技术规范制造执行系统(MES)规范(SJ/Z11362—2006)[S]. 2006.

[39] 中华人民共和国国家质量监督检验检疫总局,中国国家标准化管理委员会. 企业资源计划第 3 部分：ERP 功能构件规范(GB/T 25109.3—2010)[S]. 2010.

[40] 李慧莹,柴天佑. 钢铁企业扁平化管理模式下的 CIMS 体系结构[J]. 东北大学学报：自然科学版,2002,23(8)：746-749.

[41] 孙彦广,梁青艳,李文兵,等. 基于能量流网络仿真的钢铁工业多能源介质优化调配[J]. 自动化学报,2017,43(6)：1065-1079.

[42] 王伟,吴敏,曹卫华,等. 基于组合灰色预测模型的焦炉火道温度模糊专家控制[J]. 控制与决策,2010,(2)：185-190.

[43] Lei Q,Wu M,She J. Online optimization of fuzzy controller for coke-oven combustion

process based on dynamic just-in-time learning[J]. IEEE Transactions on Automation Science Engineering,2015,12(4):1535-1540.

[44] 周济. 智能制造——"中国制造2025"的主攻方向[J]. 中国机械工程,2015,26(17): 2273-2284.

[45] 孙彦广. 钢铁工业数字化,网络化,智能化制造技术发展路线图[J]. 冶金管理,2015,(9): 4-8.

[46] 陈龙,刘全利,王霖青,等. 基于数据的流程工业生产过程指标预测方法综述[J]. 自动化学报,2017,43(6):944-954.

[47] 刘强,秦泗钊. 过程工业大数据建模研究展望[J]. 自动化学报,2016,42(2):161-171.

[48] 王国栋. 钢铁行业技术创新和发展方向[J]. 钢铁,2015,50(9):1-10.

[49] 孙彦广. 钢铁工业智能制造的集成优化[J]. 科技导报,2018,36(21):30-37.

[50] 王新东,王国栋. 以产学研用协同创新新模式助推钢铁行业技术进步[J]. 钢铁,2017,(7): 1-8.

[51] 殷瑞钰. 关于智能化钢厂的讨论——从物理系统一侧出发讨论钢厂智能化[J]. 钢铁, 2017,52(6):1-12.

[52] 柴天佑. 工业过程控制系统研究现状与发展方向[J]. 中国科学:信息科学,2016,46(8): 1003-1015.

[53] 戴晴华,易迪升,田文胜,等. 虚拟制造技术及其在工程机械中的应用[J]. 中国工程机械学报,2010,8(2):184-189.

[54] 周新建,潘磊. 基于数字化工厂的虚拟制造技术[J]. 机械设计与制造工程,2006,(7): 111-113.

[55] 焦可如,张志军,王晓琴. 虚拟制造技术及应用研究[J]. 制造业自动化,2012,34(19): 67-69.

[56] 王颖,董磊,张旭. 唐钢全流程质量管理系统的应用[J]. 冶金自动化,2017,(3):20-22.

[57] Worapradya K,Thanakijkasem P. Optimising steel production schedules via a hierarchical genetic algorithm[J]. South African Journal of Industrial Engineering,2014,25(2): 209-221.

[58] Hao J,Liu M,Jiang S,et al. A soft-decision based two-layered scheduling approach for uncertain steelmaking-continuous casting process[J]. European Journal of Operational Research,2015,244(3):966-979.

[59] Yu S. A prediction method for abnormal condition of scheduling plan with operation time delay in steelmaking and continuous casting production process[J]. ISIJ International, 2013,53(6):1028-1041.

[60] Peng K,Pan Q K,Gao L,et al. An improved artificial bee colony algorithm for real-world hybrid flowshop rescheduling in steelmaking-refining-continuous casting process[J]. Computers Industrial Engineering,2018,122:235-250.

[61] Tang L,Zhao Y,Liu J. An improved differential evolution algorithm for practical dynamic scheduling in steelmaking-continuous casting production[J]. IEEE Transactions on

Evolutionary Computation,2013,18(2)：209-225.

[62] Yu S, Chai T, Tang Y. An effective heuristic rescheduling method for steelmaking and continuous casting production process with multirefining modes[J]. IEEE Transactions on Systems,Man,Cybernetics：Systems,2016,46(12)：1675-1688.

[63] 俞胜平,柴天佑. 炼钢-连铸生产启发式调度方法[J]. 控制理论与应用,2016,33(11)：1413-1421.

[64] 刘强,卓洁,郎自强,等. 数据驱动的工业过程运行监控与自优化研究展望[J]. 自动化学报,2018,44(11)：1944-1956.

[65] Jäschke J, Cao Y, Kariwala V. Self-optimizing control：A survey[J]. Annual Reviews in Control,2017,43：199-223.

[66] 周东华,李钢,李元. 数据驱动的工业过程故障诊断技术——基于主元分析与偏最小二乘的方法[M]. 北京：科学出版社,2011.

[67] 王国栋. 近年我国轧制技术的发展,现状和前景[J]. 轧钢,2017,(1)：1-8.

[68] 刘强,卓洁,郎自强,等. 数据驱动的工业过程运行监控与自优化研究展望[J]. 自动化学报,2018,44(11)：1944-1956.

[69] 张曙. 工业 4.0 和智能制造[J]. 机械设计与制造工程,2014,43(8)：1-5.

[70] 任嘉祥. 有色金属工业环保问题及可持续发展研究[J]. 世界有色金属,2016,(9)：136-137.

[71] 史雪琳. 云南有色金属行业人才供给分析[J]. 现代商贸工业,2017,38(19)：96-97.

[72] 桂卫华,阳春华. 复杂有色冶金生产过程智能建模、控制与优化[M]. 北京：科学出版社,2010.

[73] Wang X, Gui W, Yang C, et al. Wet grindability of an industrial ore and its breakage parameters estimation using population balances[J]. International Journal of Mineral Processing,2011,98(1-2)：113-117.

[74] Xie Y, Wei S, Wang X, et al. A new prediction model based on the leaching rate kinetics in the alumina digestion process[J]. Hydrometallurgy,2016,164：7-14.

[75] Li Y G, Gui W H, Yang C H, et al. Soft sensor and expert control for blending and digestion process in alumina metallurgical industry[J]. Journal of Process Control,2013,23(7)：1012-1021.

[76] Xie Y F, Xie S W, Li Y G, et al. Dynamic modeling and optimal control of goethite process based on the rate-controlling step[J]. Control Engineering Practice,2017,58：54-65.

[77] Jakubowska M, Bas B, Kubiak W W. End-point detection in potentiometric titration by continuous wavelet transform[J]. Talanta,2009,79(5)：1398-1405.

[78] Ünal Ü, Somer G. A new and very simple procedure for the differential pulse polarographic determination of ultra trace quantities of tungsten using catalytic hydrogen wave and application to tobacco sample[J]. Journal of Electroanalytical Chemistry,2012,687：64-70.

[79] Gręda K, Jamróz P, Pohl P. The improvement of the analytical performance of direct current atmospheric pressure glow discharge generated in contact with the small-sized liquid

cathode after the addition of non- ionic surfactants to electrolyte solutions[J]. Talanta, 2013,108: 74-82.

[80] Yang C,Gui W,Kong L,et al. Modeling and optimal-setting control of blending process in a metallurgical industry[J]. Computers and Chemical Engineering,2009,33(7): 1289-1297.

[81] Yousefi S M,Shemirani F. Selective and sensitive speciation analysis of Cr(VI)and Cr(III) in water samples by fiber optic- linear array detection spectrophotometry after ion pair based-surfactant assisted dispersive liquid:liquid microextraction[J]. Journal of Hazardous Materials,2013,254: 134-140.

[82] Komulainen T, Pekkala P, Rantala A, et al. Dynamic modelling of an industrial copper solvent extraction process[J]. Hydrometallurgy,2006,81(1): 52-61.

[83] Stadler S,Eksteen J,Aldrich C. Physical modelling of slag foaming in two-phase and three-phase systems in the churn- flow regime[J]. Minerals Engineering,2006,19(3): 237-245.

[84] Gui W,Wang Y,Yang C. Composition- prediction- model- based intelligent optimisation for lead-zinc sintering blending process[J]. Measurement Control,2007,40(6): 176-181.

[85] 邱竹贤. 有色金属冶金学[M]. 北京:冶金工业出版社,1988.

[86] 桂卫华,阳春华,李勇刚,等. 基于数据驱动的铜闪速熔炼过程操作模式优化及应用[J]. 自动化学报,2009,35(6): 717-724.

[87] Hoang H,Couenne F,Jallut C,et al. The port Hamiltonian approach to modeling and control of continuous stirred tank reactors[J]. Journal of Process Control,2011,21(10): 1449-1458.

[88] Sláva J,Švandová Z,Markoš J. Modelling of reactive separations including fast chemical reactions in CSTR[J]. Chemical Engineering Journal,2008,139(3): 517-522.

[89] Takinoue M,Ma Y,Mori Y,et al. Extended continuous-flow stirred- tank reactor(ECSTR) as a simple model of life under thermodynamically open conditions[J]. Chemical Physics Letters,2009,476(4-6): 323-328.

[90] Zhao C,Wang F,Lu N,et al. Stage- based soft-transition multiple PCA modeling and on-line monitoring strategy for batch processes[J]. Journal of Process Control,2007,17(9): 728-741.

[91] Yang C,Deconinck G,Gui W,et al. An optimal power- dispatching system using neural networks for the electrochemical process of zinc depending on varying prices of electricity [J]. IEEE Transactions on Neural Networks,2002,13(1): 229-236.

[92] Chai T,Zhai L,Yue H. Multiple models and neural networks based decoupling control of ball mill coal-pulverizing systems[J]. Journal of Process Control,2011,21(3): 351-366.

[93] Zhang S,Wang F,He D,et al. Real- time product quality control for batch processes based on stacked least-squares support vector regression models [J]. Computers Chemical Engineering,2012,36: 217-226.

[94] Qiao J,Chai T. Soft measurement model and its application in raw meal calcination process [J]. Journal of Process Control,2012,22(1): 344-351.

［95］Cao B,Xie Y,Gui W,et al. Integrated prediction model of bauxite concentrate grade based on distributed machine vision[J]. Minerals Engineering 2013,53：31-38.

［96］王雅琳,桂卫华,阳春华,等. 基于有限信息的铜吹炼动态过程智能集成建模[J]. 控制理论与应用,2009,26(8)：860-866.

［97］Kontopoulos A,Krallis K,Koukourakis E,et al. A hybrid,knowledge-based system as a process control 'tool' for improved energy efficiency in alumina calcining furnaces[J]. Applied Thermal Engineering,1997,17(8-10)：935-945.

［98］柴天佑,丁进良,王宏,等. 复杂工业过程运行的混合智能优化控制方法[J]. 自动化学报,2008,34(5)：505-515.

［99］Chai T,Ding J,Wu F. Hybrid intelligent control for optimal operation of shaft furnace process[J]. Control Engineering Practice,2011,19(3)：264-275.

［100］Zhou P,Chai T,Wang H. Intelligent optimal-setting control for grinding circuits of mineral processing process[J]. IEEE Transactions on Automation Science Engineering,2009,6(4)：730-743.

［101］Balic J. A new NC machine tool controller for step-by-step milling[J]. The International Journal of Advanced Manufacturing Technology,2001,18(6)：399-403.

［102］袁小锋,桂卫华,陈晓方,等. 人工智能助力有色金属工业转型升级[J]. 中国工程科学,2018,20(4)：59-65.

［103］彭芙蓉. 山东方圆有色金属集团企业员工离职原因分析及对策研究[D]. 桂林:广西师范大学,2017.

［104］胡蓉. 工业机器人在冶金生产预处理工艺中的应用研究[J]. 世界有色金属,2016,(9)：132.

［105］赵静宇,刘鹏飞,赵汗青. 有色金属自动化技术与应用[J]. 世界有色金属,2016,(12)：213-214.

［106］Pani A K,Mohanta H K. Online monitoring of cement clinker quality using multivariate statistics and Takagi-Sugeno fuzzy-inference technique[J]. Control Engineering Practice,2016,57：1-17.

［107］崔源声,蒋永富,田桂萍. 当前我国水泥工业面临的形势及未来发展前景展望[C]//中国水泥技术年会,吉安,2015.

［108］Holmes D. Model-free optimization in cement plants[C]//Cement Industry Technical Conference 2003,Dallas,2003.

［109］李连华. 公司治理结构与内部控制的链接与互动[J]. 会计研究,2005,(2)：64-69.

［110］Li W,Wang J,Ding M. Multi-source data driven-based rotary kiln burning state recognition using heterogeneous features and fuzzy integral[C]//Proceeding of the 11th World Congress on Intelligent Control and Automation,Shenyang,2014.

［111］陈晓云,殷芳. 基于智能控制的水泥生产自动化研究[J]. 中国建材科技,2009,(1)：18-21.

［112］Agency I E. Technology roadmap-low-carbon transition in the cement industry[R].

Paris：Cement Sustainability Initiative，2018.

[113] Kadlec P，Gabrys B，Strandt S. Data-driven soft sensors in the process industry[J]. Computers & Chemical Engineering，2009，33(4)：795-814.

[114] Rasul M，Widianto W，Mohanty B. Assessment of the thermal performance and energy conservation opportunities of a cement industry in Indonesia[J]. Applied Thermal Engineering，2005，25(17-18)：2950-2965.

[115] 马爱纯，周子民，李旺兴. 回转窑内烟气温度分布的数值研究[J]. 金属材料与冶金工程，2007，(3)：19-22.

[116] Bui R T，Simard G，Charette A，et al. Mathematical modeling of the rotary coke calcining kiln[J]. The Canadian Journal of Chemical Engineering，1995，73(4)：534-545.

[117] 中国水泥协会. 水泥工业"十三五"发展规划[J]. 中国水泥，2017，7：7-17.

[118] 崔桂梅，魏丰廷. 基于模式匹配的热风炉燃烧过程优化控制[J]. 冶金自动化，2015，(5)：69-72.

[119] Wang H，Xia L，Zhou M，et al. Multi-model fusion modeling method for process industries soft sensor[J]. Chemical Industry Engineering Progress，2014，33(12)：3157-3163.

[120] von Stosch M，Oliveira R，Peres J，et al. Hybrid semi-parametric modeling in process systems engineering：Past，present and future[J]. Computers Chemical Engineering Journal，2014，60：86-101.

[121] Yin S，Zhu X，Kaynak O. Improved PLS focused on key-performance-indicator-related fault diagnosis[J]. IEEE Transactions on Industrial Electronics，2014，62(3)：1651-1658.

[122] Wang Z X，He Q P，Wang J. Comparison of variable selection methods for PLS-based soft sensor modeling[J]. Journal of Process Control，2015，26：56-72.

[123] Tong C，Yan X. Statistical process monitoring based on a multi-manifold projection algorithm[J]. Chemometrics Intelligent Laboratory Systems，2014，130：20-28.

[124] 张文明. 基于三维重建技术的箅冷机熟料冷却控制模型研究[D]. 秦皇岛：燕山大学，2010.

[125] Chugh T，Chakraborti N，Sindhya K，et al. A data driven surrogate assisted evolutionary algorithm applied to a many objective blast furnace optimization problem[J]. Materials Manufacturing Processes，2017，32(10)：1172-1178.

[126] Yu G，Chai T，Luo X. Multiobjective production planning optimization using hybrid evolutionary algorithms for mineral processing[J]. IEEE Transactions on Evolutionary Computation，2011，15(4)：487-514.

[127] 高乾坤，刘文清，张玉钧，等. 高温窑炉气体红外辐射被动遥测[J]. 光学学报，2017，37(8)：16-24.

[128] Mujumdar K S，Ranade V V. CFD modeling of rotary cement kilns[J]. Asia-Pacific Journal of Chemical Engineering，2008，3(2)：106-118.

[129] Manju M，Savithri S. Three dimensional CFD simulation of pneumatic coal injection in a direct reduction rotary kiln[J]. Fuel，2012，102：54-64.

［130］傅维镳. 煤燃烧理论及其宏观通用规律［M］. 北京:清华大学出版社,2003.

［131］徐德龙. 水泥悬浮预热预分解技术理论与实践［M］. 北京:科学技术文献出版社,2002.

［132］Zhao J,Grace J R,Lim C J,et al. Influence of operating parameters on NOITX emissions from a circulating fluidized bed combustor［J］. Fuel,1994,73(10): 1650-1657.

［133］Mujumdar K S,Ganesh K,Kulkarni S B,et al. Rotary Cement Kiln Simulator(RoCKS): Integrated modeling of pre-heater, calciner, kiln and clinker cooler ［J］. Chemical Engineering Science,2007,62(9): 2590-2607.

［134］Qiao J,Chai T. Modeling and parameter identification of raw meal calcination process［J］. IEEE/ASME Transactions on Mechatronics,2014,20(3): 1204-1217.

［135］Mujumdar K,Ranade V. Simulation of rotary cement kilns using a one-dimensional model ［J］. Chemical Engineering Research Design,2006,84(3): 165-177.

［136］刘强. 新型干法水泥烧成系统数值模拟研究［D］. 武汉:武汉理工大学,2011.

［137］Qiao J,Chai T. Conditions identification model based on LLNFM and RBR in cement raw meal calcination process ［C］//The 26th Chinese Control and Decision Conference, Changsha,2014.

［138］Sadeghian M,Fatehi A. Identification of nonlinear predictor and simulator models of a cement rotary kiln by locally linear neuro-fuzzy technique［C］//2009 the 2nd International Conference on Computer and Electrical Engineering,Dubai,2009.

［139］Sharifi A,Shoorehdeli M A,Teshnehlab M. Identification of cement rotary kiln using hier-archical wavelet fuzzy inference system［J］. Journal of the Franklin Institute,2012,349 (1): 162-183.

［140］Jin Y. Surrogate-assisted evolutionary computation: Recent advances and future challenges ［J］. Swarm & Evolutionary Computation,2011,1(2): 61-70.

［141］Liu H,Ong Y S,Cai J. A survey of adaptive sampling for global metamodeling in support of simulation-based complex engineering design［J］. Structural & Multidisciplinary Opti-mization,2018,57(1): 393-416.

［142］陈龙,刘全利,王霖青,等. 基于数据的流程工业生产过程指标预测方法综述［J］. 自动化学报,2017,43(6): 944-954.

［143］Lin B,Recke B,Schmidt T M,et al. Data-driven soft sensor design with multiple-rate sampled data: A comparative study［J］. Industrial Engineering Chemistry Research,2009, 48(11): 5379-5387.

［144］Li W,Wang D,Chai T. Multisource data ensemble modeling for clinker free lime content estimate in rotary kiln sintering processes［J］. IEEE Transactions on Systems,Man,Cy-bernetics: Systems,2014,45(2): 303-314.

［145］王秀莲,孙旭晨,王卓,等. 基于局部 PSO-LSSVM 的水泥 f-CaO 测量方法研究［J］. 控制工程,2014,21(6): 807-811.

［146］Li W,Wang D,Chai T. Flame image-based burning state recognition for sintering process of rotary kiln using heterogeneous features and fuzzy integral［J］. IEEE Transactions on

Industrial Informatics,2012,8(4): 780-790.

[147] Lin B, Jørgensen S B. Soft sensor design by multivariate fusion of image features and process measurements[J]. Journal of Process Control,2011,21(4): 547-553.

[148] Zhao H, Wang Y, Wang H, et al. Temperature prediction model of cement rotary kiln based on MPGA-LSSVM[C]//The 2nd International Conference on Electronics, Network and Computer Engineering, Yinchuan,2016.

[149] 张立,高宪文,王介生,等. 基于模型迁移方法的回转窑煅烧带温度软测量[J]. 东北大学学报：自然科学版,2011,32(2): 175-178.

[150] Bakirov R, Gabrys B, Fay D. Multiple adaptive mechanisms for data-driven soft sensors [J]. Computers & Chemical Engineering,2017,96: 42-54.

[151] Qu S, Liu J, Xue Y, et al. Application of data mining method based on rough set theory in cement decomposing furnace[C]//2009 The 2nd International Conference on Intelligent Computation Technology and Automation, Shanghai,2009.

[152] Fallahpour M, Fatehi A, Araabi B N, et al. A supervisory fuzzy control of back-end temperature of rotary cement kilns [C]//2007 International Conference on Control, Automation and Systems, Seoul,2007.

[153] Stadler K S, Poland J, Gallestey E. Model predictive control of a rotary cement kiln[J]. Control Engineering Practice,2011,19(1): 1-9.

[154] Pang Z H, Liu G P, Zhou D, et al. Data-based predictive control for networked nonlinear systems with network-induced delay and packet dropout[J]. IEEE Transactions on Industrial Electronics,2015,63(2): 1249-1257.

[155] Heirung T A N, Ydstie B E, Foss B. Dual adaptive model predictive control[J]. Automatica,2017,80: 340-348.

[156] Stanley G. Big Data Approximating Control(BDAC): A new model-free estimation and control paradigm based on pattern matching and approximation[J]. Journal of Process Control,2018,67: 141-159.

[157] Chai T, Ding J, Yu G, et al. Integrated optimization for the automation systems of mineral processing[J]. IEEE Transactions on Automation Science Engineering,2014,11(4): 965-982.

[158] 吴志根,傅绍广,梁哲. 智能配矿系统在水泥矿山的应用[J]. 中国水泥,2017,(10): 60-63.

[159] Bakdi A, Kouadri A, Bensmail A. Fault detection and diagnosis in a cement rotary kiln using PCA with EWMA-based adaptive threshold monitoring scheme[J]. Control Engineering Practice,2017,66: 64-75.

[160] 周乐. 基于概率的工业过程数据建模与故障检测[D]. 杭州：浙江大学,2015.

[161] 陈全德. 新型干法水泥原理及应用[M]. 北京：中国建材工业出版社,2002.